Der Wandernde – WER?

Originaltitel: *The Wandering Who?*
Zerobooks, Winchester 2011
Übersetzung: Andreas Schmidt, Einar Schlereth
Lektorat: Nicole Hille-Priebe, Dr. Gabi Weber

4. Ausgabe

Satz und Gestaltung: Fabio Biasio

ISBN 978 3 88975 199 7

GILAD ATZMON

DER WANDERNDE - WER?

Eine Studie jüdischer Identitätspolitik

INHALTSVERZEICHNIS

Vorwort des Verlages

Ein Gespenst geht um in Europa

Gilad Atzmons neues Buch führt nicht nur zur üblichen und schon zu erwartenden Reaktion der unverbesserlichen Kollaborateure und „Leugner" der Verbrechen des Zionismus, sondern dieses Mal schafft er es sogar, die unverdächtigen „Gutwilligen" zu erregen, darunter sogar einige Palästinenser.

Die öffentliche Meinung ist heute gerne bereit, Kritik am Islam zu akzeptieren und auch zu befürworten. Seit einiger Zeit ist es auch gestattet, das Christentum zu kritisieren. Aber die geringste Kritik am Judentum stellt ein Tabu dar.

Wer nicht nur den Zionismus, sondern etwa auch jenen Teil des jüdischen Denkens und der jüdischen Religion zur Diskussion stellt, worin der Zionismus offenkundig seine ideologische Grundlage hat, wird seine Äußerungen umgehend als verabscheuungswürdig und als ein unerlaubtes Beispiel für Antisemitismus ringsum verurteilt sehen.

Wenn in Italien ein Muslim (der Journalist Magdi Allam) seine eigene Religion verdammt, wird er umgehend mit hohen Würden belohnt (Chefsessel des „Corriere della Sera") und im Vatikan vom Papst höchst persönlich vor laufender Kamera getauft. In Deutschland die Feministin Necla Kelek wurde zur Belohnung für ihre Abschwörung vom islamischen Glauben sofort von der Regierung in die „Deutsche Islam Konferenz" als Expertin und Vertreterin der islamischen (!) Seite berufen, um bei der Herstellung und für die Erhaltung der friedlichen Koexistenz unter den Religionen in Deutschland zu dienen.

Bereits in der Einleitung beweist der Autor seinen Sinn für Humor, der ein Charakteristikum in der jüdischen Tradition darstellt. Deshalb würden wir uns freuen, wenn das vorliegende Buch, das erklärt, wie und warum Gilad Atzmon sich zum

Antizionisten entwickelte, durch eine weite Verbreitung den ihm gebührenden Erfolg finden sollte.

„Mein Großvater", so beginnt Gilad Atzmon, „war ein charismatischer, poetischer Veteran des zionistischen Terrorismus". Atzmon wurde 1963 geboren. Seine Jugend ist typisch für einen Jungen, der nach dem Sechstagekrieg im damaligen israelischen Klima des Optimismus und eines Gefühls von Allmacht aufwuchs. Wie seine Altersgenossen durchlief er eine schulische Erziehung, deren Ziel es war, den jungen Menschen eine unkritische, rassistische und chauvinistische Weltsicht einzuimpfen. Diese Form der Bildung erfuhr ihren Höhepunkt während seines Militärdienstes im Südlibanon in den „moralischsten" Streitkräften der Welt. Kurz bevor Gilad Atzmon in den Libanon fuhr, hörte er in einem Nachtprogramm zum ersten Mal den Jazz von Charly Parker. Wie vom Blitz getroffen, begann jetzt eine Reise, die ihn nicht nur zum Berufsmusiker und Jazzer, sondern auch zum Aktivisten und Schriftsteller machen sollte, zu einem Menschen, der sich bemüht, die jüdischen „Stammesbande" zu durchbrechen.

„Ich ließ hinter mir, dass ich Teil des von Gott ausgewählten Volkes bin und wurde somit ein ganz normaler Mensch ..." Dieser Weg sollte sich als steinig erweisen, da Atzmons starker Sinn für Selbstkritik sowie das Studium der Mechanismen des Unbewussten ihm keine Ruhe ließen. Als er bereits ein „kritischer und unabhängiger Denker" zu sein glaubte, entdeckte er dank der Lektüre von Otto Weininger, dass die Wirklichkeit, über die er schrieb, also seine Beobachtungen hinsichtlich der Juden, der jüdischen Identität und den Israelis, von seiner eigenen Realität gar nicht so weit entfernt waren. Im Spiegel erkannte er sein Gesicht und er bemerkte „mit Entsetzen, dass ich der jüdischen Identität, die auch in mir steckt, auf den Grund ging."

Der gegen ihn gerichtete, abgegriffene, weil so oft wiederholte Vorwurf des Antisemitismus hat seine Ursache gewiss in solch unbequemen und ketzerischen Aussagen wie dieser, aber auch in Atzmons Dekonstruktion der zionistischen Identität, wenn er in klarer, schwer zu widerlegender Begrifflichkeit seine Ausflüge ins

Seelenleben des ideologischen Judaismus und Zionismus macht.

Was nun gerade den Antisemitismus betrifft, kommt Atzmon, der sich auf Shlomo Sands „Die Erfindung des jüdischen Volkes" stützt, zu folgendem Schluss: „Wenn also die Juden keine Rasse darstellen, sondern ein Amalgam verschiedener Völker und Ethnien sind, die von einer nationalen Bewegung auf einer mythologischen Basis ‚kooptiert' wurden, aber nichts mit den ‚Semiten' zu tun haben, dann folgt daraus, dass ‚Antisemitismus' ein nichtssagender Begriff ist."

So wäre es auch, merken wir an, wenn der real existierende Antisemitismus nicht gegen die arabische Bevölkerung mit den handfesten Waffen der Ignoranz, der Vorurteile und der grausamen Aggression mittels Phosphor, Napalm und Drohnen vorginge. Daher sollten alle diejenigen, die, um den Zionismus zu verteidigen, nach allen Seiten die diffamierende Keule des Antisemitismusvorwurfs schwingen, ihre Kritik tatsächlich gegen den Westen und Israel richten, die erwiesenermaßen die Hauptfeinde der Befreiungsbewegungen der arabischen Völker sind. Genauso wie die Juden unter den Israelis hauptsächlich aus Europa und Zentralasien stammen (unter ihren Vorfahren die Khazaren), sind die Palästinenser nicht nur Semiten, sondern auch als die einzigen Nachkommen (zum Teil mit arabischem Einschlag) der biblischen Juden in Palästina zu betrachten.

Wenn wir zu wissen glauben, was der Zionismus darstellt, müssen wir feststellen, dass dieses Buch schon ab seiner ersten Seite uns verunsichert. Mit seinen treffsicheren Feststellungen und einer schlüssigen Logik stellt Atzmon das Thema in einen weiteren, besorgniserregenden Zusammenhang und meint, der Zionismus sei „eine ernsthafte Bedrohung für die Welt" und beinhalte „eine globale Bewegung auf der Basis von Stammesdenken".

Nachdem Atzmon differenziert jene Juden beschreibt, die sich, seiner Ansicht nach harm- und ahnungslos als solche bezeichnen, da sie die jüdische Religion praktizieren, dann jene betrachtet, die sich als Personen mit zufälligerweise jüdischer Abstammung verstehen, befasst sich Atzmon ausführlich mit denjenigen, die ihr Judentum („Jüdischkeit" als säkulare Ideologie im Unterschied zum herkömmlichen Judentum), ihr „Jude-Sein" an erster Stelle und vor alle anderen Eigenschaften setzen. Diese bezeichnet er als die „Juden der dritten Kategorie".

So schrieb Weizmann , ein assimilierter Jude, der wie viele andere bemerkt hatte, dass die Assimilation die jüdische Identität vernichten könnte am Anfang des Zwanzigsten Jahrhunderts: „Es gibt keine französische, englische, deutschen oder amerikanische Juden, sondern nur Juden, die in Frankreich, England, Deutschland oder Amerika leben." Gerade als Antwort auf die Angst der Assimilierung entstand der Zionismus. Er war seit seiner Entstehung geprägt durch den Widerspruch zwischen der Überzeugung der Abgrenzung und des Andersseins einerseits und andererseits dem erklärten Wunsch, wie die anderen zu sein. Wie die anderen sein, gewiss, aber anderswo, eben in Israel, wo man hoffte, die „Jüdischheit", diese jüdische Identität erhalten zu können, die sich aus dem Anderssein speist, das mit der göttlichen Auserwähltheit verschmolzen ist.

Entsprechend Weizmann und seinen ideologischen Nachfolgern, soll es gerade diese Eigenschaft einer einzigartigen jüdischen Identität sein, die ihre Assimilation in den verschiedenen Ländern ausschließt. Der Jude müsse seiner Ansicht nach auf ewig unter den „Völkern" fremd bleiben, fremd aufgrund seiner biologischen Eigenschaften, da „sein Blut, sein Körper, sein rassischer Typ (sic!) jüdisch seien." Diese Thesen vertritt auch Jabotinsky [Anm. 1], der Weizmanns Theorie aufnahm und erweiterte.

Atzmon bemerkt, dass der biologische Determinismus allgemein als überholte Ideologie betrachtet wird, nur die Zionisten, die Israelis und sogar die sogenannten, sozialistischen Juden' immer noch am ‚Blut' als wesentlichem Grundsatz ihres Denkens festhalten. Es gilt festzuhalten, dass diese Ideologien vor dem Auftreten des Nationalsozialismus, zum Teil auch als Reflex auf antisemitische Ideologien, entstanden sind und dann im Nationalsozialismus, wie absurd und widersinnig dies auch auf den ersten Blick erscheinen mag, zeitweise und zum Teil sogar günstige Bedingungen zur Förderung des zionistischen Ziels, der Gründung eines Jüdischen Staates in Palästina, fanden. Zur Erreichung dieses Ziels wäre nämlich die „Zionisierung" der deutschen Juden sehr nützlich gewesen, eine Zionisierung, die vor dem Erscheinen der Nazis keinen Erfolg hatte, weil die Deutschen Juden es mit überwiegender Mehrheit vorzogen, in ihrem deutschen Vaterland zu leben, anstatt nach Palästina auszuwandern. Aber das ist eine andere Geschichte. Wichtig ist, dass die zionistische Führung im Nationalsozialismus „eine nicht wiederkehrende Gelegenheit [um unsere Bewegung] aufzubauen und wachsen zu lassen" sah (Moshe Beilinson), und -laut Ben Gurion (zitiert nach. Tom Segevs in „Die 7. Million") -"eine fruchtbare Kraft" war.

Die Nähe zwischen nationalsozialistischer und zionistischer Ideologie ist verblüffend. Die Zionisten teilen die Meinung der Antisemiten, dass die Juden durch ihr biologisches (!) Erbe verdammt seien, sich von den Völkern, in denen sie leben, zu unterscheiden. Der einzige Unterschied zwischen den Rassisten beider Richtungen besteht darin, dass es bei den einen die reine Herrenrasse, die teutonische, bei den anderen die jüdische ist.

Dass der Zionismus vom Antisemitismus am Leben gehalten wird, diesem Mythos der ewigen Verfolgung, sieht man heute auch an der besonderen Sorge, mit der sich Zionisten der Pflege der Statistiken widmen, die den Anstieg eben jenes Antisemitismus beweisen sollen, dessen größter tatsächlicher Verursacher sie selbst heute sind. Der Holocaust, schreibt Atzmon, erwies sich paradoxerweise als „zionistischer Sieg", um fortzufahren: „und wenn nicht ab und zu einmal eine Synagoge angezündet würde, wäre der Mossad bereit, eine abzubrennen." [Anm. 2] Die von den Zionisten organisierten Auschwitz-Reisen junger Israelis verfolgen ebenfalls das gleiche Ziel. In treffender Weise kreist Atzmons Analyse um das seiner Ansicht nach in Israel heute kultiviertem „prätraumatischen" Stresssyndrom. In diesem Zusammenhang ist auch der seit 1967 zu beobachtende Aufstieg des Holocaust zur neuen Religion der zionistischen Sippe zu sehen. Wie Norman

Finkelstein in „Die Holocaust Industrie" schreibt und Atzmon dabei zitiert, ist daraus ein florierendes Gewerbe geworden, das sich auf ein finanzielles globales Netz stützt, weltweit von Gesetzen geschützt wird und nicht öffentlich kritisiert werden darf. Gemäß unserem Autor ist jenes Syndrom „so alt wie die Juden", weil gerade die Bibel die Juden in einen besonderen Status von prätraumatischem Stress versetzt und ihnen eine ständige Angst vor dem Judenmord, dem Judäozid, eingejagt habe und die jüdische Welt als instabil und ständig in Erwartung eines jederzeit bevorstehenden Unglücks beschreibe.

Nach Atzmon stellt „der Zionismus [...] keine Kolonialbewegung dar, die Interesse an Palästina hat", denn „in Zion leben ist nur eine der Optionen, welche die zionistische Ideologie bietet." Und Israel sei nur ein vorübergehendes territoriales Element dieses Zion. Der Zionismus verfüge nicht über einen genauen geografischen Kern. Es sei nicht klar, wo er seine Entscheidungen trifft: In Jerusalem, in der Knesset, beim Mossad, in den US-Büros der Anti-Defamation League oder an der Wall Street?

Das System funktioniere anders, und zwar verschlungen, kollektiv und vernetzt. Die Palästinenser sind also nicht nur Opfer der israelischen Besatzung, sondern einer besonderen politischen globalen Entität, in dessen Namen die Juden „der dritten Kategorie" Palästina in einen jüdischen Bunker umgewandelt hätten, in dem sie ihre eigene jüdische Identität verteidigen würden. Dies vollzieht sich mit der militärischen Hilfe der Westmächte, insbesondere den USA, die sich zu einer Art „missionarischer Streitmacht" des Zionismus verwandelt haben, die sich vor allem gegen die muslimische Welt richte, diesem Opfer der Ideologie der „interventionistischen Moral", der neuen Bibel des westlichen Expansionismus.

Es ist also absolut nicht notwendig, dass die Juden der dritten Kategorie nach Palästina auswandern. Im Gegenteil, sie sind viel nützlicher, wenn sie dort bleiben, wo sich jetzt befinden. Atzmon zitiert in diesem Zusammenhang den Mossad-Aussteiger Viktor Ostrovsky und erklärt die Figur des „Sayan" (Assistent, d.h. in Bezug auf die „Arbeit" des Mossad). Dessen Haupteigenschaften sind 100 Prozent „Jüdischheit", gepaart mit der Bereitschaft, das Land, dessen Bürger er ist, um seiner Ergebenheit gegenüber der Idee weltweiten jüdischen Gemeinschaftsgeistes willen zu verraten. Auf der Welt, erklärt Atzmon, gibt es tausende Sayanim, und die Aufgaben, die sie für zionistische Ziele und den Mossad durchführen, sind vielseitig und sehr bedeutend. Zwei Namen können für alle stehen: Der zionistische Wirtschaftswissenschaftler Milton Friedman, dessen Lehre unterschwellig sagt, dass die Juden mehr als andere vom ungebändigten Kapitalismus und von freien Märkten profitieren. Oder der berüchtigte „neo-con" Paul Wolfowitz, der geniale Planer einer Strategie, mit der in den 90er Jahren die US-Interessen und die des globalen Zionismus in einem gemeinsamen Projekt vereint werden sollten. Wenn auch rückblikkend die Kriege, die aufgrund dieser Doktrin geführt wurden, im Grunde genommen den USA mehr schadeten als nutzten, so sind doch der Zionismus und der „jüdische Staat" daraus siegreich hervorgegangen. Aber genau diese Dynamik wurde bereits seherisch von dem Verkünder des Zionismus, Theodor Herzl, beschrieben. Darin liegt die besondere Strategie des Zionismus: Mit aller Macht die gegenwärtige Supermacht vor den eigenen Karren zu spannen.

Die subtile Dekonstruktion Atzmons der Ideologie des „Jüdischseins", der „jüdischen Identität" trifft und entlarvt deren innere Zweideutigkeiten, Verlegenheiten und Widersprüche. Dass er damit ins Schwarze trifft, beweist die Tatsache, dass alle politischen Gruppierungen, von rechts, links, der Mitte, Zionisten und Anti-Zionisten, Sozialisten, Marxisten, Juden verschiedener Ausrichtung nun und zum guten Schluss solidarisch und übereinstimmend Atzmon angreifen und dämonisieren. In der Treue zu ihrer Sippe halten sie trotz ideologischer Unterschiede immer zusammen. „Woher kommt soviel Hass?", fragt er sich.

Das religiöse Judentum beiseite lassend, zeigt Atzmon die Unfähigkeit der säkularen jüdischen Identität, eine durchdachte Grundlage universeller menschlicher Werte und eine echte philosophische Einsicht zu entwickeln. Er begründet das mit der Doktrin des Moses Mendelssohn, dieses progressiven Denkers des 18. Jahrhundert. Nach dessen Auffassung sollte der Jude seine eigene „Sonderstellung als von Gott erwähltes Wesen" im privaten Leben finden.

Im öffentlichen Leben dagegen solle er sich jedoch als „Goj", als Nichtjude, verhalten. Mendelssohn verurteilte den „integrierten" Juden der Diaspora zu einem schizophrenen Leben, ohne zu ermessen, welch weitreichende Auswirkungen der darin notwendig begründete Konflikt zwischen dem „kosmopolitischen Individuum" und seinem „jüdischen Vaterland" hervorrufen sollte. Dieser scheinbar pragmatische Verhaltenskodex hatte seine Ursache in einem doppelten Betrug: Einem jüdischen Selbstbetrug und einem Betrug gegenüber den „Gojim".

Die assimilierten Juden der Diaspora definierten sich also entlang einer „Dialektik der Negation", vor allem nach dem, was sie eben nicht waren: Keine Amerikaner, Franzosen oder was auch immer, sondern eben anders, irgendwie unerklärbar anders. Von den Zionisten wurden sie umgekehrt als identitätslose, neurotische Karikaturen betrachtet, denen sie eine Rückkehr nach Israel, ins Vaterland, anboten, ein Vaterland, das sie erlösen und heilen und ihnen eine neue Identität schenken würde, sodass sie, die Assimilierten, endlich „normale Menschen" würden.

Das ist aber fand nicht statt, weil, wie Atzmon beanstandet, das erste Opfer der Dialektik der Negation das ethische Denken sei. Statt zu versuchen, sich selbst zu verstehen, konzentriert man sich lieber darauf, sich von den Anderen und dem Allgemeinen abzugrenzen. Deshalb wurden Begriffe wie Ethik, Demokratie, Frieden, Befreiung niemals so oft wie heute wiederholt, dabei aber nur noch als Vorwand verwendet, um gerade diejenigen Kriege zu rechtfertigen, zu denen der Westen von Israel angestiftet wird. Wer die Dialektik der Negation verinnerlicht, ist nicht fähig, sich dem Anderen gegenüber zu öffnen, mit diesem Anderen Frieden zu schließen, weil vom Standpunkt der Negation aus Aussöhnung notwendig Vernichtung (nämlich der Identität) bedeutet. Der Versuch, den Nächsten zu verstehen, bringt die Gefahr des Identitätsverlustes mit sich, wie die vielen amerikanischen und europäischen Juden beweisen, die sich in den letzten Jahrhunderten für Frieden und Assimilation entschieden und ihre eigene jüdische Identität abgelegt haben und somit „in der Masse verschwunden sind". Der Schritt von der Dialektik der Negation zu einer Politik des Hasses ist insofern nicht weit.

Der Zionismus hat nun sein Gegenüber, den Anderen, abgeschafft und in Israel wieder das „Schtetl" ins Leben gerufen und sich genau wieder in ein Ghetto eingeschlossen, einen Ort, wo die Juden ihre eigenen Symptome zelebrieren und sich selbst aufgrund ihrer Eigenschaften, oder besser gesagt, aufgrund dessen, was sie zu sein glauben, lieben können. Aber wie das Ghetto zeigt dieser neue Ort alle Zeichen der Anomalität, und es bleibt die nicht zu lösende Dichotomie eines Kampfes zwischen atavistischem Stammesdenken und dem universalistischen Versprechen von Öffnung und Toleranz, ein Konflikt, der sich für die heutigen Anhänger der „jüdischen Identität" zu einem enormen Zustand allgemeiner Phobie ausgewachsen hat.

In der Tat ist die der Ghettomentalität inhärente Kultur schuld am jüdischen Leid: Was die Israelis betrübt, gar quält, so Atzmon, sei nicht der Gedanke, vielleicht nicht ethisch zu sein, sondern die Idee, als unethisch angeprangert zu werden. Je mehr sie ihre Sicherheit in der Abschottung suchen und je mehr sie um sich herum den Tod sähen, desto weniger fühlen sie sich - wie in einem Teufelskreis gefangen - dem Rest der Menschheit ähnlich. Und während die Diaspora aktiv Israel unterstützt, wollen immer mehr Israelis aus dem Land fliehen. Aber der Kreis schließt sich ohne Erlösung. Die göttliche Auserwählung, die in der jüdischen Religion, falls sie richtig interpretiert wird, ein Modell ethischen Verhaltens und eine moralische Spannung herstellen soll, um „den göttlichen Auftrag verwirklichen zu können", wird dagegen zur Strafe.

Es gibt kein humanistisches jüdisches Erbe, weil das Judentum und die jüdische Ideologie sich auf Regeln atavistischen Stammesdenkens stützen und somit jedweder universellen Ethik ermangeln. Und was die Bibel angeht, zitiert Atzmon einige

Passagen, die sehr wohl sowohl auf den Raub des palästinensischen Bodens 1948 wie auch auf das neulich stattgefundene Massaker in Gaza zu beziehen sind: „Es besteht kein Zweifel", so Atzmon, „unter den biblischen Gelehrten, dass die hebräische Bibel regelrecht unethische Vorstellungen enthält, von denen manche als Aufforderungen zum Völkermord zu verstehen sind." Auch wenn die Mehrheit der Israelis nicht als gläubig bezeichnet werden kann, muss man leider feststellen, dass der Geist dieser Anstiftungen zu Gewalt und Mord in den politischen Diskurs der Israelis, sowohl rechts wie links, eingedrungen ist. Der einzige Unterschied besteht darin, dass im biblischen Kontext die Gewalt in Gottes Namen verübt wurde, während heute, wie Atzmon hervorhebt, „die Juden in ihrem eigenen Namen morden." Dieser mörderische Eifer ruft ein prätraumatisches Stress-Syndrom hervor und wird zugleich, wie Freud lehrt, auf die Opfer projiziert, in diesem Falle die Palästinenser und jeden, der sich sonst noch der „jüdischen Identität" entgegenstellt oder wie Weininger schreibt: „Wir hassen in dem anderen das, was uns in uns selbst nicht gefällt." D.h. je verzweifelter und wehrloser die Palästinenser sind, desto erbarmungsloser werden ihre israelischen Peiniger, und je erbarmungsloser diese zuschlagen, desto mehr werden sie vom sogenannten Terrorismus terrorisiert.

Somit schließt sich unabwendbar und erbarmungslos das Gefängnis, in dem die Israelis entschieden haben, sich zu verschanzen.

Claudia Berton

(1)- Wladimir Zeev Jabotinsky, 1880–1940, rechter Zionist, Gründer der „Jüdischen Legion" im ersten Weltkrieg, danach der extremistischen „Betar"-Jugend. Leiter der Terrororganisation „Irgun" / „Etzel" ab 1937. Bewunderer Hitlers und Freund von Mussolini, berühmt auch seine Äußerung: „Italien für Mussolini, Deutschland für Hitler und Palästina für Jabotinsky."

(2)- Um die irakischen Juden, die nicht gewillt waren, ihre irakische Heimat zugunsten des neu gegründeten Israel aufzugeben, „zu überzeugen", zündeten israelische Agenten im Rahmen der Operation „Ali Baba" eine Bombe in der jüdischen Synagoge von Bagdad. Siehe auch Raviv/Melman, Every Spy a Prince und "Haolam Haze" (20. April 1966); "The Black Panther Magazine" (9. November 1972); Habbas Shiblak, The Lure of Zion. Al Saqi Press, London 1986; G. N. Giladi, Discord in Zion. Scorpion, London 1990.

Die Nazis sorgten dafür,
dass ich Angst hatte, Jude zu sein,

die Israelis sorgen dafür,
dass ich mich schäme, Jude zu sein.

Israel Shahak

Vorwort zur deutschen Ausgabe

Jüdische Identität und jüdische Politik sind hochbrisante Themen: Obwohl sie mit einigen der schwierigsten und strittigsten Fragen der heutigen Zeit eng verknüpft sind, wagen es viele Menschen dennoch nicht, an diese Themen zu rühren. Das gilt besonders für Deutschland. Aufgrund der offenkundigen tragischen historischen Ereignisse sind wir Zeugen einer extremen Form deutscher Wachsamkeit und Gewissenhaftigkeit, sobald es um Kritik an Israel, Zionismus und jüdischer Identitätspolitik geht. Deutsche Intellektuelle, Politiker und Künstler neigen dazu, vor jeder Kritik an jüdischer Identitätspolitik, Zionismus oder Israel zurückzuschrecken.

Ich schrieb ***Der wandernde – WER?*** mit dem Ziel, viele dieser Fragen für die Diskussion und Debatte zu öffnen.

Ich mache geltend, dass Schuld dann ein bedeutungsvolles ethisches Ereignis wird, wenn sie in Verantwortung verwandelt wird. Deshalb bin ich der Ansicht, dass deutsche Verantwortung sich in der Unterstützung des palästinensischen Volkes ausdrücken sollte, denn im Grunde sind die Palästinenser Hitlers letzte Opfer. Fast sieben Jahrzehnte nach der Befreiung von Auschwitz leben Millionen enteigneter und entrechteter Palästinenser als Flüchtlinge in Freiluftgefängnissen.

„Deutsche Verantwortung" sollte jedoch auch bedeuten, den nötigen Mut zu fassen, Israel vor seinem rassistischen, militärischen Wahnrausch zu bewahren. Hätten die Deutschen die notwendige Lektion aus ihrer nationalsozialistischen Vergangenheit gezogen, sollte sie sich in einem unnachgiebigem Widerstand gegen Rassismus, Unterdrückung und Diskriminierung ausdrücken. Deutsche Politiker, Intellektuelle und Künstler sollten die Ersten sein, die ihr israelisches Gegenüber auf die mit Rassismus, Nationalismus und Expansionismus verbundenen Gefahren hinweisen.

Der wandernde – WER? ist ein Versuch, die Komplexität der zeitgenössischen „Jüdischen Frage" zu entwirren. Es ist ein Versuch, den diesbezüglichen Diskurs zu befreien. Ich bin der festen Überzeugung, dass Fragen und Probleme jüdischer Politik und jüdischer Identitätspolitik um des Weltfriedens willen frei und offen diskutiert werden müssen.

Der wandernde – WER? unternimmt den Versuch, die „jüdische Frage" aus einer neuen Perspektive zu untersuchen. Anstelle einer Ausarbeitung zu verschiedenen Fragen der Rechte und des nationalen Status der Juden als Volk oder Minderheit setzt sich das vorliegende Buch das Ziel, eine der kompliziertesten Fragen der gegenwärtigen westlichen Politik zu entwirren: es hinterfragt die Bedeutung von Jüdischkeit. Da Israel sich selbst offen als der „Jüdische Staat" definiert und seine Panzer mit jüdischen Symbolen dekoriert, bin ich der Überzeugung, dass wir dazu berechtigt sind, uns offen zu fragen, wofür die Begriffe „Judentum", „Jüdischkeit", „jüdische Kultur" und „jüdische Ideologie" stehen.

In meiner Studie überschreite ich bewusst einige rote Linien. Meine philosophische Untersuchung gilt den tribalen Aspekten, die in den jüdischen Diskurs – sowohl in den zionistischen wie auch in den antizionistischen – eingelagert sind. Ganz bewusst argumentiere ich, dass einige der Ähnlichkeiten zwischen Zionismus und dem jüdischen Antizionismus alarmierend sind. Ich erkunde die „Holocaust-Religion", ein Ausdruck, der erstmals von dem prominenten israelischen Philosophen Yeshayahu Leibowitz geprägt wurde. Doch ich erweitere dieses Thema auf die Fragestellung, welche Bedeutung „Geschichte" und „Zeit" im jüdischen politischen Diskurs besitzen.

An dieser Stelle sei nachdrücklich darauf hingewiesen, dass der Text eine klare Unterscheidung zwischen *Juden* (den Menschen), *Judentum* (der Religion) und *Jüdischkeit* (der Ideologie) trifft. Allein auf die dritte dieser Kategorien konzentriert sich das Buch in seinen Darlegungen zur *Jüdischkeit* – und zwar in Absicht einer Kritik an jüdischer Identitätspolitik und gegenwärtiger jüdischer Ideologie. Da nun einige jüdische Kampagneaktivisten hartnäckig darauf bestehen, dass der vorliegende Text „antisemitisch" sei, weise ich derartige Anschuldigungen entschieden zurück. Der Text richtet sich weder gegen Juden noch gegen das Judentum. Doch behandelt er eine Reihe tribaler Konzepte und Philosophien mit einigen deutlichen globalen Interessen. Manche würden sie Zionismus nennen, ich ziehe vor, dies nicht zu tun: Zionismus ist eine zu vage Bezeichnung, um die Komplexität des heutigen jüdischen Nationalismus, seine Brutalität und Praxis zu erfassen. Zudem handelt es sich bei jüdischem Nationalismus um ein geistiges Phänomen, und Geistiges besitzt keine klaren Grenzen. Tatsächlich weiß niemand genau, wo Jüdischkeit endet und Zionismus beginnt oder umgekehrt. Ebenso wissen wir nicht, wo israelische Interessen enden und die Interessen der Neokonservativen beginnen.

Für die Sache der Gerechtigkeit und des Friedens ist die darin enthaltene Botschaft äußerst besorgniserregend: Wir haben es hier mit einer sehr mächtigen politischen Ideologie zu tun, die keinerlei Kritik duldet, geschweige denn Opposition. Wir sind nicht nur mit Israel und den Israelis konfrontiert. Vielmehr finden wir uns nun in einem Konflikt mit einer aggressiven, pragmatischen Philosophie wieder, die globale Konflikte gigantischen Maßstabs befürwortet und entfacht. Es handelt sich um eine tribale Praxis, die nach Einfluss und sogar Hegemonie strebt. Seit geraumer Zeit drängt das Amerikanisch-Jüdische Komitee (*AJC – American Jewish Committee*) auf einen Krieg gegen Iran. In aller Öffentlichkeit treten zionistische Sprachrohre wie Bernard Henri-Lévy für interventionistische Kriege ein. Ganz offen übt die jüdische Lobby in Großbritannien Druck auf die britische Regierung aus, die dem Weltrechtsprinzip (Universalprinzip) folgende britische Strafgesetzgebung dahingehend zu ändern, dass sie mutmaßlichen israelischen Kriegsverbrechern genehm ist. Währenddessen werden 1,5 Millionen Menschen im Gazastreifen seit Jahren mit einer Blockade bestraft. Während all dessen bestehen „antizionistische" Juden und Juden in der Linken auf der Abstellung jeglicher Form von Kritik an der AIPAC (*Amerikanisch-*

Israelischer Ausschuss für Öffentliche Angelegenheiten), an jüdischer Lobbyarbeit und jüdischer Macht.

Geht es nur um Israel? Ist es wirklich nur der Zionismus? Oder sollen wir zugeben, dass es durchaus um etwas Größeres geht? In den vergangenen zwei Jahrzehnten verzeichneten wir ein wachsendes Interesse an Fragen jüdischer Geschichte, Identität und Religion. 1994 unternahm Israel Shahak einen der ersten mutigen Versuche, Licht in einige nicht-menschheitsuniversale Lehren des Talmud zu bringen. In seinem Buch *Jüdische Geschichte, Jüdische Religion: Das Gewicht von 3000 Jahren* enthüllte Shahak den in den Talmud eingebetteten tiefen ethnozentrischen Hass gegen Nichtjuden (Gojim). In meiner Untersuchung erweitere ich Shahaks Arbeit mit einer Darstellung jener tief verwurzelten anti-nichtjüdischen, d.h. gegenüber Nichtjuden feindlichen Ideologien in verschiedenen Formen des säkularen jüdischen politischen Diskurses und sogar in der jüdischen Linken. Schließlich sind die meisten Juden kaum mit der Bibel oder dem Talmud vertraut. Deshalb versuche ich zu ergründen, was im Zentrum des jüdischen säkularen Tribalismus bzw. des ethnozentrischen Versuchs der jüdischen Linken steht, in politischen geschlossenen, „nur für Juden" bestimmten Zellen zu operieren.

Im März 2006 veröffentlichte *The London Review of Books* eine von John Mearsheimer and Stephen Walt verfasste ernsthafte Studie zur israelischen Lobby in den USA. Ein Jahr später wurde daraus ein Buch mit dem Titel *„Die Israel-Lobby und die US-Außenpolitik"*, welches die Lobby als *„lose Koalition von Einzelpersonen und Organisationen"* beschreibt, *„die aktiv daraufhin arbeiten, die Außenpolitik der USA in eine pro-israelische Richtung zu steuern"*. In meiner Untersuchung weite ich diese Themenstellung aus und versuche, zu ermitteln, was säkulare und liberale Juden in Amerika, Großbritannien, Frankreich und Deutschland dazu führt, sich mit den Interessen eines anderen Landes zu verbinden. Anstatt aber auf bloß politische Fragen einzugehen, beabsichtige ich, den Ethnozentrismus im Herzen jüdischer politischer Aktivität und jüdischer Kultur herauszuarbeiten.

2008 erschien ein monumentales Werk des israelischen Historikers Shlomo Sand, mit dem er das zionistische historische Narrativ zu Fall brachte. *Die Erfindung des jüdischen Volkes* leistete eine gründliche Untersuchung des betrügerischen Charakters der zionistischen Geschichtsversion. Zweck des vorliegenden Buchs ist es nun, Sands Ansatz auf eine weitergehende Hinterfragung der jüdischen politischen Haltung zu Geschichte und Zeit auszudehnen.

Gerne würde ich ein paar Worte zur Erläuterung des Titels meines Buches verwenden. Der Titel des englischen Originals *The Wandering Who?* ist ein Wortspiel mit „The Wandering Jew", der Gestalt des „umherwandernden Juden" aus der Folklore des christlichen Mittelalters. Der Zionismus präsentierte sich anfänglich als Versprechen, das „jüdische Wandern" zu beenden:

Israel Zangwill:

> „So wie es steht, wandern jüdische Flüchtlinge hier, dort und überall umher, nahezu immer ungastlich empfangen. Warum sollten sie nicht einen Mittelpunkt für sich selbst anstreben, wo sie ein Gelegenheit hätten, sich in der Landwirtschaft oder im Außenhandel den Lebensunterhalt zu verdienen ... nur den eigenen, selbst auferlegten Einschränkungen unterworfen?"

Und hier der große Ahad Ha'am:

> „Isolierte Gruppen von Juden, die die Welt durchwandern – hier, dort und überall, können nicht mehr sein als eine Art formlosen Rohmaterials, bis ihnen ein einziger, dauerhafter Mittelpunkt gegeben wird, der sie alle anziehen und so die zerstreuten Atome in ein einziges Gebilde, klar umrissenen und sich selbst erhaltenden, eigenen Charakter verwandeln kann."

Mit dem parodistischen Buchtitel richte ich nun an das zionistische Narrativ die Frage: WER genau wandert denn da? Meine zynisch gefärbte Titelwahl sollte das Konzept jüdischer Vergangenheit, Gegenwart und Zukunft erschüttern. Der Titel spiegelt meine Tendenz, den zionistischen Diskurs zu dekonstruieren.

Meine Lesart jüdischer Identitätspolitik und Ideologie zielt auf ein philosophisches Verständnis. Anstatt nach Historizität und einem politischen Verständnis suche ich nach der jüdischen Interpretation von Geschichtlichkeit und der Metaphysik, die die jüdische politische Identität dementsprechend definieren.

Ich bin mir völlig bewusst, dass ein solcher Ansatz seit dem Ende des 2. Weltkrieges unpopulär ist. Ich bin jedoch davon überzeugt, dass der verheerende Zustand der Weltverhältnisse dringend eine sofortige konzeptionelle Wende in unserer intellektuellen und philosophischen Einstellung zu Politik, Identitätspolitik und Geschichte erfordert.

Ich bin der tiefen Überzeugung, dass mehr als irgendjemand sonst gerade die Zionisten und jüdischen Antizionisten einen großen Gewinn aus der Auseinandersetzung mit meinen Ideen als Mittel der Selbstreflexion und offenen Debatte ziehen können.

Gilad Atzmon

Mein Großvater war ein charismatischer, poetischer, zionistischer Terroristenveteran

Als ehemaliger prominenter Kommandant in der rechtsgerichteten Terrororganisation Irgun hatte er, wie ich zugeben muss, in meiner frühesten Jugend einen gewaltigen Einfluss auf mich. Er zeigte einen unnachgiebigen Hass gegen alles Nicht-Jüdische. Er hasste Deutsche und verbot meinem Vater deshalb, einen deutschen Wagen zu kaufen. Er verachtete auch die Briten, da sie sein „verheißenes Land" kolonisierten. Ich vermute aber, dass er die Briten jedoch nicht so sehr verabscheute wie die Deutschen, weil er meinem Vater erlaubte, einen alten Vauxhall Viva zu fahren.

Er war auch auf die Palästinenser ziemlich sauer, da sie auf dem Land wohnten, das – da war er sich sicher – doch ihm und seinem Volk gehörte. Oft fragte er sich: „Diese Araber haben so viele Länder, warum müssen sie auf genau demselben Land leben, das uns von unserem Gott „gegeben" wurde?" Mehr als alles andere aber hasste mein Großvater jüdische Linke. Dieser besondere Abscheu reifte allerdings nicht zu einem Interessenkonflikt zwischen ihm und meinem Vater heran, da jüdische Linke niemals irgendein anerkanntes Fahrzeugmodell hervorbrachten.

Als Anhänger des rechtsgerichteten Revisionisten Zeev Jabotinsky[1] war es meinem Großvater offensichtlich klar, dass eine linke Philosophie im Verein mit jedweder Form eines jüdischen Wertesystems ein Widerspruch in sich ist. Als Rechter und Terroristenveteran sowie als stolzer jüdischer „Falke" wusste er sehr wohl, dass Tribalismus niemals in Frieden mit Humanismus und Universalismus leben kann. Seinem Mentor Jabotinsky folgend glaubte er an die Philosophie der „Eisernen Mauer". Wie Jabotinsky respektierte auch mein Großvater arabische

Menschen und hatte eine hohe Meinung von ihrer Kultur und Religion, glaubte aber, dass man Arabern im Allgemeinen und Palästinensern im Besonderen furchtlos, hart und kämpferisch gegenüber treten sollte.

Mein Großvater pflegte oft die Hymne der politischen Bewegung Jabotinskys zu zitieren:

Aus der Grube voller Verwesung und Staub
Wird durch Blut und Schweiß hindurch
Uns eine Rasse entstehen,
Stolz, großherzig und leidenschaftlich kämpferisch.

Mein Großvater glaubte an das Wiedererwachen des Stolzes der „Jüdischen Rasse" - und so tat ich es ihm in meiner frühen Jugend nach. Genau wie meine Altersgenossen nahm ich die Palästinenser um mich herum nicht wahr. Zweifellos gab es sie – sie reparierten den Wagen meines Vaters für den halben Preis, bauten unsere Häuser, räumten das Durcheinander hinter uns auf, *schleppten* Kisten im Lebensmittelgeschäft des Ortes – aber sie verschwanden stets knapp vor Sonnenuntergang und tauchten erst vor der Morgendämmerung wieder auf. Nie knüpften wir Kontakte mit ihnen. Wir verstanden nicht richtig, wer sie waren und für was sie standen. Das Gefühl eigener Überlegenheit hatte unsere Seelen tief durchzogen. Wir betrachteten die Welt durch ein rassistisches, chauvinistisches Fernglas. Und wir fühlten auch keine Scham darüber.

Mit siebzehn war ich reif für den Militärdienst in den IDF (*Israeli Defense Forces* = israelische Streitkräfte). Als gut gebauter Teenager voll ‚militantem Enthusiasmus' sollte ich eigentlich zu einer Rettungs-Spezialeinheit der Luftwaffe. Doch dann geschah das Unerwartete: In einem Jazzprogramm zu sehr später Nacht hörte ich Bird „Charlie Parker with Strings".

Das warf mich um. Die Musik war organischer, poetischer, sentimentaler und *wilder* als alles, was ich je zuvor gehört hatte. Mein Vater hörte gewöhnlich Bennie Goodman und Artie Shaw, die beide unterhaltsam waren – sie konnten gewiss Klarinette spielen – aber Bird war eine ganz andere Geschichte. Hier gab es eine intensive, libidinöse Extravaganz aus Geist und Energie. Am nächsten Morgen schwänzte ich die Schule und eilte zu Piccadilly Records, der Nummer Eins unter Jerusalems Musikgeschäften. Ich fand die Jazzabteilung und kaufte jede Bebop-Aufnahme, die sie gerade in den Regalen hatten, was wahrscheinlich auf zwei Alben hinauslief. Im Bus nach Hause stellte ich fest, dass Parker eigentlich ein Schwarzer war. Das war zwar keine völlige Überraschung für mich, aber eine Art Offenbarung. In meiner Welt brachte man nur Juden mit allem Guten in Verbindung brachte. Bird war der Anfang einer Reise.

Meine Freunde und ich waren damals davon überzeugt, dass Juden tatsächlich das *Auserwählte Volk* wären. Meine Generation wuchs mit dem magischen Sieg im Sechs-Tage-Krieg auf. Wir waren uns unser selbst völlig sicher. Wir waren säkular und brachten jeden Erfolg mit unseren omnipotenten Qualitäten in Verbindung. Wir glaubten nicht an einen göttlichen Eingriff, wir glaubten an uns selbst. Wir glaubten, dass der Ursprung unserer Macht aus unseren wiedererstandenen hebräischen Seelen und Körpern lag. Die Palästinenser ihrerseits dienten uns gehorsam und damals sah es nicht so aus, als ob sich diese Situation jemals ändern würde. Sie zeigten keine wirklichen Anzeichen kollektiven Widerstandes. Die sporadischen sogenannten „Terror"-Anschläge machten uns selbstgerecht und erfüllten uns mit der Gier nach Rache. Aber irgendwie, inmitten dieser Omnipotenzorgie und zu meiner großen Überraschung, merkte ich, dass die Leute, die mich am meisten begeisterten, tatsächlich ein paar schwarze Amerikaner waren – Menschen, die nun so gar nichts mit dem zionistischen Wunder oder mit meinem eigenen chauvinistischen, exklusivistischen Stamm zu tun hatten.

Zwei Tage später kaufte ich mein erstes Saxophon. Anfangs ist dies ein sehr leichtes Instrument – man frage Bill Clinton – aber lernen, wie Bird oder Cannonball Adderley zu spielen, schien eine unmögliche Aufgabe. Ich begann, Tag und Nacht zu üben, und je mehr ich dies tat, desto überwältigter war ich von der gewaltigen Leistung jener großen Familie schwarzer amerikanischer Musiker, die ich nun näher kennen zu lernen begann. Binnen eines Monats hörte ich Sonny Rollins, Joe Henderson, Hank Mobley, Thelonious Monk, Oscar Peterson und Duke Ellington und je mehr ich lauschte, desto klarer wurde mir, dass meine judäozentrische Erziehung – irgendwie völlig irreführend war.

Nach einem Monat mit dem Saxophon im Mund war mein soldatischer Enthusiasmus vollständig verschwunden. Anstatt Hubschrauber hinter feindlichen Linien zu fliegen, phantasierte ich, von einem Leben in New York, London oder Paris. Alles, was ich wollte, war eine Chance, die Jazzgrößen live zu hören, denn es waren die späten 1970er und viele von ihnen lebten noch.

Heutzutage schreiben sich Jugendliche, die Jazz spielen möchten, in einer Musikhochschule ein. Als ich zum Jazz kam, war es noch ganz anders.

Wer klassische Musik spielen wollte, trat in ein Konservatorium ein, aber wer um der Musik selbst willen spielen wollte, blieb zuhause und spielte eben rund um die Uhr locker vor sich in. Damals gab es keine Jazzausbildung in Israel und in meiner Heimatstadt Jerusalem gab es nur einen einzigen, kleinen Jazz-Club, der in einem alten, umgebauten, pittoresken türkischen Bad untergebracht war. Jeden Freitagnachmittag traf man sich dort zur Jam-Session und während meinen ersten beiden Jazz-Jahre waren diese Jams die Essenz meines Lebens. Alles andere gab ich auf. Ich übte nur noch – Tag und Nacht –, selbst im Schlaf bereitete ich mich auf den nächsten „Freitag-Jam" vor. Aufmerksam lauschte ich der Musik und transkribierte einige großartige Solos. Ich übte im Schlaf, indem ich mir die Akkordwechsel ausmalte und über sie hinweg flog. Ich beschloss, mein Leben dem Jazz zu widmen, und nahm die Tatsache hin, dass meine Chancen, als weißer Israeli an die Spitze zu gelangen, eher gering waren.

Ich nahm noch nicht wahr, dass meine wachsende Hingabe an den Jazz meine jüdischen nationalistischen Tendenzen überwältigt hatte: wahrscheinlich ließ ich die *Auserwähltheit* in dieser Zeit hinter mir, um ein normales menschliches Wesen zu werden. Jahre später kam ich tatsächlich zu der Einsicht, dass Jazz mein Fluchtweg war.

Innerhalb weniger Monate wurde die Verbindung mit der mich umgebenden Realität schwächer. Ich sah mich selbst nun als Teil einer viel weiteren und größeren Familie, einer Familie von Musikliebhabern, bewundernswerten Menschen, die mit Schönheit und Geist anstatt mit Land, Mammon und Besatzung beschäftigt waren.

Aber, ich musste immer noch zur IDF. Obwohl spätere Generationen junger israelischer Jazzmusiker einfach der Armee entkamen und in das Mekka des Jazz, New York, flüchteten, stand mir, einem jungen Burschen mit zionistischen Wurzeln in Jerusalem, eine solche Option nicht offen. Eine solche Möglichkeit kam mir nicht einmal in den Sinn.

Im Juli 1981 trat ich in die israelische Armee ein, doch ab dem ersten Tag meines Militärdienstes tat ich mein Bestes, mich dem Ruf der Pflicht zu entziehen – nicht, weil ich Pazifist war, und auch nicht, weil ich mich groß um die Palästinenser sorgte. Ich zog es nur vor, mit meinem Saxophon allein zu sein.

Im Juni 1982, bei Ausbruch des ersten israelisch-libanesischen Krieges, war ich bereits seit einem Jahr Soldat. Man musste kein Genie sein, um die Wahrheit zu erkennen. Ich wusste, dass unsere Führer logen, und tatsächlich begriff jeder israelische Soldat, dass dies ein israelischer Aggressionskrieg war. Persönlich fühlte ich keinerlei Verbundenheit mehr mit der zionistischen Sache, Israel oder dem jüdischen Volk. Auf dem jüdischen Altar zu sterben, übte keinen Reiz mehr auf mich aus. Und doch war es nicht Politik oder Ethik, die mich antrieb, sondern vielmehr meine Sehnsucht, mit meinem neuen *Selmer Paris Mark IV*-Saxophon alleine zu sein. Tonleitern mit Lichtgeschwindigkeit rauf und runter zu spielen, schien mir weit wichtiger, als Araber im Namen jüdischen Leidens zu töten. Anstatt also qualifizierter Killer zu werden, unternahm ich jeden nur möglichen Versuch, mich einer der Militärkapellen anzuschließen. Es dauerte zwar ein paar Monate, doch schließlich landete ich sicher im Orchester der israelischen Luftwaffe (IAFO).

Die Zusammensetzung der IAFO war einmalig. Man wurde nur angenommen, wenn man ein exzellenter Musiker oder ein viel versprechendes Talent war – oder der Sohn eines toten Piloten. Die Tatsache, dass ich akzeptiert wurde, obwohl mein Vater noch unter den Lebenden weilte, beruhigte und ermutigte mich: Zum ersten Mal zog ich die Möglichkeit in Betracht, dass ich musikalisches Talent besitzen könnte.

Zu meiner großen Überraschung nahm keines der Orchestermitglieder die Armee ernst. Wir waren alle nur mit einer Sache beschäftigt: unserer persönlichen musikalischen Entwicklung. Wir hassten die Armee und es dauerte nicht lange, bis ich den Staat selbst zu hassen begann, der eine Luftwaffe erforderte, die eine Band für sich beanspruchte, was mich davon abhielt, sieben Tage in der Woche 24 Stunden zu üben. Wenn wir gerufen wurden, um für eine Militärveranstaltung aufzuspielen, versuchten wir, so schlecht zu spielen, wie wir nur konnten, um dafür zu sorgen, dass wir nie wieder eingeladen würden. Manchmal trafen wir uns sogar nachmittags, um schlechtes Spielen zu *üben*. Es wurde uns klar, dass unsere persönliche Freiheit in dem Maße wachsen würden, je schlechter unser kollektiver Auftritt war. Im Militärorchester lernte ich zum ersten Mal, subversiv zu sein, und wie man das System sabotiert, um einem persönlichen Ideal zu entsprechen.

Im Sommer 1984, knapp drei Wochen, bevor ich meine Militäruniform auszog, wurden wir auf eine Konzerttour in den Libanon geschickt.

Damals war dies ein sehr gefährlicher Platz. Die israelische Armee war tief in Bunker und Gräben eingegraben und vermied jegliche Konfrontation mit der örtlichen Bevölkerung. Am zweiten Tag brachen wir nach Ansar auf, einem israelischen Internierungslager in Südlibanon. Diese Erfahrung veränderte mein Leben vollständig.

An einem glühendheißen Tag Anfang Juli kamen wir am Ende einer staubigen, ungeteerten Straße in der Hölle auf Erden an. Das riesige Gefängnislager war mit Stacheldraht umzäunt. Als wir zum Lagerhauptquartier fuhren, hatten wir einen Blick auf Tausende von Insassen im Freien, die in der sengenden Sonne schmorten.

So schwer es auch zu glauben sein mag, Militärbands werden immer als VIPs behandelt und nachdem wir in den Offizierunterkünften gelandet waren, wurden wir auf einem Rundgang durch das Lager geführt. Wir gingen den endlosen Stacheldraht und die Wachtürme entlang. Ich traute meinen Augen nicht.

„Wer sind diese Menschen?" fragte ich den Offizier.

„Palästinenser", sagte er. „Auf der Linken sind PLO (Palästinensische Befreiungsorganisation) und auf der Rechten sind Ahmed Dschibrils Jungs (Volksfront für die Befreiung Palästinas – Generalkommando) – Sie sind weit gefährlicher, deshalb halten wir sie isoliert."

Ich betrachtete die Häftlinge. Sie sahen ganz anders als die Palästinenser in Jerusalem aus. Die Männer, die ich in Ansar sah, waren zornig. Sie waren nicht besiegt, sie waren Freiheitskämpfer und zahlreich. Als wir unseren Weg längs des Stacheldrahts fortsetzten, gelangte ich zu einer unerträglichen Wahrheit: Ich ging auf der anderen Seite – in israelischer Militäruniform. Der Ort war ein Konzentrationslager. Die Insassen waren die „Juden" und ich war ein „Nazi". Ich brauchte Jahre, um mir einzugestehen, dass sogar die duale Gegenüberstellung Jude/Nazi selbst ein Ergebnis meiner judäozentrischen Indoktrination war.

Während ich über die Wirkung meiner Uniform nachsann und versuchte, mit dem heftigen Schamgefühl fertig zu werden, das in mir wuchs, erreichten wir einen großen, ebenen Platz in der Lagermitte. Der uns führende Offizier bot uns noch mehr Plattitüden über den aktuellen Krieg zur Verteidigung der jüdischen Zuflucht. Während er uns mit diesen irrelevanten *Hasbara* (Propaganda)-Lügen langweilte, bemerkte ich, dass wir von zwei Dutzend Betonblöcken von je ca. 1m Breite x 1m Tiefe x 1,3 m Höhe mit kleinen Metalltüren als Eingängen umgeben waren. Der Gedanke, dass meine Armee über Nacht Wachhunde in diese Kästen sperrte, entsetzte mich. Ich aktivierte meine israelische Chutzpah und sprach den Offizier auf diese schrecklichen Hundehütten aus Beton an. Seine Antwort kam schnell: „Da sind unsere Isolierhaft-Blöcke; nach zwei Tagen in einem davon, ist man ein hingebungsvoller Zionist!".

Da reichte es mir. Mir wurde klar, dass mein Verhältnis zum israelischen Staat und dem Zionismus zerstört war. Noch wusste ich sehr wenig über Palästina, über die Nakba oder selbst über Judentum und Jüdischkeit. Damals sah ich nur, dass Israel schlechte Nachrichten für mich bedeutete, und ich wollte nichts weiter damit zu tun haben. Zwei Wochen später gab ich meine Uniform wieder ab, schnappte mir mein Alt-Saxophon, nahm den Bus zum Ben Gurion-Flughafen und ging für einige Monate nach Europa, um dort Straßenmusik zu machen. Im Alter von einundzwanzig Jahren war ich zum ersten Mal frei. Allerdings war mir der Dezember schließlich zu kalt und ich kehrte nach Hause zurück – jedoch mit der klaren Absicht, mich so schnell wie möglich wieder auf den Weg nach Europa zu machen. Irgendwie sehnte ich mich danach, ein *Goi* (Nichtjude) zu werden oder doch zumindest von *Gojim* umgeben zu sein.

***

Es sollte weitere zehn Jahre dauern, bevor ich Israel endgültig verlassen konnte. Während dieser Zeit informierte ich mich jedoch über den Israel-Palästina-Konflikt und begriff, dass ich in Wirklichkeit auf jemandes anderen Land lebte. Ich nahm die verheerende Tatsache in mir auf, dass die Palästinenser ihre Häuser 1948 keineswegs freiwillig verlassen hatten, wie uns in der Schule erzählt wurde, sondern dass sie Opfer einer brutalen ethnischen Säuberung geworden waren, verübt von meinem Großvater und seinesgleichen. Es wurde mir klar, dass die ethnische Säuberung in Israel niemals aufgehört, sondern nur andere Formen angenommen hatte. Ich erkannte, dass das israelische Rechtssystem nicht unparteiisch, sondern rassisch orientiert war (so heißt zum Beispiel das „Rückkehrgesetz" Juden aus jedem Land nach 2.000 Jahren „zuhause" willkommen, hindert jedoch Palästinenser daran, nach zweijährigem Auslandsaufenthalt in ihre Dörfer zurückzukehren). Währenddessen hatte ich mich auch als Musiker weiterentwickelt und mir als Session-Musiker und Musikproduzent größeres Ansehen verschafft. Ich beschäftigte mich zwar nicht wirklich mit irgendwelchen politischen Aktivitäten – aber ich verfolgte den israelischen linken Diskurs intensiv und verstand bald, dass es sich eher um einen gesellschaftlichen Klub als um eine von ethischem Bewusstsein motivierte ideologische Kraft handelte.

Zur Zeit der Oslo-Verträge im Jahre 1993 konnte ich es schließlich nicht mehr ertragen. Ich sah, dass israelisches „Friedenschließen" nichts anderes war als Tatsachenverdrehung. Zweck war nicht die Aussöhnung mit den Palästinensern oder die Auseinandersetzung mit der zionistischen Ursünde, sondern die Existenz des jüdischen Staates auf Kosten der Palästinenser weiterhin zu sichern. Für die meisten Israelis bedeutet „Schalom" nicht „Frieden", sondern „Sicherheit" – und zwar allein für Juden. Dass Palästinenser ihr „Rückkehrrecht" feierten, war keine Option. Ich entschied mich, meine Heimat und meine Karriere aufzugeben. Ich ließ alles und jeden hinter mir, einschließlich meiner Frau Tali, die sich mir später anschloss. Alles, was ich mit mir nahm, war mein Tenorsaxophon – mein wahrer, ewiger Freund.

Ich zog nach London und nahm an der Universität Essex ein weiterführendes Studium der Philosophie auf. Binnen einer Woche gelang es mir, ein Engagement im Black Lion zu bekommen, einem legendären irischen Pub auf der Kilburn High Road. Damals wusste ich noch nicht zu schätzen, wie viel Glück ich hatte – ich wusste nicht, wie schwierig es war, in London einen Auftritt zu ergattern. Dies war tatsächlich der Beginn meiner internationalen Karriere als Jazzmusiker. Innerhalb eines Jahres war ich im Vereinigten Königreich sehr populär geworden, spielte Bebop und Post-Bebop. Binnen drei Jahren tourte ich mit meiner Band durch ganz Europa.

Und dann packte mich das Heimweh. Zu meiner großen Überraschung war es nicht Israel, das ich vermisste, nicht Tel-Aviv, nicht Haifa, nicht Jerusalem. Es war Palästina. Es waren nicht die groben und lauten israelischen Taxifahrer am Ben-Gurion-Flughafen oder die schmuddeligen Einkaufszentren in Ramat Gan, sondern der kleine Platz in der Yefet-Straße in Jaffa, wo das beste Hummus serviert wird, das man sich für Geld nur kaufen kann, und die palästinensischen Dörfer, die sich über die Hügel inmitten von Olivenbäumen und Sabra-Kakteen erstreckten. Wann immer mir in London nach einem Heimatbesuch war, landete ich schließlich in der Edgware Road und verbrachte den Abend in einem libanesischen Restaurant. Nachdem ich einmal begonnen hatte, meine Gedanken zu Israel in der Öffentlichkeit deutlich zu äußern, wurde mir bald klar, dass ich meiner Heimat in der Edgware Road wahrscheinlich so nahe war, wie ich ihr jemals wieder kommen könnte.

***

Als ich in Israel lebte, war ich von arabischer Musik überhaupt nicht angetan. Ich vermute, dass koloniale Siedler selten an der einheimischen Kultur interessiert sind. Ich liebte Volksmusik, hatte mich in Europa und in den USA bereits als Klezmer-Spieler etabliert und begann im Laufe der Jahre, auch türkische und griechische Musik zu spielen. Doch die arabische und insbesondere palästinensische Musik hatte ich dabei völlig übergangen. Als ich nun in London in jenen libanesischen Restaurants rumhing, wurde mir klar, dass ich die Musik meiner Nachbarn niemals wirklich erforscht hatte. Noch beunruhigender: Ich hatte sie ignoriert und sogar abgelehnt. Obwohl ich überall von ihr umgeben war, hatte ich ihr niemals wirklich zugehört. Dabei war sie in jedem Winkel meines Lebens erklungen: der Gebetsruf von den Moscheen, die Stimmen von Umm Kulthum, Farid El-Atrash und Abdel Halim Hafez. Man konnte sie in den Straßen, im Fernsehen, in den kleinen Cafés der Jerusalemer Altstadt, in den Restaurants hören. Sie hatte mich überall umgeben – doch ich hatte ihr respektlos keinerlei Beachtung geschenkt.

Und nun wurde ich in meinen Mittdreißigern, noch dazu fernab vom Nahen Osten, von der einheimischen Musik meines Heimatlandes angezogen. Es war nicht leicht; es war tatsächlich am Rande des völlig Unmöglichen. So einfach es für mich war, Jazz zu absorbieren – bei arabischer Musik war dies fast unmöglich. Ich lauschte dieser Musik, nahm mein Saxophon oder meine Klarinette und versuchte, meinen Sound einzubinden, aber das Ergebnis war ein äußerst fremder Klang. Bald wurde mir bewusst, dass arabische Musik eine gänzlich andere Sprache ist. Ich wusste nicht, wo ich anfangen oder wie ich mich ihr nähern sollte.

Jazz-Musik ist zu einem gewissen Grad ein westliches Produkt mit einem starken afro-kubanischen Einfluss. Sie bildete sich zu Beginn des 20. Jahrhunderts heraus und entwickelte sich in den Randzonen der amerikanischen Kultur. Bebop, die Musik, mit der ich aufwuchs, besteht aus relativ kurzen Musikfragmenten – die Musikstücke mussten zum 3-Minuten-Aufnahme-Format der 1940-er Jahre passen. Westliche Musik lässt sich zudem mittels Standardnotenschrift und Akkordsymbolen leicht in visuelle Inhalte transkribieren. Jazz ist deshalb wie die meisten westlichen Musikformen teilweise digital. Arabische Musik ist hingegen analog – sie lässt sich nicht transkribieren. Bei dem bloßen Versuch verfliegt ihre Authentizität. Als ich dann endlich die menschliche Reife hatte, mich „der Musik" meines Heimatlandes im wahrsten Sinne des Wortes „zu stellen", stand mir mein musikalisches Wissen im Weg.

Ich konnte nicht verstehen, was mich daran hinderte, arabische Musik zu meistern, oder warum ich nicht den richtigen Sound traf, wenn ich sie zu spielen versuchte. Ich hatte zwar genug Zeit mit Zuhören und Üben verbracht, aber es klappte einfach nicht. Im Laufe der Zeit begannen Musikjournalisten, meinen neuen Sound zu schätzen und mich als einen Jazz-„Helden" zu betrachten, der als Experte arabischer Musik die Kluft zwischen den Musikkulturen überwand. Ich wusste jedoch, dass sie Unrecht hatten – so sehr ich auch versuchte, diese sogenannte „Kluft“ zu überwinden, wusste ich doch, dass mein Sound und meine Interpretation wahrer arabischer Musik fremd waren.

Dann entdeckte ich einen einfachen Trick. Wenn ich bei meinen Konzerten versuchte, diesen so flüchtigen orientalischen Sound nachzubilden, sang ich zunächst eine Zeile, die mir jene Klänge ins Gedächtnis zurückholte, die ich in meiner Kindheit ignoriert hatte. Ich versuchte, mich an den wiederhallenden Ruf der Muezzin zu erinnern, der aus den umliegenden Tälern bis in unsere Straßen drang, und an die erstaunlichen, unvergesslich-ergreifenden Klänge meiner Freunde Dhafer Youssef und Nizar Al-Issa, sowie die tiefe, nachklingende Stimme von Abel Halim Hafez. Zunächst schloss ich nur meine Augen und lauschte mit meinem inneren Ohr, doch ohne es zu zunächst zu merken, öffnete ich allmählich auch den Mund und begann, laut zu singen. Da wurde mir bewusst, dass ich mit dem Saxophon im Mund sang und auf diese Weise einen Klang erzielte, der den metallenen Lautsprechern der Moscheen sehr nahe kam. So lange Zeit hatte ich mich bemüht, mich dem arabischen Klang anzunähern, aber nun vergaß ich einfach, was ich zu erreichen suchte – und begann, es zu genießen.

Nach einer Weile bemerkte ich, dass die Echos von Dschenin, Al-Quds und Ramallah auf natürliche Weise dem Schalltrichter meines Instruments entstiegen. Ich fragte mich, was geschehen war, warum ich plötzlich echt klang, und kam zu dem Schluss, dass ich auf das Primat des Auges verzichtet hatte und meine Aufmerksamkeit stattdessen dem Primat des Ohres zuwandte. Ich suchte nicht mehr auf dem Blatt nach Inspiration, nach Visuellem oder Beweisbarem in der musikalischen Notation oder den Akkordsymbolen. Stattdessen lauschte ich auf meine innere Stimme. Das Ringen mit der arabischen Musik erinnerte mich daran, warum ich überhaupt begonnen hatte, Musik zu spielen. Schließlich hatte ich Bird im Radio gehört, und nicht auf MTV.

Durch die Musik und insbesondere durch meine persönliche Auseinandersetzung mit arabischer Musik lernte ich, zuzuhören.

Anstelle des Blicks auf die Geschichte oder der Analyse ihrer Entwicklung in materiellen Ausdrücken ist es vielmehr das Hören, das den Kern tiefen Verstehens bildet. Ethisches Verhalten kommt ins Spiel, wenn die Augen geschlossen sind und die Echos des Bewusstseins in der Seele eine Melodie formen können. Einfühlen bedeutet, das Primat des Ohres anzunehmen[2].

Gilad Atzmon

Identität kontra Identifizieren

Kapitel 1

Das Recht auf Ausarbeitung

In London, das ich oft als mein „selbstauferlegtes Exil" definiere, wurde mir klar, dass Israel und der Zionismus nur Teile des umfassenderen jüdischen Problems sind.

Israel ist der jüdische Staat – zumindest behauptet er das. Israel wird von den Juden weltweit in hohem Maße institutionell, finanziell und spirituell unterstützt. Zionismus und Israel wurden so zu symbolischen Identifikatoren des heutigen Juden. Doch obwohl Israel der jüdische Staat ist, obwohl er von jüdischen Lobbies in der ganzen Welt stark unterstützt wird, ist kaum ein Kommentator mutig genug, die Frage zu stellen, wofür das Wort „Jude" steht. Anscheinend ist diese Frage im westlichen Diskurs immer noch ein Tabu.

In diesem Buch werde ich versuchen, den Knoten zu entwirren. Ich werde scharfe Kritik an jüdischer Politik und Identität üben. Doch es sollte schon an dieser Stelle darauf hingewiesen werden, dass es keine einzige Referenz auf Juden als ethnischer Gruppe oder Rasse gibt. In meiner Schrift unterscheide ich zwischen „Juden" (dem Volk), „Judentum" (der Religion) und „Jüdischkeit" (der Ideologie). Dieses Buch beschäftigt sich nicht mit Juden als Volk oder ethnischer Gruppe. Meine Untersuchungen führen mich vielmehr zu dem Schluss, dass Juden keine Art rassischen Kontinuums bilden. Kurz: Wer eine blut- oder rassebezogene Interpretation des Zionismus sucht, muss andere Bücher lesen.

In meiner Arbeit enthalte ich mich auch einer Kritik des Judentums, der Religion. Stattdessen stelle ich verschiedene Interpretationen des judaischen Gesetzbuches gegenüber. Ich behandle jüdische Ideologie, jüdische Identitätspolitik und den jüdischen politischen Diskurs. Ich frage, was Jude-Sein mit sich bringt. Ich suche nach den metaphysischen, spirituellen und soziopolitischen Begriffsinhalten.

Meine Entdeckungsreise beginne ich mit einer relativ einfachen Frage. Wer sind die Juden? Oder: Was meinen Menschen, wenn sie sich selbst als „Juden" bezeichnen?

Entsprechend ihrer Selbstwahrnehmung lassen sich diejenigen, die sich Juden nennen, in drei Hauptkategorien unterteilen:

1. Diejenigen, die das Judentum (die Religion) befolgen;
2. Diejenigen, die sich als menschliche Wesen betrachten, die zufällig jüdischer Herkunft sind;
3. Diejenigen, die ihre Jüdischkeit über alle ihre anderen Eigenschaften stellen.

Die ersten beiden Kategorien mögen eine harmlose und unschuldige Gruppe von Menschen bezeichnen.

Wir neigen zu der Annahme, dass religiöse Menschen im Allgemeinen von ihren Glaubensinhalten inspiriert sind, von denen man erwartet, dass sie sich an eine Art höheren geistigen und ethischen Wertesystems halten. Demnach lässt sich das Judentum als ethisches Glaubenssystem auffassen[3]. Das Judentum war für mindestens zwei Jahrtausende das Identifikationssymbol der Juden – es ist recht klar und schlüssig.

Obgleich gegenwärtig immer mehr Verbrechen im Namen der Torah verübt werden, lässt sich das Judentum mit dem Hinweis darauf verteidigen, dass jüdischer nationalistischer *Messianismus* bloß eine Interpretation darstellt.

Die zweite Kategorie ist gleichfalls recht unschuldig. Man kann seine Herkunft nicht auswählen. Ethisch Gesinnte würden zustimmen, dass Menschen respektiert und gleich behandelt werden müssen – ungeachtet ihrer Herkunft oder ihres rassischen und ethnischen Hintergrundes.

Die dritte Kategorie ist problematisch. Ihre Definition mag für einige „aufrührerisch" klingen. Und doch war dies bizarrerweise genau die Formulierung, die Chaim Weizman, prominenter früher Zionist und späterer erster israelischer Präsident, am Vorabend des 20. Jahrhunderts wählte: „Es gibt keine englischen, französischen, deutschen oder amerikanischen Juden, sondern nur Juden, die in England, Frankreich, Deutschland oder Amerika leben." Mit nur wenigen Worten gelang es Weizmann, kategorisch das Wesen von Jüdischkeit zu definieren.

Sie ist im Grunde eine „Primäreigenschaft". Man mag ein Jude sein, der in England wohnt, ein Jude, der Violine spielt oder sogar ein antizionistischer Jude sein, vor allem anderen aber ist man Jude. Und genau dies ist die Idee, die von der dritten Kategorie vermittelt wird.

Es geht darum, Jüdischkeit als Schlüsselelement und Fundamentalcharakteristikum persönlichen Seins zu sehen. Jede andere Qualität ist zweitrangig. Das genau war die Botschaft, die von den frühen Zionisten vor allem verkündet werden sollte. Für Weizmann war Jüdischkeit eine einzigartige Eigenschaft, die Juden davon abhalten sollte, sich zu assimilieren oder in der Menge aufzugehen. Der Jude würde immer ein Fremder bleiben.

Dieser Gedankengang zeigte sich in den meisten frühen zionistischen Schriften. Jabotinsky führte ihn sogar noch weiter. Unnachgiebig bestand er darauf, dass eine Assimilation aufgrund der biologischen Bedingtheit unmöglich wäre. Folgendes hatte er über den deutschen Juden zu sagen: „Ein unter Deutschen aufgewachsener Jude mag deutsche Gebräuche und deutsche Wörter übernehmen. Er mag von diesem deutschen Fluidum gänzlich durchtränkt sein, aber der Kern seiner geistigen Struktur wird stets jüdisch bleiben, da sein Blut, sein Körper, sein physisch-rassischer Typus jüdisch sind." (Vladimir Jabotinsky, „Ein Brief über Autonomie", 1904).

Diese rassistischen Ideen gingen dem Nazismus voraus. Jabotinsky war nicht allein, sogar der jüdische Marxist Ber Borochow, der die jüdische Bedingtheit auf historische und materielle Umstände bezieht, empfahl einen Weg, der eine Besonderheit des jüdischen Volkes war: den jüdischen Nationalismus. Eine Ideologie, nach der Juden gewisse proletarische Aktivitäten in der Produktion ausüben, jedoch ihre nationalen und kulturellen Symptome bewahren sollten.

Borochow sondert Juden von der internationalen proletarischen Revolution ab. Warum tut er dies? Weil Juden einzigartig jüdisch sind – zumindest neigen die Zionisten zu diesem Glauben.

Der Zionist ist in erster Linie und vor allem ein Jude. Er kann nicht einfach nur ein gewöhnlicher britischer Bürger sein, der zufällig jüdischer Abstammung ist. Er ist vielmehr ein Jude, der in Großbritannien lebt. Er ist ein Jude, der Englisch spricht; er ist ein Jude, der vom *Nationalen Gesundheitsdienst* (NHS) Leistungen bezieht; er ist ein Jude, der hier halt auf der linken Straßenseite fährt. Obwohl britisch von Geburt, ist er nach eigener Wahl auch der „ultimativ Andere".

Der zionistische Agent

Diese dritte Kategorie des Juden muss nicht nach Palästina ziehen. Ein Wohnsitz in Zion ist nur eine Möglichkeit, die die zionistische Philosophie bietet. Um richtiger Zionist zu werden, muss man nicht herumwandern. Manchmal ist es sogar besser, genau dort zu bleiben, wo man ist.

Lasst uns nachlesen, was Victor Ostrovsky, ein desertierter ehemaliger Mossad-Agent, über jüdische Bruderschaft erzählt. „Am nächsten Tag hielt Ran S. einen Vortrag über die Sayanim, ein einzigartiger und wichtiger Bestandteil der Mossad-Operationen. Sayanim – d.h. Assistenten – müssen Juden sein. Sie leben im Ausland und obwohl sie nicht israelische Staatsbürger sind, wird der Kontakt zu vielen von ihnen über ihre Verwandten in Israel hergestellt. Ein Israeli, der zum Beispiel einen Verwandten in England hat, könnte gebeten werden, diesem einen Brief zu schreiben, in dem steht, dass der Überbringer des Schreibens eine Organisation vertritt, deren Hauptaufgabe es ist, jüdische Menschen in der Diaspora zu retten bzw. zu schützen. Ob der Verwandte in Großbritannien ihm vielleicht in irgendeiner Weise behilflich sein könnte? ... Es gibt Tausende von Sayanim in der ganzen Welt. Allein in London gibt es etwa 2.000 aktive und weitere 5.000, die auf einer Liste stehen. Sie übernehmen viele unterschiedliche Aufgaben. Ein „Auto-Sayan" zum Beispiel, der eine Mietwagenfirma hat, kann es dem Mossad ermöglichen, einen Wagen zu mieten, ohne die normalen Papiere ausfüllen zu müssen. Ein „Wohnungs-Sayan" kann ein Appartment anmieten, ohne Verdacht zu erregen, ein „Bank-Sayan" kann dir Geld besorgen, wenn du es z. B. mitten in der Nacht brauchen solltest, ein „Arzt-Sayan" kann eine Schusswunde behandeln, ohne dass die Polizei etwas davon erfährt usw. So hat man eine Fülle von Leuten, auf die man in allen erforderlichen Lagen zurückgreifen kann; es sind Leute, die Dienstleistungen erbringen, aber aus Loyalität Stillschweigen bewahren. Ihnen werden nur ihre Auslagen ersetzt."[4]

Sayanim gehören zur dritten Kategorie. Es sind Menschen, die sich in erster Linie als Juden sehen. Der Sayan ist eine Person, die die Nation, deren Staatsbürgerschaft er besitzt, aus Hingabe an die Idee einer clanhaft verschworenen Bruderschaft verraten würde.

Während sich der Zionismus in seinen Anfangstagen als Versuch präsentierte, die Juden aus aller Welt nach Zion zu bringen, wurde der zionistischen Führung in den vergangenen drei Jahrzehnten klar, dass Israel von den Juden in der Weltjudenheit und insbesondere von der dort lebenden jüdischen Elite weitaus mehr profitieren würde, wenn sie genau dort bleiben, wo sie sind. Paul Wolfowitz [5], Rahm Emmanuel[6], Lord Levy[7] und David Aaronovitch[8] erwiesen sich für die zionistische Sache dadurch effektiver, indem sie blieben, wo sie waren.

Zionismus, ein globales Netzwerk

Der Zionismus ist keine koloniale Bewegung mit Interesse an Palästina, wie einige Gelehrte behaupten. In Wirklichkeit handelt es sich beim Zionismus um eine globale Bewegung, die von einer einzigartigen tribalen Solidarität der Angehörigen der dritten Kategorie untereinander gespeist wird. Zionist zu sein bedeutet, mehr als alles andere zu akzeptieren, dass man in erster Linie Jude ist. Ostrovsky fährt fort: „ Man hat ein risikofreies Rekrutierungssystem zu seiner Verfügung, bei dem ein Pool von Millionen jüdischer Menschen außerhalb der Grenzen des Landes angezapft werden kann. Es ist viel leichter, mit den Leuten zu operieren, die vor Ort leben, und die *Sayanim* leisten überall unschätzbare praktische Hilfe."[9]

Was wir hier sehen, ist ein außerordentlicher Grad von Solidarität. Aber Juden sind weit davon entfernt, eine einheitliche Rasse zu bilden. Wenn es also nicht um rassische Solidarität per se geht, was ist es dann, das den Sayan dazu bewegt, das Risiko jahrelanger Gefängnishaft auf sich zu nehmen? Was dachte sich der israelische Spion Jonathan Pollard[10], als er an seinem Land Verrat beging? Was geht in den angeblich 2.000 *Sayanim* in London vor, wenn sie ihre Königin oder ihren Nachbarn betrügen? Was ging in Paul Wolfowitz vor, als er die Strategie für sein Land entwarf, um die letzten Zellen arabischen Widerstands gegen Israel zu vernichten?

Ich halte Ostrovskys Zeugnis für einen zuverlässigen Bericht. Wie wir wissen, setzte die israelische Regierung alle möglichen Mittel ein, um die Veröffentlichung seines Buches zu verhindern.

In einem Radiointerview erzählte Joseph Lapid, seinerzeit bedeutender israelischer Kolumnist, der Welt ganz offenherzig, was er über Ostrovsky dachte:

„Ostrovsky ist der verräterischste Jude der modernen jüdischen Geschichte. Und er hat keinerlei Recht zu leben, sofern er nicht bereit ist, nach Israel zurückzukehren und vor Gericht gestellt zu werden."[11]

Valerie Pringle, die Journalistin am anderen Ende der Leitung, fragte Lapid: „Meinen Sie, dass das, was Sie soeben sagten, eine verantwortungsvolle Äußerung war?"

Lapid: „Aber ja, das glaube ich ganz und gar. Und unglücklicherweise kann der Mossad nichts tun, da wir unsere Beziehungen zu Kanada nicht gefährden können. Aber ich hoffe, es wird einen anständigen Juden in Kanada geben, der es für uns erledigt."

Pringle: „Das hoffen Sie. Sie könnten mit seinem Blut an Ihren Händen leben?"

Lapid: „Oh nein. Es ist, um ... nur wird es nicht sein Blut an meinen Händen sein. Es wird Gerechtigkeit an einem Mann geübt, der das Schrecklichste tut, was sich ein Jude nur denken kann, und das ist, dass er den jüdischen Staat und das jüdische Volk für Geld an unsere Feinde verkauft. Es gibt absolut nichts Schlimmeres, das ein menschliches Wesen tun kann, sofern er überhaupt ein menschliches Wesen genannt werden kann."

Lapid, später Mitglied in Sharons Kabinett, ist sehr deutlich: Jude zu sein ist eine tiefe Verpflichtung, die weit über jede rechtliche oder moralische Ordnung hinausgeht. Offenbar ist Jüdischkeit für Lapid kein geistiger oder religiöser Standpunkt, es ist eine politische Verpflichtung. Es ist eine Weltsicht, die für jeden einzelnen Juden auf diesem Planeten gilt. Wie er sagt: Der Mossad kann Ostrovsky nicht töten, so ist es nun an einem „anständigen Juden in Kanada", den Job zu erledigen.

Ein israelischer Journalist und späterer israelischer Justizminister äußert damit die ungeheuerlichste Ansicht. Er ermutigt einen Mitjuden, im Namen der jüdischen Bruderschaft einen Mord zu begehen. Kurzum: Lapid bestätigt nicht nur Ostrovskys Bericht über die Welt der Sayanim, sondern er bestätigt auch Weizmanns Ansicht, dass es vom zionistischen Gesichtspunkt aus keine kanadischen Juden, sondern nur Juden in Kanada gibt. Er erklärt darüber hinaus, dass ein in Kanada lebender Jude, der zum Mörder wird, damit, wie er meint, der jüdischen Sache diene. In zionistischen Augen ist Jüdischkeit ein international operierendes Netzwerk.

In seinem Buch bezeichnet Ostrovsky dies als rassische Solidarität; ich nenne es Bruderschaft der dritten Kategorie, und Weizmann spricht von Zionismus. Gemeint ist aber ein und dasselbe. Es geht um Verpflichtung – und zwar um eine, die mehr und mehr Juden in eine obskure, gefährliche und unethische Gemeinschaft hineinzieht. Offensichtlich geht es beim Zionismus gar nicht um Israel. Israel ist lediglich ein unbeständiger territorialer Aktivposten, der mit Gewalt von einer aus Hebräisch sprechenden Juden der dritten Kategorie bestehenden Einsatztruppe gehalten wird. Es gibt in der Tat kein geographisches Zentrum der zionistischen Bestrebungen. Es ist schwer zu entscheiden, wo zionistische Entscheidungen getroffen werden.

In Jerusalem? In der Knesset, im Büro des israelischen Premierministers, beim Mossad oder vielleicht in den Geschäftsräumen des ADL[12] in Amerika? Es könnte auch in Bernie Madoffs[13] Büro oder sonstwo in der Wall Street sein.

Der Organismus

„Es besteht natürlich durchaus die Möglichkeit, dass es einen Entscheidungsprozess überhaupt nicht gibt. Es ist mehr als nur wahrscheinlich, dass „Juden" kein Zentrum oder Hauptquartier besitzen. Es ist mehr als wahrscheinlich, dass sie sich ihrer besonderen Rolle innerhalb des gesamten Systems nicht bewusst sind, so wie ein Organ kein Bewusstsein von seiner Rolle innerhalb der Komplexität des Organismus hat[14]. Kein einziger Akteur in dem Kollektiv ist mit der Vorgehensweise des Kollektives vollständig vertraut, er oder sie kennt nur seine oder ihre persönliche, begrenzte Rolle, Funktion oder Aufgabe in demselben. Dies ist wahrscheinlich die größte Stärke der zionistischen Bewegung: Sie transformiert den jüdischen Tribalmodus in ein kollektives funktionierendes System."

Die Sicht auf den Zionismus als *Organismus* würde zu einer Veränderung unserer Perspektive auf die derzeitigen Weltgeschehnisse führen. Dann sind die Palästinenser nicht nur Opfer der israelischen Besatzung, sondern *de facto* auch Opfer einer einzigartigen globalen politischen Identität, nämlich der Vertreter der dritten Kategorie, die das Heilige Land in einen jüdischen Bunker verwandelten. Die Iraker sind Opfer jener Infiltratoren der dritten Kategorie innerhalb der britischen und amerikanischen Regierungsapparate, denen die Transformation der amerikanischen und britischen Armeen in eine zionistische Eingreiftruppe gelang. Und die muslimische Welt ist aus dieser Perspektive ein Versuchsobjekt der dritten Kategorie, in dem die Ideologie des „moralischen Interventionismus" zur neuen westlichen Expansionismus-Bibel erhoben werden soll. Amerikaner und Briten sowie in einem gewissen Maße der gesamte Westen leiden unter Finanzturbulenzen, bekannt als Kreditkrise. Man könnte sie auch als Zio-Faustschlag bezeichnen.

Kapitel 2

Kreditkrise oder Zio-Faustschlag

1992 beauftragte Dick Cheney, Verteidigungsminister der Vereinigten Staaten, den damaligen Staatssekretär für politische Fragen im Verteidigungsministerium, Paul Wolfowitz, und seinen Stellvertreter Lewis „Scooter" Libby mit dem Entwurf der Planungsrichtlinie für die Verteidigung der USA (DFG - USA Defense Planning Guidance) für die Haushaltsjahre 1994-99. Dieses später als „Wolfowitz-Doktrin" bezeichnete Dokument wurde bald darauf der New York Times zugespielt und erntete manch scharfe Kritik.

Das erstaunliche Dokument legte die Strategie für eine Zusammenführung amerikanischer und globaler zionistischer Interessen zu einer vereinheitlichten Vorgehensweise dar. All dies geschah im Gefolge des Zusammenbruchs der Sowjetunion, als Amerika zur einzigen Supermacht der Welt aufstieg.

„Unser vorrangiges Ziel," schrieb Wolfowitz, „ist es, den Wiederaufstieg eines neuen Rivalen – sei es auf dem Gebiet der früheren Sowjetunion oder anderswo – der eine Bedrohung im Ausmaß der früheren Sowjetunion darstellt, zu verhindern.."[13]

So sehr Wolfowitz auch behaupten mag, an „Freiheit" und den „freien Markt" zu glauben, fordert er andererseits, dass Amerika niemandem erlauben soll, die neue Weltordnung und die Vormachtstellung der USA auf dem Markt in Frage zu stellen.

„Die Vereinigten Staaten müssen zwingend die Führung für die Errichtung und zum Schutz einer neuen Ordnung übernehmen, um potenzielle Wettbewerber davon zu überzeugen, dass sie zum Schutze ihrer legitimen Interessen keine größere Rolle oder aggressiveres Auftreten brauchen."

Wolfowitz hatte bereits 1992 erkannt, dass die Welt zögern könnte, seine visionäre amerikanische expansionistische Philosophie zu unterstützen. Amerika sollte deshalb seiner Auffassung nach eine einseitige durchsetzungsfähige Praxis anwenden. Statt auf internationale Koalitionen und UN-Initiativen zu setzen, sollte Amerika sich besser an den Gedanken gewöhnen, alleine handeln zu müssen. Wolfowitz hat die Vereinigten Staaten also bereits im Jahr 1992 zur Weltpolizei ernannt.

„Wie im Falle der Koalition gegen die irakische Aggression sollten wir davon ausgehen, dass auch zukünftige Koalitionen Adhoc-Zusammenschlüsse sein werden, die die aktuelle Krise häufig nicht überdauern werden und in vielen Fällen nur zu einem allgemeinen Einverständnis über die zu erreichenden Ziele führen. Gleichwohl wird das Gefühl, dass die Weltordnung letztlich von den USA gestützt wird, ein bedeutender Stabilisierungsfaktor sein."

Deshalb sollte Amerika, so betont Wolfowitz, intervenieren, wo und wann dies für notwendig gehalten wird. Dann aber kommt plötzlich der globale Zionist zum Vorschein: Wolfowitz und Libby bekräftigten erneut die US-Verpflichtungen gegenüber dem jüdischen Staat.

„Im Nahen Osten und im Persischen Golf streben wir die Stärkung regionaler Stabilität an, die Abschreckung von Aggression gegen unsere Freunde und unserer Interessen in der Region, den Schutz von US-Staatsangehörigen und -Eigentum sowie die Sicherung unseres Zugangs zu internationalen Luft- und Seewegen und zum Öl in der Region. Die Vereinigten Staaten sind der Sicherheit Israels und der Aufrechterhaltung eines qualitativen Vorsprungs für Israels Sicherheit verpflichtet."

Das „Projekt für das neue amerikanische Jahrhundert"
(The Project for the New American Century)

„Der Entwurf" von Wolfowitz führte bald zur Gründung der mächtigsten Denkfabrik (*think tank*) in Washington: dem „Projekt für das neue amerikanische Jahrhundert" (*PNAC – The Project for the New American Century*), das von 1997 bis 2006 bedeutenden Einfluss auf die Regierung des Präsidenten George Bush ausübte. Eine Analyse der amerikanischen Politik und der neokonservativen Expansionskriege in jener Zeit wäre ohne Berücksichtigung des Einflusses des PNAC unmöglich. Ebenso wäre ein Verständnis des Zusammenbruchs der globalen amerikanischen Hegemonie (im Allgemeinen) und im Nahen Osten (insbesondere) ohne Berücksichtigung der vom PNAC befürworteten interventionistischen Philosophie und seiner Unterstützung israelischer globaler und regionaler Interessen nicht möglich.

Laut der Homepage des PNAC bestand das Ziel der Denkfabrik darin, „die amerikanische globale Führungsrolle zu fördern"[16]. Getreu dem von Wolfowitz und Libby vorgegebenen Grundsatz glaubte PNAC, dass die „amerikanische Führung sowohl für Amerika als auch für die Welt gut war"[17]. Sie behauptete offen, dass alles, was gut für die Amerikaner wäre, auch für den Rest der Menschheit gut wäre[18].

Die Mitglieder dieser New-American-Century-Denkfabrik hatten deutlich Iraks Öl im Visier. Irak stellte jedoch auch ein beständiges Risiko für den geliebten Verbündeten der Amerikaner in der Region dar – für den jüdischen Staat war der Irak einer der letzten unbeugsamen Feinde. Von 1997 bis 2000 war der Regimewechsel in Irak die durchgängige Position des PNAC. Wolfowitz, der selbstverständlich zu einer Führungsfigur innerhalb des PNAC aufstieg, übte auf die Clinton-Regierung ständigen Druck aus und trat für die sofortige Beseitigung Saddam Husseins und seines Regimes ein.

Als sich Amerika und England 2002–2003 auf einen Krieg gegen den Irak vorbereiteten, wurde offensichtlich, dass die Bush-Regierung der politischen Philosophie der PNAC folgte.

Wie wir wissen, endete der Krieg in einem völligen Desaster. Für viele politische Analytiker symbolisiert dies den Anfang vom Ende des amerikanischen Imperiums. Ende 2006 war nicht mehr viel von der selbstherrlichen neokonservativen Denkfabrik übrig. Das PNAC war auf eine Voice-Mailbox und eine Geister-Website sowie einen einzigen Angestellten zusammengeschrumpft, der den Betrieb abwickelte. Die Mitglieder der Denkfabrik verschwanden in aller Stille, einige ließen sich auf weit weniger ruhmreichen akademischen und administrativen politischen Posten nieder, andere gingen in den Ruhestand oder verschwanden völlig. Ihre Philosophie hinterließ jedoch mehr als eineinhalb Millionen Tote im Irak. Sie hinterließ eine Milliarde empörter Muslime, feindlich gegen Amerikas unerbittlichen Expansionismus. Binnen Kurzem kollabierte die gesamte amerikanische geopolitische Philosophie, als die arabischen Massen Amerika als ihren Feind und einige arabische Tyrannen als Kollaborateure der Amerikaner identifizierten.

Angesichts dessen, was wir heute über die „moralistischen" interventionistischen Neigungen der Neokonservativen und die Befürwortung des Expansionismus durch PNAC wissen, sollten uns derartige verheerende Konsequenzen nicht überraschen. Und doch müssen Fragen gestellt werden: Wie kam es, dass Amerika in seinen „freien Medien" und in seinem politischen Establishment nicht die Mittel fand, um Wolfowitz und Libby Widerstand zu leisten? Nach der Wahl von George W. Bush im Jahr 2000 wurde eine Reihe von Mitgliedern oder Unterzeichnern des PNAC in Schlüsselpositionen innerhalb des Regierungsapparates dieses Präsidenten berufen. Die amerikanischen Medien und das politische System reagierten nur sehr langsam. Schon allein diese Tatsache wirft eine entscheidende Frage auf.

Wie konnte sich Amerika von Ideologien versklaven lassen, die wesentlich mit ausländischen Interessen verknüpft waren?

Öl ist wichtig

Die Vereinigten Staaten von Amerika sind ein großes Land mit großen Straßen und vielen durstigen Autos. Folglich ist billiges Öl der Schlüssel zu seiner sozialen und wirtschaftlichen Stabilität. Wolfowitz, Libby und PNAC fanden – so schien es derzeit – den Weg zum Himmel. Sie waren dabei, zwei Fliegen mit der Klappe nur eines Krieges schlagen. Sie wollten das arabische Öl stehlen und gleichzeitig ihrem geliebten jüdischen Staat „Sicherheit" verschaffen.

Wie wir alle wissen, funktionierte dieser Plan nicht. Trotz der Invasion im Jahre 2003 schaffte es Amerika nicht, seine schwere Hand auf irakisches Öl zu legen. Der Wiederaufbau des Irak, ein weiterer Versuch, viel Geld zu machen, steht „noch" aus.

Wolfowitz scheiterte jedoch nicht völlig. Es gelang ihm, einen erbitterten Feind Israels zu zerstören. Er stürzte Saddam Hussein. Aber es sieht so aus, als ob es Saddam gelang, bei seinem Sturz das gesamte amerikanische Imperium und was vom Britischen übrig geblieben geblieben war mit sich zu reißen. Zudem wird spätestens, wenn der letzte amerikanische Soldat aus der „Grünen Zone" (Bagdad) evakuiert oder ausgeflogen ist, deutlich werden, dass es in Wirklichkeit das Scheitern der Wolfowitz-Doktrin war, die Iran zur führenden regionalen Supermacht machte.

Die Greenspan-Doktrin - Geld regiert die Welt

Wie kommt es, dass Amerika versagte, seine Wolfowitze zu bremsen? Wie kommt es, dass Amerika seine Außenpolitik von einigen skrupellosen Zio-getriebenen Denkfabriken gestalten ließ? Wie konnte es geschehen, dass die angeblich „freien Medien" Amerikas es versäumten, das amerikanische Volk vor dem inneren Feind zu warnen?

Geld ist wahrscheinlich eine Antwort – es regiert in der Tat die Welt oder zumindest den „amerikanischen Wohnungsmarkt".

Durch die Jahrhunderte haben sich einige jüdische Banker den Ruf erworben, Kriege[19] und sogar eine kommunistische Revolution[20] finanziert zu haben. Während einige reiche Juden Kriege freudig mit ihren eigenen Mitteln finanzierten, fand Alan Greenspan, Vorsitzender der US-Zentralbank, einen weitaus raffinierteren Weg, die von Libby, Wolfowitz und PNAC angestifteten Kriege zu ermöglichen oder zumindest die Aufmerksamkeit von ihnen abzulenken.

Anders als im altmodischen Großbritannien, wo Tony Blair Lord Levy anwarb und seine „Freunde Israels" dazu ermutigte, ihr Geld einer Partei zu spenden, die gerade dabei war, einen verbrecherischen Krieg zu beginnen, bescherte Alan Greenspan seinem Präsidenten in Amerika einen erstaunlichen Wirtschaftsaufschwung. Es scheint, dass die günstigen Bedingungen zuhause die Aufmerksamkeit vom verheerenden Krieg in Irak ablenken.

Greenspan ist kein Amateur-Wirtschaftswissenschaftler; er wusste, was er tat. Er wusste sehr wohl: So lange es den Amerikanern gut geht und sie Wohnungen kaufen und verkaufen könnten, würde ihr Präsident weiterhin die „Wolfowitz-Doktrin" und die PNAC-Philosophie in die Tat umsetzen und so die „bösen Araber" im Namen von „Demokratie", „Liberalismus", Ethik" und sogar der „Frauenrechte" vernichten.

Greenspan riet dem amerikanischen Volk zu kaufen – er wiederholte das alte Mantra: „Geld ausgeben ist patriotisch". Es gelang ihm auch, die Leute davon zu überzeugen, dass Geldmangel kein Hinderungsgrund sei. Sie würden „später bezahlen". Bis zu einem gewissen Grade hatte er recht: Wir werden alle „später zahlen" müssen ... vielleicht werden wir nie aufhören, zu zahlen.

Ohne allzu sehr auf die Ökonomie einzugehen – es war Greenspan, der mit einer exzessiven Deregulierung die geldwirtschaftliche Basis für den Aufstieg der mit zweitklassigen

Hypotheken handelnden Unternehmen bereitete, eines auf Hochrisiko-Hypotheken und -Darlehen spezialisierten Kreditmarktes.

„Innovation“, sagte Greenspan im April 2005, „hat eine Vielzahl neuer Produkte wie Subprime-Darlehen und Nischenkredit-Programme für Einwanderer gebracht.“ [21]

Es ist geradezu rührend, zu entdecken, dass Greenspan sich so sehr um Einwanderer sorgt.

„Derartige Entwicklungen“, fährt Greenspan fort, „sind repräsentativ für die Marktreaktionen, die in der gesamten Geschichte unseres Landes Antrieb für die Finanzdienstleistungsindustrie waren. ... Mit diesen technologischen Fortschritten haben Kredit-scoring-Modelle* und andere Techniken der effizienten Ausweitung der Kreditvergabe ein breiteres Kundenspektrum zu ihrem Vorteil genutzt.“

Greenspan gibt zu, dass er das amerikanische Bankensystem in ein „innovatives“ Experiment führt: „Wo einst den mehr randständigen Antragstellern Kredite einfach verweigert wurden, sind Kreditgeber nunmehr in der Lage, auf recht effiziente Weise das von einzelnen Antragstellern dargestellte Risiko zu beurteilen und für dieses Risiko angemessen zu bewerten.“

Es scheint, dass die gesamte westliche Wirtschaft nun den Preis für Greenspans unwissenschaftliches Konzept von „angemessen“ bezahlt.

„Diese Verbesserungen führten zu einer raschen Zunahme der Subprime-Hypothekenvergabe; heute machen Subprime-Hypotheken ungefähr zehn Prozent der Anzahl aller ausstehenden Hypotheken gegenüber gerade mal ein oder zwei Prozent Anfang der 1990er aus.“

[Anm. d. Übers.: Kreditscoring: Kreditwürdigkeitsprüfung und -bewertung mittels Punktevergabe]

Wie Wolfowitz hatte auch Greenspan einen Plan. Wie der Krieg von Wolfowitz funktionierte er sogar eine Weile, aber irgendwie nicht bis zum Ende. Ebenso, wie wir uns an Präsident Bushs peinliche Erklärung des Sieges im Irak erinnern, wissen wir auch, dass es nicht lang dauerte, bis das amerikanische Volk merkte, dass Amerika diesen Krieg nie gewinnen würde. Auf gleiche Weise hatte Greenspan anfänglich ein paar Zahlen, auf die er stolz sein konnte. Die von ihm gepuschte Subprime-Kreditaufnahme trug maßgeblich zur Zunahme des Wohneigentums und der steigenden Nachfrage bei. Die Wohneigentumsquote für die USA insgesamt stieg von 64 Prozent im Jahr 1994 auf eine Spitze im Jahre 2004 mit einem Allzeithoch von 69,2 Prozent. Immobilien waren in Amerika zum führenden Geschäft geworden, in das immer mehr Spekulanten Geld investierten. 2006 waren 22 Prozent des erworbenen Wohnungseigentums (1,65 Millionen Wohneinheiten) für Investitionszwecke bestimmt und weitere 14 Prozent (1,07 Millionen Wohneinheiten) wurden als Ferienwohnungen gekauft.

Diese Zahlen machten die Amerikaner glauben, dass ihre Wirtschaft tatsächlich boomte. Und wenn eine Wirtschaft boomt, ist niemand wirklich an Außenpolitik interessiert und gewiss nicht an 1 Million toter Iraker. Aber dann begann den vielen sich durchkämpfenden Amerikanern und Einwanderern aus der Arbeiterklasse, die das Geld nicht mehr zurückzahlen konnten, das sie ohnehin nie besaßen, die Wirklichkeit zu dämmern.

Aufgrund steigender Ölpreise und Zinssätze blieben Millionen benachteiligter Amerikaner auf der Strecke. Als sie zu ihren neu erworbenen Traumhäusern in der Vorstadt zurückfuhren, war nicht mehr genug Geld in der Kasse, um die Hypothek zu bezahlen oder elementare Bedürfnisse zu befriedigen. Folglich wurden in sehr kurzer Zeit Millionen von Häusern gepfändet; natürlich gab es niemanden, der sich den Kauf jener frisch gepfändeten Häuser leisten konnte. Die Armen Amerikas wurden ärmer denn je.

Genau so wie Wolfowitz Saddam stürzte, der das amerikanische Imperium mit sich hinab riss, so zogen die armen Amerikaner, die Wolfowitz' Krieg ermöglichen sollten, den amerikanischen Kapitalismus sowie das amerikanische Geld- und Bankensystem mit nach unten. Greenspans Politik stürzte eine ganze gesellschaftliche Klasse in den Ruin und hinterließ in Amerikas Finanzsystem ein nunmehr 3 Billionen Dollar großes Loch.

Greenspan und Wolfowitz erinnern mich an den Witz vom taktlosen Chirurgen, der nach einer 12-stündigen Herzoperation aus dem Operationssaal kommt und der besorgten Familie verkündet: „Die Operation war ein großer Erfolg – aber leider schaffte es ihr geliebter Angehöriger nicht mehr bis zum Ende."

Die moralische Agenda

Auf dem Papier sahen die Doktrinen von Greenspan und Wolfowitz vielversprechend aus. Die Operation war in der Tat erfolgreich, aber das amerikanische Imperium schaffte es nicht bis zum Ende. Es ist nunmehr dazu verurteilt, seine Vorrangstellung zu verlieren. Nach seinen eigenen Worten tat Greenspan all dies für die „Einwanderer" und die „Armen". Wolfowitz ernannte Groß-Amerika zur Weltpolizei. Er tat es für die Iraker, für „Moral" und Demokratie. Zumindest will er uns dies weismachen. Das Strickmuster ist vertraut: ein paar „huldvolle" Leute, die stets die Welt im Namen des einen oder anderen Ideals zu retten versuchen. Sie „bringen" den „Wilden" Demokratie, sie „bringen" Gleichheit den Armen. Sie bedienen sich abstrakter ethischer Konzepte. Aber irgendwie läuft alles immer darauf hinaus, dass der jüdische Staat davon profitiert. Man braucht nur den ersten und prominenten zionistischen Propheten Theodor Herzl zu lesen, um zu wissen, dass es bei politischem Zionismus überhaupt nur um eines geht: Supermächte in den Dienst der zionistischen Sache zu stellen.

Einige Amerikaner wurden übertölpelt, als sie Wolfowitz und Greenspan blind folgten; viele andere, speziell in den obersten Etagen von Wirtschaft, Politik und Medien waren so dumm, ihnen nicht rechtzeitig Einhalt zu gebieten. Zumindest Greenspan und Wolfowitz hätten gezügelt werden müssen. Bereits 1992 hätten die Amerikaner vor möglichen Gefahren seitens ausländischer Interessen im Zentrum ihrer strategischen Hauptquartiere gewarnt werden müssen.

An diesem Punkte mag man sich fragen, ob ich die Kreditkrise als einen zionistischen Anschlag oder sogar als jüdische Verschwörung betrachte. Tatsächlich ist das Gegenteil der Fall: Sie ist kein Anschlag und gewiss keine Verschwörung, denn alles geschah in aller Öffentlichkeit. Es war vielmehr ein Unfall bei dem der Patient nicht überlebt hat.

Kapitel 3

Zionismus und andere „marginale" Gedanken

Eine Art, marginale Politik zu betrachten, ist es, die problematische Spannung zwischen den Forderungen nach Gleichheit und der Aufrechterhaltung clanhafter oder tribaler Weltbetrachtungen auszuleuchten. Damit beziehe ich mich auf die schwierige Dualität, die darin liegt, einerseits wie jeder andere gesehen werden zu wollen – und andererseits sich selbst als verschieden, einzigartig oder sogar überlegen zu betrachten. Auf den ersten Blick scheint es, als ob eine humanistische und universale Forderung, Bürgerrechte gleich zu handhaben, das Problem beheben und jede Art von Spannung zwischen dem Rand und dem Zentrum lösen würde. Aber marginale Politik beabsichtigt, dem Ruf nach Gleichstellung zu trotzen. Für den marginalen Politiker sind Assimilation, Emanzipation, Integration und sogar Befreiung tödliche Bedrohungen.

Ist er erst einmal assimiliert[22] oder integriert[23] sieht sich der Marginalisierte einer schweren „Identitätskrise" gegenüber. Von dem marginalen Subjekt andererseits wird verlangt, auf seine oder ihre Besonderheit, Einmaligkeit und Einzigartigkeit zu verzichten. Nach der Integration oder Assimilation werden die heroischen „vor-revolutionären" Tage des gerechten Kampfs für Gleichheit oder Bürgerrechte durch ein nostalgisches Narrativ ersetzt. In seiner post-revolutionären Phase wird die marginale Person zu einer unauffälligen Entität, Teil einer normalen Menge. Daraus sollten wir schließen, dass die Forderung nach Gleichheit an sich ein selbstzerstörerischer Mechanismus ist. Ist man erst einmal „gleich", dann unterscheidet man sich von niemandem mehr. Der Integrationserfolg reduziert den Marginalgruppen-Diskurs zu bedeutungslosem Geräusch. Kein Randgruppen-

Politiker befürwortet einen politischen Ruf nach Assimilation. Ein derartiger Ruf würde politischen Selbstmord bedeuten, eine selbst herbeigeführte Vernichtung der eigenen politischen Macht.

Im Gegensatz dazu können wir uns leicht Einzelpersonen vorstellen, die sich assimilieren wollen; wir können uns ein Mitglied der sogenannten Marginale vorstellen, der nach Wegen sucht, sich in die Mainstream-Gesellschaft zu integrieren.

Ein kurzer Blick auf die soziale Realität europäischer Juden vor dem Zweiten Weltkrieg bietet einen interessanten Einblick in das Problem. Aus den oben genannten Gründen wurde „Assimilation" nie als jüdische politische Forderung vorgetragen. Es waren vielmehr einzelne Juden, die europäische liberale Tendenzen begrüßten und genossen. Die jüdische politische Forderung wurde von unterschiedlichen Mitteln tribaler, kultureller oder sogar rassisch-orientierter Segregation inspiriert. Ein Blick auf die uns umgebende westliche Realität enthüllt ein Bild der Mannigfaltigkeit. Unsere Gesellschaft ist ein Amalgam, in das jetzt viele, die einst randständig waren, assimiliert und integriert sind. Zudem betrachten manche Minderheiten ihre Integration nicht einmal als bewussten Prozess, sondern eher als eine Art Fest, unter anderen zu sein. Diese natürliche Tendenz, sich mit der umgebenden Gesellschaft zu verschmelzen, wird von den Marginalgruppen-Politikern als große Bedrohung angesehen.

Der „Rand"

„Der Rand" ist ein Begriff, der sich oftmals auf Menschen bezieht, die irgendwie am Rande der Gesellschaft leben. Er beschreibt diejenigen, die zurückbleiben, die im Mainstream-Diskurs ihre Stimme nicht zu Gehör bringen können. Der Rand wird oft unterdrückt, drangsaliert, gedemütigt, er ist Gegenstand verabscheuungswürdiger Witze, von Stereotypen und so weiter. Der Rand bewahrt seine marginalen Eigenschaften so lange, wie die gegen ihn begangenen Ungerechtigkeiten nicht im Mainstream-Diskurs angegangen werden. Ist die Besonderheit und Einzigartigkeit des Randes von der Menge anerkannt und akzeptiert, wird die Randgruppe zu einem inhärenten Bestandteil der größeren Gemeinschaft, mit anderen Worten, sie wird eine Minderheitengruppe oder sogar integraler, nicht unterscheidbarer Teil des Mainstream.

Deshalb sollte man akzeptieren, dass der Status des Marginal-Seins zumindest zu einem gewissen Grade vom Zentrum definiert wird. Aber lässt sich der Rand politisch auch in seinen eigenen Begriffen definieren? Reicht zum Beispiel Lesbisch-Sein aus, dass jemand ungeachtet der umgebenden sozialen Bedingungen „marginal" ist? Wie entscheidet man, ob man zu einem gegebenen „Rand" gehört? Reicht Jude, Muslim, Homosexueller oder ein ethnischer Albaner zu sein schon aus, um ein Individuum zu einer „marginalen Identität" zu machen?

Offensichtlich nicht. Wir können uns viele Juden, Muslime, Homosexuelle, Lesben und ethnische Albaner vorstellen, die sich von jeglicher Form marginaler oder Identitätspolitik lösen. Weder sehen sie sich selbst als marginal, noch werden sie von ihrer Umgebung so betrachtet. Außerdem sind einige der sogenannten marginalen Gruppen in Politik und in den Medien weit überrepräsentiert. Juden zum Beispiel können sich wirklich nicht darüber beklagen, dass ihre politische Stimme zum Schweigen gebracht würde oder ungehört bliebe. Der „Rand" ist deshalb ein dynamischer Begriff und erhält erst durch seine Beziehung zum Zentrum seine Gestalt. Der Rand wird mittels Negation (d.h. das, was er nicht ist) definiert, anstatt positiv durch seine Eigenschaften (d.h. das, was er ist). Aus diesem Grunde beschreibt Randgruppenpolitik die Realität in Begriffen binärer Gegensätze.

Für den homosexuellen Ideologen lautet der Gegensatz homosexuell-heterosexuell; für die feministische Politikerin ist sie Weiblichkeit/Männlichkeit; für den Zionisten Jude/Nichtjude und *Eretz Israel*/Diaspora.

Sobald das Zentrum willens ist, seine Eigenwahrnehmung zu erweitern und liberalere und inklusivere Gedanken zuzulassen, ist der Diskurs des Randes von Auslöschung bedroht. An eben diesem Punkte greift Randgruppen- und Identitätspolitik ein, und der binäre Gegensatz wird eingeführt. Der Randgruppenpolitiker setzt sich für die Aufrechterhaltung der Negation ein. Diese Negation kommt für gewöhnlich durch die Beschwörung eines Konfliktes zwischen dem Rand und dem Zentrum ins Spiel.

So wird zum Beispiel der Zionismus durch Antisemitismus aufrechterhalten. Dies mag erklären, warum Zionisten von den wachsenden Statistiken antisemitischer Vorfälle so begeistert sind. Auf ähnliche Weise wird homosexuelle Randgruppenpolitik durch Homophobie genährt und Feminismus gedeiht dank der männlichen Chauvinisten. Randgruppen- und Identitätspolitik ist daraufhin angelegt, in einen Austausch mit dem Mainstream-Diskurs zu treten, aber sie kann niemals aussöhnen. Sie existiert zu dem Zweck, die Negation aufrecht zu erhalten. Und dennoch bleibt die Frage: Kann der Angehörige einer Randgruppe sich mit eigenen Mitteln definieren? Um diese Frage anzugehen, müssen wir zunächst das Konzept der Identität erfassen.

Identität, Identifikation und Authentizität

Um das „Marginale" in einen sinnvollen Begriff zu verwandeln, muss das marginale Subjekt davon ausgehen, dass die Existenz als „marginales Subjekt" eine bedeutsame, reale und authentische Identität verleiht. Ein auf konfisziertem palästinensischen Land lebender amerikanisch-jüdischer Siedler muss aufrichtig glauben, dass das Leben auf besetztem Land, die Beteiligung an Kriegsverbrechen und der tägliche Verstoß gegen jede nur denkbare moralische Norm bei gleichzeitiger Gefährdung seines eigenen Lebens und des Leben seiner Familienmitglieder die direkte Erfüllung seines „wahren Selbst" ausmachen. Der Siedler muss glauben, dass er der Sohn Abrahams ist, und dass diese Beziehung zu seinem Vorfahr ihm mit Bezug auf palästinensisches Land Sonderrechte verleiht.

Der Glaube an eine authentische Identität ist entscheidend für die Verwirklichung des Selbst als eines genuinen autonom Handelnden, aber ist Authentizität möglich? Ein phänomenologischer Denker mag diese Frage bejahen. Edmund Husserl argumentiert, dass wir uns auf *„Evidenz"* beziehen können, welche das „Bewusstsein" von der Sache selbst ist, wie sie sich in der klarsten, eindeutigsten und angemessensten Weise für etwas seiner Art erschließt. Dementsprechend kann man ein reines Bewusstsein seiner selbst erfahren. Diese Idee wurde von Descartes mit *„cogito ergo sum"* ausgedrückt – „Ich denke, also bin ich". In phänomenologischen Begriffen ist es das reine und klare „Bewusstsein" des „denkenden Ich", das jeden Zweifel an meinem „Dasein in der Welt" beseitigt – zumindest als eine denkende Entität.

Phänomenologie unternimmt den Versuch, zu beschreiben, wie die Welt durch Bewusstseinsakte konstituiert und erfahren wird, und was uns in unmittelbarer Erfahrung ohne Vermittlung durch Präkonzeptionen und theoretische Begriffe gegeben wird. Aus phänomenologischer Perspektive vermag das Eigen-Bewusstsein einer Person eine unvermittelte, authentische Form des Wissens wiederzugeben.

Es dauerte nicht lange, bis Husserls Schüler Martin Heidegger größere Brüche in dem philosophischen Gebäude seines Lehrers nachwies. Heidegger enthüllte, dass „In-der-Welt-Sein" etwas komplexer als von Husserl vorgeschlagen sein könnte. Es war Husserls Begriff von Hermeneutik, der die Mängel der Husserlschen Phänomenologie offenbarte. Hermeneutik handelt von der subtilen Interaktion zwischen dem interpretierenden Subjekt und dem interpretierten Objekt. Bei seiner kritischen Lektüre von Husserl legte Heidegger die verwirrende Tatsache offen, dass unvermitteltes Bewusstsein tatsächlich schwer vorstellbar ist. Menschen, so scheint es, „gehören der Sprache an". Sprache besteht, bevor man zur Welt kommt. Mit dem Eintritt in das Reich der Sprache blockiert eine Trennmauer aus symbolischen sprachlichen Bausteinen und kulturellem Mörtel jedes mögliche „unvermittelte Bewusstsein". Können wir ohne Anwendung von Sprache denken? Können wir überhaupt ohne die Vermittlung durch Sprache Erfahrungen machen?

Zugegeben, wir sind in der Lage, während des Träumens Wünsche zu verspüren oder uns von Schönheit überwältigen zu lassen, aber sobald wir es durchdenken, finden wir uns in einem Prozess der Namensgebung verstrickt. Sobald wir Namen geben, ist das angeblich „Unvermittelte" für immer verloren. Sind wir erst einmal im Reich der Sprache, so wird unsere Wahrnehmung der Welt von Bedeutungen und Symbolen gestaltet, die nicht allein die unseren sind. Demnach hätte es den Anschein, dass ein umfassendes authentisches Bewusstsein unerreichbar ist. Wenn dies tatsächlich der Fall ist, dann lässt sich von Identität nicht mehr als von einem genuinen Ausdruck des „wahren-Selbst" sprechen. Sobald wir etwas benennen, liefern wir uns der Sprache aus. Von daher vermag der Blick in das eigene Selbst niemals eine authentische Identität enthüllen.

Alternativ dazu könnten wir uns Identität als eine Menge von Ideen, Narrativen, „Denkweisen" oder Verhaltenscodes denken. Aber dann stoßen wir auf neues Gebiet vor, anstatt wirklich in Begriffen eines genuinen „Selbstbewusstseins" zu sprechen. Folglich identifizieren wir uns mit Ideen, Narrativen, Denkweisen, gewissen Weltanschauungen, Auffassungen, physischen Identifikatoren und so weiter. Dann aber müssen wir auch akzeptieren, dass „Identität" sich auf „Identifikation" bezieht. Anstatt mit wahrer, authentischer „Selbstsuche" irgendeiner Art haben wir es vielmehr mit einer Form von Zugehörigkeit zu tun. Der Begriff der Identität, der für Postmodernisten, Identitätspolitik und Randgruppen-Theoretiker so entscheidend ist, ist nichts als ein Mythos oder eine Phantasie. Sprechen wir von „Randgruppen-Identität", dann meinen wir in Wirklichkeit eine Art von Identifikation. Somit reicht homosexuell zu sein, nicht aus, um jemanden zu einem „Schwulen" zu machen. Während Homosexuell-Sein sich auf eine sexuelle Vorliebe bezieht, ist „Schwul"-Sein eine Art der Identifikation (mit einer Randgruppe), d.h. es besteht eine starke Affinität zu einer Gruppe, anstatt zum Selbst.

Allem Anschein nach kann das marginale Subjekt sich nicht mit eigenen Mitteln definieren. Es ist per Negation definiert. Es ist durch eine existierende symbolische Ordnung definiert. Nicht das Finden eines „wahren Selbst" ist es im Austausch mit der Welt, was die Identitätspolitik zum Leben erweckt. Wenn wir über Identität sprechen, beziehen wir uns auf eine Achse der Identifikation: an einem Ende finden wir den sich dem Zugriff entziehenden Begriff der Authentizität, hervorgebracht von einem Mythos vom unvermittelten Selbstbewusstsein, am anderen Ende finden wir einen Zustand der Entfremdung, der durch Identifikation (eine begriffliche oder symbolische Affinität) erreicht wird. Von daher sollte die Suche nach der eigenen wahren Identität mit äußerstem Elend in Verbindung gebracht werden: Je mehr man nach seinem authentischen Selbst sucht, desto mehr betätigt man sich in dem Prozess der Identifizierung, der letztlich zu vollständiger Entfremdung führen wird. Hier komme ich nun zu der subversiven Wendung, die Lacan dem Descartesschen *cogito* gibt: aus „Ich denke, also bin ich" wird „Du bist, wo du nicht denkst". Denken entfernt einen eher von sich selbst.

Identitätspolitik und marginale Philosophien

Die Aussage: „Ich schaue in mich und sehe einen Zionisten, einen Schwulen, eine Frau, eine Nation, eine Wassermelone" usw. meint in Wirklichkeit: Ich identifiziere mich mit Zionismus, Schwulen, Frauen, einer gewissen Politik usw. Sobald wir denken, sind wir bereits von der diktatorischen Macht der Sprache besiegt. Marginale Gemeinschaften und identitätspolitische Diskurse sind allgemein sehr empfindlich gegenüber der Macht der Sprache und dies ist wahrscheinlich der Grund, weshalb sehr viel politische Anstrengung von Marginalgruppen der Verhängung sprachlicher Restriktionen im Mainstream-Diskurs gewidmet wird (üblicherweise im Namen politischer Korrektheit, des Liberalismus und sogar der Toleranz).

Dies ist wahrscheinlich auch der Grund, weshalb marginale Gemeinschaften so kreativ in ihrem Umgang mit Sprache sind. Das Verhältnis der Zionisten zur wiederbelebten hebräischen Sprache ist ein gutes Beispiel. Die frühen Zionisten erkannten, dass die volle Kontrolle über Sprache ihnen erlauben würde, ihre

Weltanschauung den nachfolgenden Generationen von Juden aufzuerlegen. Aber Zionisten sind in dieser Hinsicht nicht alleine. Auch andere marginale Gruppen sind für ihre kreativen Dialekte, Schreibweisen und Vokabulare bekannt. Die folgende Aufstellung zeigt verschiedene Schreibweisen des englischen Wortes „woman / women" (dt.: Frau), wie sie von lesbischen Separatisten in den 1970ern verwendet wurden: wimmin, wimyn, womyn, womin. Diese Alternativschreibweisen sollten „beweisen", dass – zumindest symbolisch – eine Frau sogar dann „ganz" sein könnte, wenn das Wort „man / men" aus „woman / women" herausgenommen würde. „Wir sind als Womyn keine Unterkategorie der Männer"[24]. Die Bedeutung definiert die Weltsicht. Aber wenn Sprache eine solch entscheidende Rolle in der Randgruppenpolitik besitzt, dann kann sich der Rand niemals selbst vom Zentrum lösen. Selbst wenn er seinen eigenen Diskurs, sprachliche Zeichen und symbolische Ordnung etabliert, kann dieser Diskurs nur in seinem Verhältnis zu und in Austausch mit dem Mainstream-Diskurs realisiert werden.

Die Strategien

Da dem Rand gelegentlich von der Hegemonie die Möglichkeit zur Assimilation geboten wird, stehen dem marginalen Subjekt bisweilen Gelegenheiten zur Integration in das Zentrum offen. Assimilierte jüdische Amerikaner zum Beispiel waren immer äußerst begeistert von der Möglichkeit, amerikanische Patrioten zu werden. Viele amerikanische Juden fanden ihren Weg in die herrschenden Klassen über die akademische Welt, das Bankenwesen, Immobilien, die Börse, Medien, Politik usw. Aber sind sie erst einmal in Schlüsselpositionen innerhalb der Mainstream-Gesellschaft, werden ihre patriotischen Tendenzen von den an den Rändern Verbliebenen in Frage gestellt.

Zionistische Lobbys in Amerika spezialisieren sich darauf, reiche und einflussreiche Juden aufzuspüren, die sie unter Druck setzen, um aus ihrem „Versteck" zu kommen und einen größeren Einsatz für das jüdisch-nationalistische Projekt zu leisten. Interessanterweise, zeigen schwule Randgruppen-Politiker ein ähnliches Verhalten. Einige Marginalpolitiker versuchen, ihre integrierten Brüder und Schwestern öffentlich zu „beschämen".

Dies dient einem doppelten Zweck. Erstens vermittelt dies die klare Botschaft, dass wirkliche Assimilation unmöglich ist: einmal schwul, immer schwul; einmal ein Jude, immer ein Jude. Diese Logik spiegelte sich in dem Hollywood-Animationsfilm „Shrek" wieder. Shrek und Prinzessin Fiona waren dazu verdammt: „Einmal ein Oger, immer ein Oger. Man kann niemals seiner wahren Identität entgehen". Und doch werden Shrek und Prinzession Fiona von ihren Freunden geliebt, da sie so menschlich sind, obwohl sie Oger sind.

Zweitens drängt es den Assimilierten zu Kollaboration mit seinem alten Clan. Du wirst nie demjenigen entkommen, der du bist – also solltest du besser stolz darauf sein. Der amerikanische Zionist führt diese Ideologie noch eine Stufe weiter und sagt dem assimilierten Juden: „Du wirst nie demjenigen entkommen, der du bist – warum bist du also nicht stolz darauf und arbeitest für uns?" Diese Punkte helfen uns die Wirkung der jüdischen und israelischen Lobbys in der westlichen Politik zu verstehen[25]. Zuvor hörten wir von den Worten des israelischen Journalisten Joseph Lapid, der Diaspora-Juden zur Ermordung des Mossad-Deserteurs Ostrovsky aufrief, da dieser die Wahrheit über Israel erzählte. Der marginale Agitator scheint Gefügigkeit einzufordern.

Lasst uns die Logik hinter dieser Strategie prüfen. Chaim Weizmanns Aussage, englische, französische und deutsche Juden seien in erster Linie Juden, ist offensichtlich ein Aufruf an Juden, ihre Gleichheit zu feiern. Jüdisch zu sein, ist nach Weizmann ein wesenhaftes Merkmal, alle anderen Eigenschaften sind fast zufällig. Somit scheinen sogar die „guten Juden", diejenigen, die mit dem Ruf „Nicht in meinem Namen" gegen israelische Gewalttaten protestieren, in Weizmanns Falle zu tappen. Zuvörderst sind sie Juden und erst dann sind sie Humanisten. Praktisch übernehmen sie, ohne es zu merken, Weizmanns marginale Antiassimilationsstrategie. Weizmanns Strategie ist ausgeklügelt und schwer in den Griff zu bekommen. Selbst mit der Aussage „Ich stimme nicht mit Israel überein, obwohl ich Jude bin" geht man in diese Falle. Ist man erst einmal in der Falle, kann man den Clan nicht mehr verlassen – man kann kaum eine universale Philosophie befürworten, wenn man politisch als Jude identifiziert wird.

In den frühen Tagen des Zionismus weigerten sich die meisten Juden, Weizmanns Agenda zu übernehmen – sie zogen es vor, sich als amerikanische, britische oder französische Menschen zu sehen, die zufällig jüdisch waren. Diese Auseinandersetzung zwischen dem ethnischen Juden der westlichen Diaspora und der zionistischen Bewegung entwickelte sich zu einem erbitterten Konflikt. Während ihres Kampfes um Anerkennung gaben die Zionisten ihre Verachtung für den Diaspora-Juden zu. Dies war im Grunde die Geburt des zionistischen Separatismus.

Separatismus

> „Vor der Emanzipation war der Jude ein Fremder unter den Völkern, aber nicht für einen Moment dachte er daran, sich gegen sein Schicksal zu stellen. Er fühlte sich einer eigenen Rasse zugehörig, die nichts mit den anderen Menschen des Landes gemein hatte. Der emanzipierte Jude ist sich in seinen Beziehungen zu seinen Mitmenschen unsicher, ängstlich gegenüber Fremden, sogar argwöhnisch gegenüber den geheimen Gefühlen seiner Freunde."
>
> *Max Nordau*[26]*, Ansprache auf dem ersten Zionistenkongress, Basel, 1897.*

Der Ausdruck „Separatismus" bezieht sich auf den Prozess, in dem eine Minderheitengruppe die Wahl trifft, sich von einer größeren Gruppe abzutrennen. Nach Separation wird gerufen, sobald die marginale politische Gruppe die unmittelbar bevorstehende Gefahr der Integration in die Mehrheits-Gesellschaft spürt. „Separatismus" bezieht sich nicht nur auf

Versuche zur Schaffung alternativer Gesellschaften, sondern auch auf Ausschließungspraktiken innerhalb der marginalen Gemeinschaften selbst.

Der Zionismus entwickelte sich als Reaktion auf die Emanzipation der europäischen Juden, ein Prozess, der mit der französischen Revolution begann und sich im 19. Jahrhundert rasch in ganz Europa ausbreitete. Im späten 19. Jahrhundert erkannten einige prominente, assimilierte Juden (wie Nordau, Herzl und Weizmann), dass die Emanzipation des jüdischen Volkes zum Verschwinden der jüdischen Identität führen könnte. Das derzeitige zionistische Argument war einfach: Ghetto-Mauern waren niedergerissen und dennoch integrierten sich Juden nicht in das europäische Leben. Zudem wurden die Europäer der Unaufrichtigkeit ihrer Sympathie mit Juden bezichtigt. Nordau meinte: „Die Nationen, die die Juden emanzipierten, haben sich über ihre eigenen Gefühle getäuscht. Damit die Emanzipation ihre volle Wirkung entfaltet, hätte sie zuerst im Gefühl vollendet werden sollen, bevor sie per Gesetz deklariert wurde."[27]. Das Argument hat einen sehr elementaren Charakter: Zuerst solltest du mich lieben und nur dann solltest du mich heiraten. Diese Idee erscheint vernünftig, doch sollten wir daran denken, dass anders als in einer Liebesbeziehung das staatsbürgerliche Leben eher auf Respekt als auf Zuneigung beruht. Ich erwarte, dass mein Nachbar mich respektiert; er mag mich auch lieben, aber dies kann ich nie einfordern.

Um ihre Ansichten zu untermauern, schufen die Zionisten das Bild eines zunehmenden Antisemitismus. Ihre Darstellung war bei weitem nicht korrekt. Im späten 19. Jahrhundert waren Juden nämlich bereits tief in jeden möglichen Aspekt des zivilen Lebens Europas eingebunden. Darüber hinaus waren die Zionisten-Führer selbst in hohem Maße in ihren christlichen Kontext integriert. Aber ein Mythos permanenter Verfolgung wurde eben benötigt.

Am 15. Oktober 1894 wurde Hauptmann Alfred Dreyfus, das einzige jüdische Mitglied des Generalstabs der französischen Armee, unter dem Vorwurf der Spionage für Deutschland festgenommen. Während des gesamten Prozesses erklärte Dreyfus seine Unschuld. Für viele war klar, dass Dreyfus Opfer einer abscheulichen rassistischen Anschuldigung war. Theodor Herzl, ein prominenter Wiener Journalist, der zur Prozessberichterstattung nach Paris reiste, war von der Geschichte bewegt und schloss daraus, dass Assimilation zum Scheitern verurteilt wäre. Die einzige Lösung war nach Herzl „[ein] verheißenes Land, wo wir Hakennasen, schwarze oder rote Bärte haben können ... ohne dafür verachtet zu werden, wo wir zumindest als freie Menschen auf unserem eigenen Boden leben können und wo wir friedlich in unserem eigenen Vaterland sterben können" (Judenstaat, Theodor Herzl).

In Wirklichkeit löste der Dreyfus-Prozess eine gewaltige Welle der Unterstützung von nichtjüdischer Seite aus. Die französische Regierung beugte sich schließlich dem öffentlichen Druck und setzte das Strafmaß herab. Nach der Unterstützung durch französische Intellektuelle und der europäischen Linken verlor der Zionismus in Frankreich seinen Zugriff. Die französischen Juden fühlten sich wirklich emanzipiert. Herzls Missfallen geht aus folgendem Auszug aus seinem Tagebuch hervor: „[Französische Juden] suchen Schutz von Seiten der Sozialisten und der Zerstörer der gegenwärtigen staatsbürgerlichen Ordnung ... sie sind wahrhaftig keine Juden mehr. Sie werden wahrscheinlich die Führer des europäischen Anarchismus werden."

Es hat den Anschein, als ob der Marginalgruppen-Politiker Herzl besser als jeder andere die unmittelbar drohende Gefahr jüdischer Integration und Assimilation ahnte. Dieses Beispiel illustriert das Wesen separatistischer Ideologien – das Ziel, Schranken zwischen Menschen zu errichten. Separatismus ist eine Strategie zum Ghetto-Bau: Zionisten sind dieser Strategie seit dem späten 19. Jahrhundert gefolgt.

Der Fall des lesbischen Separatismus ist sehr ähnlich gelagert. Als Frauen in den 1970ern die sozialen Spaltungen überwanden und größere Gleichheit errangen, erhob sich ein radikal-militanter

Feminismus. In ihrem Artikel „Der Weg aller Separatisten"[28] schreibt Ludo McFingers: „Sie hassen Männer, sehen Frauen als geschlechtliche Klasse, unterstützen biologischen Determinismus, lehnen Reformismus ab und verachten die Linke."

Die zugrunde liegende Prämisse des lesbischen Separatismus lautet, dass Männer sich nicht ändern können und es auch nicht tun werden. Folglich können nur Frauen ihre eigene Freiheit garantieren, indem sie sich von Männern lösen. Einige separatistische Frauen sprachen sogar von der Notwendigkeit einer gewalttätigen Konfrontation mit Männern, um ihre Macht zu Fall zu bringen. Keineswegs überraschend würden einige der radikalsten lesbischen Aktivistinnen lieber in einer Welt gänzlich ohne Männer leben, und einige gingen so weit, zu erklären: „Tote Männer vergewaltigen nicht." Dies findet sich wieder in dem populären israelischen Ausdruck „Ein guter Araber ist ein toter Araber".

Die Ähnlichkeiten zwischen zionistischen und feministischen Separatisten sind evident. Zudem vereinigen sich die beiden radikalen Ideologien zeitweise zu einer einzigen Stimme. Als der amerikanisch-jüdischen Feministin Andrea Dworkin gesagt wurde, dass die Idee eines Womanland (Frauenland) irrsinnig wäre, antwortete sie: „Sagte man das nicht auch von Israel? Und dachte nicht die Welt, dass Theodor Herzl, der Gründer der zionistischen Bewegung, ein Spinner wäre? Die Juden bekamen ein Land, weil sie verfolgt worden waren, „genug ist genug" sagten, entschieden, was sie wollten, aufstanden und dafür kämpften. Frauen sollten dasselbe tun. Und wenn ihr nicht in Womanland leben wollt, was macht das schon? Nicht alle Juden leben in Israel, aber es existiert, eine potentielle Zuflucht für den Fall, dass es zu Verfolgung kommt ... wie die Juden für Israel kämpften, so haben Frauen das Recht, Vergewaltiger zu exekutieren – ja, richtig: exekutieren – und der Staat sollte nicht eingreifen."[29] Zuvor gab die vom Guardian als „weit links stehende Aktivistin definierte Dworkin in demselben Interview zu, dass sie „weiterhin Israels Existenzrecht und das jüdische Recht auf einen eigenen Staat sowie das jüdische Recht unterstützt, gegen diejenigen zurückzuschlagen, die sie zu töten suchen und es immer noch tun; genauso, wie sie denkt, dass Frauen das Recht besitzen, sich gegen die Männer, die sie missbrauchten, zur Wehr zu setzen, sie sogar zu töten." Dworkin mag die Ansichten einer kleinen und unbedeutenden Minderheit repräsentieren, aber die ideologischen Ähnlichkeiten zwischen Zionismus und feministischem Separatismus sind deutlich. Ein bedeutender Unterschied ist allerdings, dass Israel hunderte von Atombomben besitzt.

Vor langer Zeit fand ich heraus, dass sich durch die Ersetzung des Wortes „Frau" durch „Jude" und des Wortes „Mann" durch „Nichtjude" ein lesbischer separatistischer Text reibungslos in eine radikal-zionistische Streitschrift verwandeln lässt und umgekehrt. Lesbischer Separatismus ist eine Form des „ultimativen Feminismus"; er verlangt einen Umschwung von der Erkenntnis, dass „jede Frau eine Lesbin sein kann" zu der radikalen Auffassung, dass „jede Frau eine Lesbin sein sollte"[30]. Ähnlich würde ein Zionist die Auffassung vertreten, dass „jeder Jude ein Zionist sein sollte", anstatt dass „jeder Jude ein Zionist sein kann". Einige Zionisten würden sogar noch weiter gehen und argumentieren, dass, da Israel „der Staat des jüdischen Volkes" ist, jeder Jude als Zionist betrachtet werden sollte. Dementsprechend sollte die Ablehnung des Zionismus durch einen Juden als verräterischer Akt gelten oder zumindest als eine Form von Selbsthass.

Natürlich würden die meisten Frauen ihre Kategorisierung durch radikale Feministinnen nicht ernstlich akzeptieren. Ich würde sagen, dass zumindest vor dem Zweiten Weltkrieg die Mehrheit der Juden von dem zionistischen Aufruf beleidigt war. Es scheint, dass der Holocaust, seine Ausbeutung und der beispiellose militärische Sieg Israels im Jahre 1967 die Einstellung der Juden auf der Welt gegenüber dem Zionismus und Israel änderten.

Der Holocaust war ein „zionistischer Sieg" genauso wird jede Vergewaltigung von feministischen Separatistinnen als Bestätigung ihrer Theorien ausgelegt.

Wie wir sahen, wird Marginalgruppen-Politik durch Feindschaft gegenüber sich selbst aufrechterhalten. Für den Fortbestand marginaler Politik wird die gegen einen selbst gerichtete Abscheu zum Vorteil. Zionisten verlassen sich auf in Brand gesteckte Synagogen, sowie einige lesbische Separatistinnen auf Vergewaltigungsopfer angewiesen sind. Gäbe es keine angezündeten Synagogen, geht der Mossad soweit, sie selbst anzuzünden.[31] In separatistischer Weltanschauung ist solches Verhalten legitim, denn der Zweck ist weitaus wichtiger als die Mittel und die Kampagne bedeutender als jede moralische Integrität.

Kapitel 4

Der *Sabra*, der Siedler und der Diaspora-Jude

„Der Sabra, hart und weich zugleich – dem in Israel gebürtigen Israeli wurde der Beiname ‚Sabra' gegeben, nach dem auf dem trockenen Boden Israels wachsenden Wildkaktus. Die Frucht dieser Pflanze ist außen stachelig und innen weich. Dies impliziert, dass unsere Sabras rauh, schroff, unzugänglich aber im Inneren überraschend sanft und süß sind. Der liebevolle Spitzname wird mit Stolz von unserer Jugend getragen, die den Ruf genießt, nicht nach ihrem äußeren Erscheinungsbild gewürdigt und ‚genossen' werden zu können. ‚Aber du siehst nicht jüdisch aus' ist das zweifelhafte Kompliment, das ein junger Israeli üblicherweise bekommt, wenn er ins Ausland geht. Der Sabra ist gewöhnlich einen Kopf größer als sein Vater, oft blond und sommersprossig, oft mit blauen Augen und Stupsnase. Er ist anmaßend und rotzfrech, von robustem Körperbau und mag es, sich in offenen Sandalen in frei schwingendem, lässigen Schlendergang zu bewegen."

Hart und Weich, eine Kunstinstallation von Gabi Gofbarg, 1992

Wie ich im vorigen Kapitel ausführte, nehmen marginale Identitäten rasch Verhaltenscodes und symbolische Identifikatoren an, die das marginale Subjekt unverwechselbar und eindeutig unterscheidbar machen. Oberflächlich ist dies sinnvoll: Das marginale Subjekt zelebriert seine Ablösung von der Mainstream-Gesellschaft oder vom Kollektiv. Es scheint, als ob das marginale Subjekt sein „wahres Selbst" enthüllen würde. Doch lässt sich, wie zuvor erörtert, der Begriff einer „wahren, manifestierten politischen Identität" nicht ernst nehmen.

Nichtsdestotrotz können wir einen Schritt weiter gehen. Wenn der Begriff des „wahren Selbst" beiseite gelassen wird, dann ist ein externes Mittel der Identifikation erforderlich. Eine solche Prozedur hilft dem marginalen Subjekt, sich zu identifizieren, fördert allerdings auch die entstehende politische Identität innerhalb der größeren sozialen Struktur.

Alles in allem sind äußere Erscheinung und andere symbolische Identifikatoren wie eine spezielle Kippa/Jarmulke oder Abzeichen wahrscheinlich weit wichtiger als ideologische Tiefe. Marginale Identitäten sorgen für ihre leichte Unterscheidbarkeit in der Menge. Dies gilt für den/die *Sabra*, den antizionistischen Juden, den Siedler, den orthodoxen Juden, aber auch für jede andere marginale Identität.

Aus einer zionistischen Perspektive noch vor 1967 ist der *Sabra* (wie er oben von Gabi Gofbarg beschrieben wurde) ein separatistischer Jude. Er ist aber nicht nur verschieden, er zelebriert auch jeden seiner Unterschiede. Er ist per Negation gegenüber dem „nicht authentischen" Diaspora-Juden definiert. „Wie ein wilder Kaktus gedeiht und blüht" der Sabra „auf trockenem Boden", während der Diaspora-Jude in Europa oder Amerika verkümmert. Der *Sabra* „ist außen stachelig und innen weich", während der „spekulierende, kapitalistische" Diasporacharakter außen weich erscheint, aber extrem gerissen ist, wenn es um das Geschäft geht. Der *Sabra* ist „hart und weich", er kann wie ein richtiger „Mann" töten, wenn er „muss", was ihn aber nicht davon abhält, an der „Klagemauer" zu weinen, sobald er eine Invasion der Jerusalemer Altstadt beendet hat (1967)[32]. Er kann am Freitag die ganze palästinensische Nation ethnisch säubern und dann am Samstagabend in Tel Aviv an einer „Peace Now"-Demonstration teilnehmen. Anders als der „weiche" Diaspora-Jude ist der *Sabra* hart und zäh – er ist „einen Kopf größer als sein Vater". Wie ein deutscher Soldat ist er „oft blond ... oft mit blauen Augen ... Er ist anmaßend und rotzfrech, von robustem Körperbau." Aber dann wiederum ist er – anders als ein deutscher Soldat – locker, er mag es, sich in biblischen Sandalen in frei schwingendem, lässigen Schlendergang zu bewegen ..." Im Grunde ist er eine bizarre Mischung aus einem SS-Kommandanten und einem biblischen Moses.

So interessant diese Karikatur auch sein mag, es gibt nichts Authentisches an dieser Konstruktion. Zwischen 1948 und den 1980ern war es das Schicksal eines israelischen, männlichen, säkularen Juden, „bereitwillig" an der kollektiven Imitation der Ikone eines imaginären Neuen Israeliten teilzunehmen. Nach meiner Vermutung beraubte allein dieser Prozess die ersten Israelis ihrer Fähigkeit, irgendetwas zu erfahren, das Authentizität ähneln könnte.

Stattdessen feierten sie ihre Siege durch Identifikation mit einem neugeborenen jüdischen Archetyp.

Die Geburt des West Bank-Siedlers (nach dem Krieg 1967), eines radikalen, messianischen Kämpfers, der das gesamte „Land des biblischen Israel" im Namen Gottes zu konfiszieren plant, ist ein Versuch, den *Sabra* in das *Schtetl* (Städtchen) zurückzubringen. Es ist das Bemühen, eine Lösung für die schizophrene *Sabra*-Identität zu finden. Wie der *Sabra,* so wandelt auch der Siedler im Winter in biblischen Sandalen; wie der *Sabra* ist er athletisch und robust gebaut (jedenfalls bis zum Alter von 22, bevor ihm ein gigantischer Bauch wächst, ein Symbol für gute jüdische Gesundheit). Dann wiederum trägt er anders als der *Sabra* eine Kippa/ Jarmulke auf dem Kopf, sein Zizit[33] fällt ihm aus seiner Hose und stellenweise bedeckt Barthaar sein junges Gesicht. Er ist alles andere als hübsch. Unnötig zu sagen, dass er keine Ähnlichkeit mit einem *Wehrmachts*soldaten besitzt. Er sieht ganz so aus wie ein an eine Uzi oder M16 geschnallter Diaspora-Jude. Er sieht wie ein Jude aus, weil er einer ist und stolz darauf ist.

So sehr die Formulierung der *Sabra*-Identität ein säkularer, zionistischer, separatistischer Versuch im Kontext des aufkommenden jüdischen Nationalismus und der jüdischen Identitätspolitik war, schafft es der West-Bank-Siedler, ein durchgängiges Kontinuum zwischen dem Juden, Judentum und Jüdischkeit herzustellen. Der Siedler ist ein homogenes authentisches Wesen.

Die ihn treibenden Sinngehalte sind durchaus kohärent. Selbst wenn er Land konfisziert und eine palästinensische Familie ermordet, weiß er genau weshalb und wofür. Die Klagemauer ist für ihn ein heiliger Ort zur Anbetung seines Gottes. Der Siedler schießt nicht und schluchzt dann; er ist von seiner Überzeugung angetrieben. Wie der *Sabra* unterscheidet sich der Siedler durch eine Reihe symbolischer Identifikatoren: gestrickte Kippa, biblische Sandalen, Zizit, ein automatisches Gewehr und Bart. Doch jeder dieser symbolischen Identifikatoren ist wesentlich mit seinem judäischen Glauben verbunden und der jüdischen Ideologie, an denen er festhält. Mit anderen Worten: Dem Siedler ist es gelungen, das „Innere", d.h. die jüdische Seele, und das „Äußere", nämlich sein Erscheinungsbild, zu einer sinnvollen jüdischen Erfahrung zu verbinden. Diese Tatsache allein mag erklären, warum die *Sabra*-Identität im Laufe der Jahre verblasste, jedoch die des Siedlers zu einer israelischen politischen Macht heranreifte, die von den jüdischen Lobbys in der ganzen Welt ausgiebig unterstützt wird.

Historisch gesehen erscheint der West-Bank-Siedler erst nach dem militärischen Sieg Israels 1967 auf der Bühne. Gewissermaßen kennzeichnet der Siedler den Übergang vom Zionismus in eine postrevolutionäre Bewegung; während der Sabra dazu bestimmt war, den „Traum" vom jüdischen Staat in die materielle Wirklichkeit umzusetzen, bestand die Aufgabe des Siedlers darin, die neue Realität mit klarer Bedeutung zu füllen. Der Siedler war da, um die Kluft zwischen der Diaspora und Eretz Jisrael zu überbrücken. Wenn der Zionismus anfänglich als „die Negation der Diaspora"[34] definiert wurde, so war es an dem Siedler, die neue zionistische Phase einzuleiten. Der Siedler verschmolz alle unterschiedlichen Aspekte der Jüdischkeit zu einem einheitlichen, organischen Sinn und einer einfachen politischen Praxis. Er wurde zur neuen und populärsten Interpretation der „jüdischen Heimkehr". Aus jüdischer Perspektive gelang es dem Siedler, den Zionismus über seine separatistische Phase hinauszutragen, wodurch der Zionismus in eine inklusive Ideologie des „Nur für

Juden" transformiert und eine Ideologie angeboten wurde, die das tribale Kollektiv auf vielen Ebenen einte. Diese Tatsache kann den ständigen Aufstieg der Rechten in Israel seit 1967 erklären.

Aber hier kommt es zu einer interessanten Wendung. Durch die Verbindung von *Eretz Jisrael* und der Diaspora zu einem neuen jüdischen Kontinuum ersetzt der Siedler die „Negation der Diaspora" (die dem früheren zionistischen Diskurs inhärent war) durch eine „Negation der Nichtjuden" (eine Rückkehr zum jüdischen vorzionistischen Zustand der Juden). In Gestalt des rechten Zionismus ist diese Ideologie zur einflussreichsten politischen Kraft in Israel herangereift. Der Grund ist einfach – sie schafft die Verknüpfung von jüdischer Politik, Judentum und tribalem Geist.

Langsam aber sicher gelang es der rechten Ideologie, die ihre Wurzeln in der Siedlerbewegung hat, die meisten Juden auf der Welt hinter dem Zionismus zu einen. Dieser auch als Zionisierung des Weltjudentums betrachtete Prozess ist nicht gänzlich frei von Mängeln. Er trennt Diaspora-Juden von der sie umgebenden sozialen Realität ab. Er bringt den Prozess jüdischer Assimilation zum Stillstand und der Jude wird stattdessen Mitglied eines distinkten Stamms mit politischen und globalen Interessen. Er transformiert zudem den Diaspora-jüdischen Diskurs in einen marginalen und separatistischen Diskurs im Westen. Sobald ein Diaspora-Jude zionisiert ist, unterliegt er den zionistischen Marginalpolitiken in ihren jeweiligen Gesellschaften. Dies mag von einigen gewissermaßen als große zionistische Leistung gesehen werden. Doch ist dies längst keine adäquate Lösung der jüdischen Frage, sondern lässt Diaspora-Juden in der Schwebe: Er oder sie ist weder an das soziale Umfeld assimiliert noch in einem jüdischen Staat ansässig.

Zudem findet sich der Diaspora-Jude in Anbetracht des rassistischen, expansionistischen judäo-zentrischen Charakters des jüdischen Staates untrennbar mit einer bigotten ethnozentrischen Ideologie und einer endlosen Liste von Verbrechen gegen die Menschlichkeit verbunden.

Wie wir sehen können, ist der jüdische politische Diskurs stets als eine Art der Negation angelegt. Der politische Jude ist immer gegen etwas oder von etwas anderem abgetrennt. Dies ist bei weitem kein ideales Rezept für ein friedliches, ethisches Leben, motiviert von Aussöhnung und Harmonie.

Kapitel 5

Fagin kontra Einstein

Juden sind oftmals stolz darauf, sich als Juden zu definieren. Einige Juden mögen zum Beispiel stolz das jüdische Banner tragen (Juden für den Frieden, Juden für Gerechtigkeit, Juden für Jesus usw.), als ob sie glaubten, das „J"-Wort enthielte besondere Zuschreibungen der Rechtschaffenheit. Sie sind jedoch tief beleidigt, wenn sie von Anderen „Jude" genannt werden. Einem Juden zu sagen „er sei ein Jude" oder „benehme sich wie ein Jude" kann als schwere „rassistische Beleidigung" angesehen werden.

Sprachlich ist es bemerkenswert, dass das symbolische Identifikationsmerkmal „Jude" oder „jüdisch" sowohl als Nomen als auch als Adjektiv operiert. Sofern der Terminus auf eine „Sache" verweist, ist er auch deskriptiv. Mit ideologischer Politik und Identitätspolitik zusammenhängende symbolische Identifikatoren tendieren dazu, in einem dualen grammatischen Modus zu funktionieren. Die Wörter „Feministin", „Sozialist", „Nazi" und „weißer Suprematist" können auf ein menschliches Subjekt verweisen, aber auch deskriptiv sein. Eine stolz die feministische Flagge tragende Feministin kann auch akzeptieren, dass „Feministin" genannt zu werden, besondere Merkmale und ideologische Überzeugungen bezeichnet. Entscheidenderweise akzeptieren wir auch, dass eine Feministin, ein Sozialist oder ein Nazi zu sein, jeweils eine Frage politischer Wahl ist. Menschen werden nicht als Feministinnen oder Sozialisten geboren. Sie übernehmen diese Ideologien oder Identitäten später im Leben.

Aus dieser Perspektive ist die Bezeichnung bzw. der symbolische Identifikator „Jude" für die Juden, die in eine kollektive Identität hineingeboren werden, etwas anders. Fast wie im Falle biologisch deterministischer Beschaffenheiten wie „Frauen", „Männer" oder „Schwarze" werden einige Menschen als Juden geboren. Hier gibt es jedoch einen interessanten Dreh: Erstens können europäische Juden durch Assimilation und Integration leicht in der weißen westlichen Masse aufgehen und ihre jüdische Identität zurücklassen, während Schwarze und Frauen ihr Leben zu leben haben, indem sie akzeptieren und genießen, wer sie sind. Zweitens wird die Dualität zwischen dem Nomen und dem Adjektiv im Falle von „Schwarze/schwarz" und „Frauen" nicht notwendigerweise als Kluft empfunden. Weder Schwarze noch Frauen sind beleidigt, wenn sie „schwarz" oder „Frauen" genannt werden.

Wie zuvor erörtert, ist der Befund eher erhellend, dass in gewissem Maße die Art und Weise, auf die „Jude" als Bezeichnung im Diskurs funktioniert, Ähnlichkeiten mit dem Fall des symbolischen Identifikators „schwul" haben kann. Während viele Schwule mit Stolz ihre schwule Identität zur Schau stellen, können sie auch beleidigt sein, wenn sie von anderen als „schwul" bezeichnet werden. In unterschiedlichen Fällen von Identitäts- und Marginalpolitik können wir eine parallele und gleichzeitige Tendenz feststellen, sich zu „bekennen" und zu „leugnen", eine Neigung, sich mit einem Kollektiv zu „identifizieren", doch abzulehnen,von anderen so „identifiziert" zu werden.

In der multikulturellen Realität neigen wir zu dem Glauben, dass diese in sich widersprüchliche Verhaltensweise etwas mit dem Gebrauch und Missbrauch von Stereotypen zu tun hat.

Ein Stereotyp wird üblicherweise als öffentliche oder verbreitete Ansicht über spezifische soziale Gruppen oder Typen einzelner Personen definiert. Es ist oft das Ergebnis einer essentialistischen Verallgemeinerung durch Induktion: Es birgt eine nicht-wissenschaftliche Annahme über die Eigenschaften einer Klasse von Subjekten aufgrund akkumulierter Beobachtungen oder anekdotischer Begegnungen, die im Laufe der Zeit und durch Wiederholung verstärkt wird.

Das Konzept des „Stereotyps" wird oft mit dem des „Vorurteils" verwechselt. Wir bemerken, dass ein mit Ethnizität,

Klasse oder einer Gruppe verbundenes Stereotyp ein Mittel der Meinungsbildung ist, gewöhnlich einer unvorteilhaften, auf der Grundlage unzureichenden Wissens und irrationaler Gefühle.

Auf den ersten Blick mag es so scheinen, als ob Juden überempfindlich gegenüber den „rassisch" diskriminierenden Implikationen des „J"-Wortes sind. Jedoch sind die meisten Juden nicht wirklich verärgert, kollektiv mit einigen großen Geistern, bewunderten Violinspielern oder Dirigenten in Zusammenhang gebracht zu werden. Kurz, um die Kategorie „Jude" sicher anzuwenden, muss man nur dafür sorgen, die richtigen Dinge zu sagen. Niemand wird einem jemals Ärger bereiten, wenn man Albert Einstein mit Bezug auf jüdische Intelligenz erwähnt und sogar Anne Frank als exemplarisches Motiv jüdischer Unschuld anführt, aber man bekommt ernsthafte Schwierigkeiten, sobald man die folgende Liste realer oder fiktiver Charaktere zur Sprache bringt: Bernie Madoff, Fagin, Wolfowitz, Lord Levy, Shylock, Alan Greenspan, Netanyahu und Nathan Rothschild.

All das oben Genannte zeichnet ein obskures, jedoch bei weitem nicht überraschendes Bild. Es sieht so aus, als ob viele Juden nichts gegen rassische Verallgemeinerungen und Stigmas haben, so lange sie positiv sind.

Kürzlich kam mir der Gedanke, dass wir mit einer Gegenüberstellung jüdischer Stereotype (die Stereotype, die Juden zu hassen scheinen, im Gegensatz zu denen, die jüdische ethnische Aktivisten zu fördern versuchen) imstande wären, entscheidendes Licht auf Fragen zu werfen, die mit jüdischer kollektiver Identität zu tun haben. Dies würde uns auch Hinweise darauf geben, wie Juden sich selbst sehen könnten und, sogar noch wichtiger, es könnte uns auch helfen zu verstehen, wie sie bevorzugen, gesehen zu werden.

Einige Juden sind ziemlich unglücklich über Charles Dickens' Fagin und Shakespeares Shylock, die sie als „antisemitisch" ansehen. Ich bekomme den Eindruck, dass der prominente zionistische Enthusiast und Londoner Anwalt Anthony Julius diese kulturell-ikonischen Charaktere gerne aus dem öffentlichen Diskurs entfernt sehen möchte. Andererseits gelang es der britischen *Stiftung für Holocaust-Erziehung (HET – Holocaust Education Trust)*, Anne Frank auf den britischen Lehrplan zu setzen.

Es braucht kein Genie, um zu verstehen, warum Julius und Andere wegen Fagin und Shylock besorgt sind. Fagin ist der ultimative Plünderer, ein Kinderausbeuter und Wucherer. Shylock ist der blutdürstige Kaufmann. Denkt man an Fagin und Shylock, so erscheint die israelische Behandlung der Palästinenser nur ein weiteres Ereignis in einem endlosen höllischen Kontinuum zu sein. Es ist aber ebenso offensichtlich, warum die HET von Anne Frank so begeistert ist. Zunächst und aus offensichtlichen Gründen ist Frank dazu da, ein Bild der Unschuld zu vermitteln. Und tatsächlich würde kein einziges moralisches System jemals den Leidensweg rechtfertigen, den dieses junge Mädchen zusammen mit vielen anderen ging.

Doch Anne Frank war nicht eben ein literarisches Genie. Ihr Tagebuch ist kein wertvolles Stück Literatur. Sie war auch nicht außerordentlich clever. Sie war in Wirklichkeit ein sehr normales Mädchen und genau dies ist ihre Stärke in dem westlichen kulturellen Diskurs nach dem 2. Weltkrieg. Sie war nur ein unschuldiges Durchschnittsmädchen. Der Versuch, Anne Frank zu einer Heldin der Kultur zu machen mag ein genuines Echo der jüdischen ideologischen Neigung zur Gleichheit sein: Frank spiegelt den verzweifelten Versuch wieder, der Welt zu beweisen, dass „wir, die Juden" Menschen genau wie andere Menschen sind. Zudem lässt der Erfolg von Anne Franks Tagebuch die Bereitschaft des Westens erkennen, Juden als Menschen unter Menschen zu akzeptieren.

Doch wieder einmal hängt der jüdische Diskurs in der Luft. Jüdische Menschen vermögen ihre Aufgabe nie zu erfüllen. Sie können nie wie „andere Menschen" sein, weil jene, die da fordern, als Gleiche betrachtet zu werden, sich zuinnerst kategorisch verschieden fühlen müssen. Hier stoßen wir auf eine Wiederholung der unüberwundenen tiefen Trennung zwischen

„der Person, die man zu sein behauptet" und „demjenigen, was man gerade ist".

In „Die Prüfungen der Diaspora" greift Anthony Julius jene an, die er als „Antisemiten" etikettiert, weil sie Antizionisten sind. Das Problem mit dem Antizionismus ist laut Julius, dass „er Juden das Recht verweigert, das er für andere vergleichbare Menschen fordert; er hält an dem Recht auf Selbstbestimmung fest – außer im Fall der Juden ... Er bekräftigt internationales Recht – außer im Falle Israels. Er betrachtet jüdischen Nationalismus (d.h. Zionismus) als einzigartig verderblich, mehr als jeden anderen Nationalismus".[35] Der Ruf nach Legitimität und Gleichheit in Julius' Text ist ziemlich peinlich, besonders aufgrund der Tatsache, dass das jüdische „Recht auf Selbstbestimmung" auf Kosten anderer (nämlich der Palästinenser) zelebriert wird. Zionismus ist einzigartig verderblich, zumindest schon deshalb, weil er für die einheimische Bevölkerung des Heiligen Landes vernichtend ist.

Damit Julius' Argumentation den Sieg davon trägt, müssen Juden erst beweisen, dass sie wahrhaftig Gleiche sind, statt zu fordern, als ähnlich angesehen zu werden. Damit Juden als Kollektiv wirklich respektiert werden können, ist Selbstreflexion von wesentlicher Bedeutung.

Anstatt darauf hinzuweisen, was mit den *Gojim* nicht stimmt, mögen jüdische Ideologen in Betracht ziehen, in den Spiegel zu schauen.

Kapitel 6

Tribal denken – universal sprechen

In einer gewissen Phase, um 2005 herum, dachte ich bei mir, ich könnte gut der König der Juden sein: Ich habe das Unerreichbare geschafft, das Unmögliche erreicht. Es ist mir gelungen, sie alle zu einen: Rechts, Links und die Mitte. Alle vorrangig jüdisch-britischen politischen Gruppierungen: die Zionisten, die Antizionisten, jüdische Sozialisten, tribale Marxisten, der *Board of Deputies of British Jews* (Abgeordnetenausschuss der britischen Juden), jüdische Trotzkisten, Juden für dieses und Juden für jenes, sie alle sprachen erstmalig in der Geschichte mit einer einzigen Stimme: Sie alle hassten Gilad Atzmon gleichermaßen.

„Ziemlich beeindruckend", dachte ich, „irgend etwas muss ich richtig gemacht haben." Und doch war ich von meiner Leistung leicht verwirrt. Ich war schließlich kein vorschriftsmäßiger Feind – ich war Jazzmusiker und Autor. Ich war kein Politiker und auch kein Mitglied irgendeiner Partei. Ich präsentierte oder unterstützte keine politische Agenda oder Macht. Auch wurde ich von keiner Partei unterstützt. Ich war nie an einer Gewalttat beteiligt (nicht einmal als israelischer Soldat) und hatte nie zu Gewalt aufgerufen. Ich war das, was einige einen „unabhängigen, kritischen Denker" nennen. Ich mag auch sein, was einige Juden einen „stolzen, selbsthassenden Juden" nennen. Könnte es sein, dass es mein Verständnis der jüdischen politischen Identität war, das mir so viel jüdische Feindseligkeit eintrug?

Damals stieß ich auf eine interessante Einsicht zum Thema Antisemitismus. Sie lautet wie folgt: „Während in der Vergangenheit ein 'Antisemit' jemand war, der Juden hasst, ist es heute umgekehrt: ein Antisemit ist jemand, den die Juden hassen." Die Politik des Hasses kann effektiv sowie bösartig sein. Und man sollte denken, dass tribale jüdische Aktivisten dies als erste verstehen würden. Wir alle wissen, dass Juden seit Jahrhunderten unter Hass und Diskriminierung litten. Doch die jüdischen ethnischen Aktivisten scheinen von ihren Feinden Hass so gut gelernt zu haben, dass dadurch der säkulare jüdische politische Diskurs durch und durch gestaltet wurde.

Außerdem wurde Hass zur Hauptmatrix der Negation: Die Israelis hassen die Araber, die Zionisten hassen die *Gojim* (im Allgemeinen), Juden gegen Zionismus hassen die *Gojim*, aber auch Israel sowie Atzmon (insbesondere). Aber warum hassen sie so viel? Die Antwort ist einfach. Nachdem das Judentum aufgegeben wurde, ist nun das, was von jüdischer Identität bleibt, ziemlich fadenscheinig. Einmal religiöser Spiritualität entkleidet, ist alles, was von Jüdischkeit übrig ist, eine Schablone der Negation, motiviert von rassischer Orientierung und gewürzt mit ein paar leichten kulturellen Referenzen wie *Matze*-Bällchen und Hühnersuppe.

Traurigerweise muss ich sagen, dass, obwohl sehr viele emanzipierte und assimilierte Juden universale humanistische Ideen übernommen haben und sich mit der Menschheit vermischten, die säkulare kollektive jüdische Identität nie die Reife erlangt hat, einen universalen, humanistischen ideologischen Standpunkt einzunehmen oder sogar eine philosophische Einsicht.

Die Gründe dafür sind einfach:

A. Eine rassische, tribale oder sogar ethnische Orientierung kann keine Grundlage für ein universales ethisches Argument sein.

B. Hühnersuppe oder sogar jüdischer Humor (Kultur) ist kein ideologisches, ethisches oder politisches Argument.

Moses Mendelssohn war es, ein „progressiver" jüdischer Gelehrter des 18. Jahrhunderts, der folgende berühmte Einsicht der *Haskalah* (jüdische Aufklärung) prägte: „Sei ein Jude zuhause und ein *Goj* auf der Straße". Was Mendelssohn dem modernen

Juden damit sagte, lässt für Zweifel nicht viel Raum: Anstatt den modernen Juden zu einer wahrhaften Assimilation in ein homogenes, authentisches, universales Gleichheitsethos zu ermutigen, ist der *Haskalah*-Jude dazu verurteilt, in einem dualen, betrügerischen Modus, wenn praktisch nicht sogar in einem Zustand der Schizophrenie, zu leben, zerrissen zwischen dem Vergnügen des Rückzugs in eine behagliche häusliche jüdische Identität und dem öffentlichen Erscheinungsbild der umgebenden Realität. Der *Haskalah*-Jude betrügt zuhause seinen Gott und täuscht den *Goj*, sobald er auf der Straße ist.

Diese Dualität von Tribalismus und Universalismus ist es, die das Herzstück der kollektiven säkularen jüdischen Identität bildet. Diese Dualität wurde niemals richtig aufgelöst. Anstatt die Juden zu erlösen, erlegt sie einen gewissen Grad von Unehrlichkeit auf.

Es wurden einige Versuche unternommen, dies einfach abzutun, aber sie scheiterten alle. Der Zionismus zum Beispiel bot an, die „abnorme" Situation der „jüdischen Diaspora" aufzuheben, mit anderen Worten, er deutete an, dass in einem „jüdischen Staat" (gemeint war: nur für Juden) die Unterschiede zwischen dem „Heim" und der „Straße" verschwinden würden. Obgleich ihm dies gelang, zumindest zeitweise, gibt es weder auf der „Straße" noch im „Heim" des Zionisten eine Spur von Universalismus.

Das Blutbad, das Israel im Libanon (2006) oder in Gaza (2008) hinterließ, lässt keinen Zweifel zu: Israel bietet uns keinerlei Lektionen in universalem Kosmopolitismus. Der Marxismus unternahm ebenfalls den Versuch, Menschen gleich zu machen. Anders formuliert, er versprach, allen „Heimen" und Menschen das gleiche Aussehen zu geben. Diese Idee übte auf ein paar westeuropäische und viele osteuropäische Juden, die mit dem *Bund* sogar eine jüdische sozialistische Partei gründeten, einen großen Reiz aus. Der Marxismus war tatsächlich eine Weile erfolgreich, doch heutzutage sind es Konsumdenken und -verhalten, die uns alle homogen erscheinen lassen (iPod, Coca Cola, Jeans usw.). Offensichtlich gibt es auch hier nicht viel zu feiern.

Aus dem Versagen dieser beiden großen konkurrierenden Ideologien heraus begann das Muster der Negation seinen Triumphmarsch. Die Suche nach einer zeitgenössischen, kollektiven, säkularen jüdischen Identität ist ein verwirrendes Unternehmen. Wie zu Mendelssohns Zeiten ist es das Ziel, die einander widerstrebenden Kategorien des Tribalismus und des Universalismus zu vereinen. Doch dies kann nie erreicht werden und eben deshalb kommt die „Politik des Hasses" ins Spiel.

Wenn du nicht weißt, wer du bist, so suche dir einen Feind. Mit anderen Worten: „Sage mir, wen du hasst und ich sage dir, wer du bist". Mendelssohn muss den immanent angelegten Zusammenprall zwischen dem „kosmopolitischen Menschen" und dem „jüdischen Heim" verstanden haben. Er muss erkannt haben, dass Universalismus und Tribalismus widerstreitende Kategorien sind. Als ausgebildeter Rabbi bot Mendelssohn eine pragmatische und praktische Lösung – doch diese Lösung mündete in einem falschen und täuschenden Verhalten. Denn entweder spielt man nur den Kosmopoliten auf der Straße oder man belügt seinen Schöpfer im eigenen Heim. Obgleich dieser Verhaltenscode sehr pragmatisch ist, ist er doch laut Definition unethisch. Er gründet auf Täuschung – sowohl Selbsttäuschung als auch der Täuschung anderer.

Wie wir wissen, war Mendelssohns Einsicht die Ursache dafür, dass viele deutsche Juden schließlich zum Christentum konvertierten oder jede Verbindung zu jüdischem Kollektivismus, jüdischem Leben und jüdischer Kultur abbrachen. Zumindest in ethischer Hinsicht gab Mendelssohns Mittelweg zwischen Orthodoxie und Moderne keine Antwort. Die jüdischen linken Aktivisten der dritten Kategorie gehen geradewegs in Mendelssohns Falle. Verzweifelt und erfolglos versuchen sie, die Kluft zwischen tribaler Verpflichtung und universalem Ruf zu überbrücken. Wie Mendelssohn sind sie zum Scheitern verurteilt.

Kapitel 7

Die Dialektik der Negation

Hier sind einige Zitate, die zeigen, was frühere zionistische Ideologen über ihre Brüder, die Diaspora-Juden, dachten, für die sie ein nationalistisches Projekt auf Grundlage rassisch-ethnischer Identität entwickelten:

> „Der Jude ist die Karikatur eines normalen, natürlichen Menschenwesens, sowohl in körperlicher als auch geistiger Hinsicht. Als Einzelner in der Gesellschaft revoltiert er und wirft die Zügel sozialer Pflichten ab, kennt weder Ordnung noch Disziplin." (*Unsere Shomer -"Weltanschauung", Hashomer Hatzair, Dezember 1936, S.26. Zitiert von Lenni Brenner*[36])

> „Es ist eine unbestreitbare Tatsache, dass die Juden, kollektiv gesehen, kränklich und neurotisch sind. Jene so schnell verletzten Berufsjuden, die diese Wahrheit mit Empörung bestreiten, sind die größten Feinde ihrer Rasse, denn damit führen sie sie auf die Suche nach falschen Lösungen oder höchstens Linderungen." (Ben Frommer, *Die Bedeutung eines jüdischen Staates,* Jüdischer Ruf, Schanghai, Mai 1935, S. 10, wie von Lenni Brenner zitiert[37])

> „Der unternehmerische Geist des Juden ist unbezähmbar. Er weigert sich, Proletarier zu bleiben. Er wird die erstbeste Gelegenheit ergreifen, eine höhere Sprosse auf der sozialen Leiter zu erklimmen." (*Die wirtschaftliche Entwicklung des jüdischen Volkes,* Ber Borochov, 1916[38])

> „Der emanzipierte Jude ist sich unsicher in seinen Beziehungen zu seinen Mitmenschen, ängstlich gegenüber Fremden, argwöhnisch selbst gegenüber dem geheimen Gefühl seiner Freunde. Seine besten Kräfte erschöpfen sich in der Unterdrückung oder zumindest in dem mühsamen Verbergen seines wahren Charakters. Denn er fürchtet, dass sein

Charakter als jüdisch erkannt werde, und er empfindet nie die Befriedigung, sich so zu zeigen, wie er ist, in all seinen Gedanken und Gefühlen. Er wird zu einem inneren Krüppel und nach außen hin unwirklich und dabei stets lächerlich und hasserfüllt gegenüber allen Menschen höherer Empfindung - wie alles, was unwirklich ist. Alle besseren Juden in Westeuropa ächzen darunter oder suchen Erleichterung. Sie haben nicht länger den Glauben, der die zum Ertragen von Leiden notwendige Geduld bietet, weil sie in ihnen den Willen eines strafenden, nicht aber liebenden Gottes sieht."

(Ansprache auf dem ersten Zionistenkongress, Max Nordau, 1897[39]).

Frühe zionistische Ideologen äußerten sich recht unverblümt, wenn es um die „Diaspora"-Juden ging. Ber Borochov diagnostizierte eloquent die inhärenten jüdischen nicht-proletarischen Tendenzen. Max Nordau nahm kein Blatt vor den Mund, wenn er der immanenten jüdischen sozialen Inkompetenz nach der Emanzipation entgegentrat. In den Augen von Hashomer Hatzair ist der Diaspora-Jude nichts als eine Karikatur und für Ben Frommer haben wir es mit nichts geringerem als einer Neurose zu tun. Dennoch waren sie optimistisch, irgendwie glaubten sie, dass ein „Neuanfang" den emanzipierten Juden von dem heilen würde, was einigen als „schmachvolles" Schicksal erschien. Sie glaubten an eine globale jüdische „Heimkehr" und waren davon überzeugt, dass ein solches Unternehmen die Juden von ihren inhärenten Symptomen heilen würde.

In einem unmittelbar nach dem ersten Zionistenkongress (1897) veröffentlichten Artikel schrieb Achad Ha'am, der in dieser Zeit prominenteste jüdische Polemiker: „... der Kongress meinte dies: dass, um allen diesen Schwierigkeiten [die von Nordau beschriebenen jüdischen antisozialen Symptome] zu entkommen, ist die Errichtung eines jüdischen Staates notwendig."[40]

Inspiriert von Ideologien des 19. Jahrhunderts wie Nationalismus, Marxismus, Frühromantik, Darwinismus und Lebensphilosophie predigten frühe Zionisten die entstehende Bindung zwischen dem Juden und „seinem" Boden. Naiv glaubten sie, dass die Liebe zu Ackerbau, Landwirtschaft und Natur den emanzipierten Juden in ein normales, zivilisiertes menschliches Wesen verwandeln würde. Frühe Zionisten sagten voraus, dass der Zionismus eine neue, authentische Form der Jüdischkeit erschaffen würde, in der Juden berechtigten Anspruch darauf hätten, sich selbst als diejenigen zu lieben, die sie sind, anstatt als diejenigen, die zu sein sie behaupten. Während die Sozialisten unter ihnen über ein neues Engagement für die Ideologie der Arbeiterklasse sprachen (Berl Kazanelson, Borochov, A.D. Gordon), träumte der rechte Flügel (Jabotinsky, Frommer) von einer Herrenrasse, die sich erheben und über das Land herrschen würde.

Sowohl die Rechte wie auch die Linke glaubten wirklich, dass Juden dank ihrer Heimkehr in der Lage wären, ihre „traditionellen Charakterzüge" durch Gleichheitsstreben zu ersetzen. Sie waren wahrhaft der Überzeugung, dass der Zionismus Juden in „Menschen wie alle Menschen" verwandeln würde. Sie verstanden nicht, dass bereits die Prämisse grundsätzlich falsch war, denn „andere Menschen" möchten nicht „wie andere Menschen" sein. Anders ausgedrückt, so lange Juden darauf bestanden, wie „alle Menschen" zu sein, würden sie stets scheitern, sie selbst zu sein.

Ebenso wie frühe Zionisten nie versuchten, das Ausmaß ihres prophetischen Traums zu verschleiern, so unternahmen sie auch keine Anstrengungen, ihre Verachtung für ihre „Diaspora"-jüdischen Brüder zu verbergen. In ihrer heranwachsenden Phantasie eines nationalen Erwachens würden Juden sich von Gier und Geldstreben sowie von kosmopolitischen Tendenzen trennen. In ihrer Vision war Zion da, um den Juden in ein normales organisches menschliches Wesen zu verwandeln. Die Reise nach Zion sollte den durch die Emanzipation geschaffenen Zwiespalt beseitigen. Sich in Zion niederzulassen, sollte einen neuen Menschen gebären: einen Juden, der sich selbst mit Stolz betrachtet, einen

Juden, der Jüdischkeit mit Sinn erfüllt. Einen Juden, der durch positive Qualitäten definiert ist, anstatt durch bloße Negation.

Emanzipiert, assimiliert und zionistisch

Geht es um säkulare Juden, werden die Dinge kompliziert. Während praktizierende Juden leicht ein paar messbare Qualitäten aufzählen können, mit denen sie sich identifizieren, z. B. dass sie Anhänger des Judentums sind, die jüdischen Gesetze einhalten, den Talmud befolgen, die Koscher-Speisegesetze beachten usw., haben emanzipierte säkulare Juden sehr wenig positive Identifikationsmerkmale anzubieten. Fragt man einen säkularen Juden, was ihn zu einem Juden macht, kann man folgendes hören: „Ich bin kein Christ und auch kein Muslim". In Ordnung, aber was insbesondere macht dich dann zu einem Juden? Er mag sagen: „Ich bin nicht bloß Amerikaner, Franzose oder Brite. Ich bin irgendwie verschieden." Tatsächlich fällt es den sogenannten emanzipierten, assimilierten säkularen Juden schwer, irgendeine positive Eigenschaft anzuführen, die sie als Juden identifiziert. Emanzipierte Juden sind per Negation definiert. Sie sind durch die vielen Dinge definiert, die sie nicht sind.

An genau diesem Punkt griff der Zionismus ein. Seine Mission war, die Juden in einem Projekt mit dem Ziel einer authentischen Identifikation zu mobilisieren. Der Zionismus sollte den Juden in Begriffen einer „Zugehörigkeit" denken lassen. In der zionistischen Phantasiewelt sollten die Generationen von Heimkehrern erklären: „Wir sind die neuen Juden, wir sind Israelis, wir sind Menschen wie alle anderen Menschen, wir leben auf unserem Land, dem Land unserer Vorväter. Wir sprechen Hebräisch, die Sprache unserer Vorfahren, wir essen das Obst und Gemüse, das wir selbst auf unserem Boden anbauten."

Der Zionismus scheiterte aus verschiedenen Gründen. Er hätte nie den Sieg davon tragen können. Vom ersten Tag an war er mit einem endlosen Register von Sünden verquickt. Doch, wie schnell auch immer sich der Zionismus als kriminelle Praxis etabliert hat, es lohnt sich ein Blick auf einige seiner Kritik an der emanzipierten diasporajüdischen Identität. Schließlich ist der sogenannte emanzipierte Diaspora-Jude immer noch per Negation definiert und allein diese Tatsache hat viele schwerwiegende Folgen.

Die Politik der Negation

Um zu begreifen, was jüdische Diaspora-Identität im 21. Jahrhundert bedeutet, täten wir gut daran herauszufinden, ob die Idee der emanzipierten jüdischen Identität sich überhaupt geändert hat, seit die frühen Zionisten vor mehr als einem Jahrhundert ihren problematischen Charakter enthüllten. Wie bezieht sich zum Beispiel ein „jüdischer Marxist" auf seine Jüdischkeit?

Während meiner Jahre in Europa begegnete ich Gruppen von Menschen, die sich selbst „Juden für den Frieden", „Juden für Gerechtigkeit in Palästina", „Juden gegen Zionismus", Juden für dies" und „Juden für das" nennen. Kürzlich hörte ich von „Juden für den Boykott israelischer Waren". Gelegentlich frage ich mich schließlich, was im Zentrum dieser ethnozentrischen, separatistischen, friedliebenden Bestrebung steht. Ich kann auch zugeben, dass ich, obwohl ich vielen deutschen Friedensaktivisten begegnet bin, niemals eine „Arisch-Palästinensische Solidarität", „Arier für den Frieden"-Gruppe oder Aktivisten von der „Antikriegsbewegung der Weißen" traf. Es sind irgendwie immer Juden und nur Juden, die sich in rassisch orientierten oder ethnozentrischen Friedens- und Solidaritätskampagnen engagieren.

Borochov und Nordau gaben uns darauf eine mögliche Antwort. Auf der Suche nach einer „politischen Identität" erlag der emanzipierte Jude letztendlich der Dialektik der Negation. Seine oder ihre politische Identität ist durch das definiert, was er oder sie nicht ist, anstatt dadurch, wer er oder sie ist. Als Gruppe vereint sind sie nicht Deutsche, sie sind nicht Briten, sie sind nicht Arier, sie sind nicht Muslime, sie sind nicht gewöhnliche Proletarier oder sogar langweilige Friedensliebende, sie sind nicht normale Menschen der Arbeiterklasse. Sie sind Juden, weil sie nichts anderes sind. Auf den ersten Blick scheint nichts falsch daran zu sein, per Negation definiert zu werden. Doch ein kritischerer

Blick auf den Gedanken der Negation enthüllt einige verheerende Aspekte dieser Art emanzipierter Dialektik.

Ethisches Denken kann das erste Opfer der Dialektik der Negation werden. Um ethisch zu denken oder zu urteilen, ist wahrhaftiges, authentisches organisches Denken von wesentlicher Bedeutung. Immanuel Kants kategorischer Imperativ („Handle nur nach derjenigen Maxime, durch die du zugleich wollen kannst, dass sie ein allgemeines Gesetz werde") identifiziert ethisches Denken mit einer Orientierung, die eine Selbstprüfung des Menschen auf der Suche nach einer „universalen" Einsicht einleitet. Ein solcher Prozess bedeutet eine gründliche Selbstreflexion. Negation erfordert aber das Gegenteil. Ihr geht es um das Ausspähen und Durchstöbern der Lebenspraxis Anderer. Statt zu verstehen, wer man ist, setzt man alles dran, sich von dem Anderen und von dem Universalen zu unterscheiden. Statt dem eigenen Gewissen zu lauschen und sich authentischem, ethischem Urteilen zu widmen, errichtet das negierende Subjekt seine bzw. ihre Beziehung zur Umwelt auf der Grundlage rein pragmatischer, praktischer Entscheidungen und Austauschtransaktionen. Dadurch wird höchstens ein Anschein ethischen Denkens präsentiert, aber nicht mehr.

Besonders stolz sind die Israelis auf den „Ethikcode" der IDF, der israelischen Streitkräfte, *(eine Reihe von Grundsätzen, die den „Geist der IDF: Werte und grundlegende Vorschriften" definieren).* Israelis behaupten, dass die IDF die einzige Armee der Welt ist, die einen „Ethikcode" besitzt. Asa Kasher, der israelische Philosoph hinter dem Ethikcode, muss Kants Beitrag zur Ethik geschwänzt haben. Für Kant ist Ethik eine Angelegenheit des Urteils anstatt der Internalisierung eines gegebenen Moral-„Kodexes" oder von Regeln. Das ethische Wesen unterscheidet sich nach Kant durch seine bzw. ihre Fähigkeit, ein ethisches Urteil zu fällen. Das ethische Subjekt ist ständig befasst mit einer dynamischen ethischen Betätigung statt mit der symbolischen Akzeptanz gegebener Regeln.

Ähnlich sind viele politische Institutionen auch von der „Menschenrechtserklärung von 1948" fasziniert. Sie scheinen zu glauben, dass sie eine absolute „universal-ethische Norm" bietet, jenseits von Zeit und Raum. In Wirklichkeit ist dies nicht notwendigerweise der Fall. Die Erklärung von 1948 repräsentiert lediglich eine Reihe universaler Urteile, die zu einer gegebenen Zeit und an einem gegebenen Ort (10. Dezember 1948, Paris) von einer Gruppe von Menschen gefällt wurden. Aus offensichtlichen Gründen bietet sie keine Antworten auf einige andere Fragen, die sich erheben, wenn wir in der Zeit voranschreiten und irgendwelche dramatische Veränderungen durchleben.

Im Gegensatz zur kantschen Vision ethischer Urteile, die durch Offenheit gekennzeichnet sind, wird die Menschenrechtserklärung als eine Sammlung moralischer Vorschriften interpretiert. Als solche verhindert sie eine authentische moralische Betätigung. Es überrascht daher nicht, dass neokonservative Denkfabriken, moralische Interventionisten, israelische Lobbys und Unterstützer des Kriegs gegen den Islam ihr Argument jeweils auf die Erklärung gründen, die aber nur das Abbild eines ethischen Arguments bietet.

Die bittere Wahrheit in dieser Angelegenheit zeigt sich beim Blick auf israelische *Hasbara* (Propaganda) sowie auf die neokonservative Politik weltweit und insbesondere in Amerika und dem Vereinigten Königreich. Stets präsentieren Neokonservative und *Hasbara* ein scheinbar „ethisches" Argument. Sie verwenden etwas, was wie eine moralische Entschuldigung anmutet, um einen Vorwand für einen Krieg zu liefern. Wie wir wissen, ist die sogenannte „einzige Demokratie im Nahen Osten" auch die einzige, die seit Jahrzehnten Palästinas große Bevölkerungsmengen hinter Mauern und Stacheldraht sperrt. Ebenso zogen Leute wie Wolfowitz und Perle Amerika und Großbritannien im Namen eines „moralischen Interventionismus", von „Demokratie" und „Befreiung" in einen aussichtslosen kriminellen Krieg in Irak hinein. Offensichtlich zahlen die Palästinenser und Iraker einen hohen Preis als Opfer der Politik der Negation – einer Politik, die mittels Klonens nur ein trügerisches Abbild von Rechtschaffenheit vermittelt. Aber die Palästinenser und Iraker sind nicht allein.

Das westliche Subjekt, das mit dem Makel des Verbrechens eines Genozids behaftet ist, ist ebenfalls Opfer der westlichen Hinwendung zu einer Politik der Negation. Statt zu definieren, wer wir sind, gewöhnen wir uns daran, dass unsere Politiker uns darüber definieren, wen wir zu hassen haben: Einst war es der „Nazi", dann der „Rote", dann wiederum die „Achse des Bösen" und nun ist es der „Islamofaschist". Die Liste ist ersichtlich offen für Änderungen.

Noch erschreckender ist die Tatsache, dass Menschen, die der Dialektik der Negation erliegen, sich nicht für Friedensstiftung und Versöhnung einsetzen können. Der Grund ist einfach: Die Idee von Frieden, Versöhnung und Harmonie lässt die Politik der Negation schlicht kollabieren. Aus der Sicht der Negation bedeutet Versöhnung Eliminierung. Seinen Nächsten zu lieben kann zu Identitätsverlust führen. Unnötig zu sagen, dass in den vergangenen Jahrhunderten Millionen europäischer und amerikanischer Juden sich für Frieden und vollständige Assimilation entschieden. Sie trennten sich von ihrer jüdischen Identität und gingen in der Menge auf.

Die Tatsache jedoch, dass die emanzipierte jüdische Identität per Negation definiert ist, mag uns auch zu erkennen helfen, warum emanzipierte Juden so oft Teil politischer Kampagnen und revolutionärer Bewegungen sind: Wer per Negation definiert ist, ist immerzu gegen etwas. Es kann bzw. können sein: die Bourgeoisie, der Kapitalismus, Kolonialismus, die Palästinenser, Irak, Iran, der Islam, die *Gojim*, Menschenrechtsverletzungen, historischer Revisionismus, Zionismus usw. Offensichtlich ist der Weg von der „Dialektik der Negation" zur „Politik des Hasses" recht kurz.

Der Wandernde – WER?

Gilad Atzmon

Das Unbewusste ist der Diskurs der Gojim

Kapitel 8

Einhundert Jahre jüdischer Einsamkeit

Der Zionismus ist keine junge Bewegung mehr. Der erste *Jüdische Kongress* fand vor mehr als einhundertzehn Jahren (1897) statt und mehr als neunzig Jahre sind seit der Balfour-Erklärung vergangen (1917), mit der die britische Regierung den zionistischen Führern die Schaffung einer „nationalen Heimstätte" in Palästina versprach. Mehr als 6 Jahrzehnte sind seit der Gründung des jüdischen Staates und der massenhaften ethnischen Säuberung gegen die große Mehrheit der einheimischen palästinensischen Bevölkerung verstrichen. Nicht nur ist der Zionismus nicht mehr jung, er ist bei weitem keine einheitliche ideologische Bewegung. So ist es denn auch fast unmöglich, die folgenden grundlegendsten Elemente zu bestimmen: Welches Ziel verfolgt der Zionismus, wer ist sein Führer? Gibt es ein lineares ideologisches Kontinuum zwischen der israelischen Vision nahöstlicher Interessen und den Architekten hinter dem *New American Century*-Projekt? Gibt es ein Kontinuum zwischen dem Verbrechen, das im Namen des *Krieges gegen den Terror* gegen das palästinensische Volk in Gaza verübt wurde, und dem Verbrechen am irakischen Volk, das im Namen der „Demokratie" begangen wurde? Auch ist es schwierig, eine Grenzlinie zwischen jüdischer Ideologie und Zionismus zu finden. Wir haben es hier mit weitgehend überlappenden Identitäten zu tun.

Ich wies zuvor auf die Möglichkeit hin, den Zionismus, den Gegenstand unseres Themas, in Begriffen eines Organismus zu erfassen, in dem jedes seiner Teile zur Aufrechterhaltung des gesamten Systems beiträgt. Innerhalb des zionistischen Netzwerks ist ein klares Führungssystem nicht vonnöten. In einem solchen Netzwerk übernimmt jedes Element seine Rolle. Und tatsächlich besteht der Erfolg des Zionismus darin, dass das Ganze größer als die Summe seiner Teile ist.

Im Laufe der Jahre entwickelte sich der Zionismus zu einem effizienten System, das im Dienste dessen steht, was die Zionisten als vorrangige jüdische Interessen bezeichnen. In diesem zionistischen Bezugsrahmen kolonisieren die Israelis Palästina und die jüdische Diaspora ist dazu da, mittels Rekrutierung internationaler Unterstützung Lobbies zu mobilisieren. Die Neokonservativen verwandeln die amerikanische Armee in eine israelische Eingreiftruppe. Antizionisten jüdischer Abstammung (und das mag sogar stolze Selbsthasser wie mich selbst umfassen) sind dazu da, um ein Bild ideologischer Vielfalt und Sorge um die Ethik zu zeichnen.

In einem solchen Netzwerk besitzen sogar die so genannten „Feinde des jüdischen Volkes" eine klare Rolle. Ahmadinedschad ist der aktuelle „Hitler" und dem Rest der so genannten „Islamofaschisten" fällt die Aufgabe zu, den „Judäozid der Nazis" zu vollenden. Mit anderen Worten, die zionistische Vision bietet einen schlüssigen und kohärenten Einblick in das Problem zeitgenössischer jüdischer Identität und jüdischer Angelegenheiten. Darüber hinaus bietet der Zionismus eine neue „Weltordnung" mit dem englischsprachigen Imperium als Weltpolizei und Verteidiger jüdischer Interessen.

Obwohl wir traditionell dazu neigen, Zionismus mit einer besonderen jüdisch-nationalen Bestrebung sowie mit einem jüdischen Aufruf zur Rückkehr nach Zion (Palästina) in Verbindung zu bringen, ist dies nicht notwendigerweise die einzige tragfähige historische und philosophische Interpretation des zionistischen Vorhabens. Mein Vorschlag geht dahin, dass es weit sinnvoller ist, den Zionismus als tribales jüdisches Schutz-Projekt betrachten. Anders formuliert: Zionismus lässt sich als eine jüdische globale Bewegung interpretieren, die die Verhinderung der Assimilation zum Ziel hat. Sie soll das Verschwinden des weltweiten Judentums stoppen. Demnach wäre der Zionismus als ein Amalgam verschiedener Philosophien aufzufassen, die sich auf verschiedene Formen des tribalen Separatismus, der Abkopplung und

Segregation spezialisieren. Seine Rolle ist es, der dritten Kategorie eine sinnvolle Identität zu verleihen.

Eine solche Interpretation könnte neues Licht auf die erhebliche Macht des globalen Zionismus, nämlich die allgemeine Unterstützung des israelischen Staates durch Juden weltweit werfen. Es könnte Licht auf die Rolle der sporadischen, doch extrem lauten jüdischen Stimmen werfen, die Widerstand gegen den Zionismus leisten. Eine solche terminologische Wende in der Auffassung von Zionismus wird ein ideologisches Kontinuum zwischen Herzls Haltung zur Assimilation und der „einseitigen Abkoppelung" des ehemaligen Ministerpräsidenten Sharon betonen, wird jedoch auch das äußerst peinliche Kontinuum zwischen dem harten Kern des rechten Zionismus und der so genannten jüdischen Linken und dem jüdischen Antizionismus ans Tageslicht bringen.

Gott zurücklassen

Wie alle Anderen haben auch Juden das Recht, sich von Gott abzuwenden, ihren Glauben zu verlassen und sich von Religion zu trennen. Doch ist die Abwendung von Gott weder ein philosophisches Argument noch eine Form ethischer Argumentation. Religion aufzugeben bedeutet nicht notwendigerweise ein Humanist zu werden und Säkularisierung impliziert keineswegs Universalismus oder irgendeinen sonstigen ethischen Standpunkt. Nicht nur ist das Verwerfen des Gotteskonzepts keine Philosophie, es ist noch nicht einmal ein Argument. Es ist bloße Praxis. Worum es bei Säkularisierung vielmehr überhaupt geht, ist die Ersetzung Gottes durch ein anthropozentrisches moralisches Argument.

Historisch gesehen, führte Spinoza als Erster den modernistischen Angriff auf die religiös-jüdische Bibel-Orthodoxie ein. Sein Ziel war, den Gott Abrahams durch Vernunft zu ersetzen. Während jüdische Intellektuelle vor dem 2. Weltkrieg wie Franz Rosenzweig[41], Herman Cohen[42], Gershom Scholem[43] und andere versuchten, Spinozas Trennung mit philosophischen Argumenten zu bewältigen, wurde nach dem 2. Weltkrieg die jüdische philosophische Konfrontation mit der Moderne durch eine seichte Form linker Identitätspolitik und zionistischer Praxis ersetzt.

Ein wirklich interessanter Text wurde vor einigen Jahren von dem *Londoner Jewish Chronicle* (JC) veröffentlicht. Es ist ein flüchtiger Blick in das politische und philosophische Mantra eines jüdischen, sozialistischen sowie antizionistischen Paares, das den Gott Abrahams abgelehnt hat. Trotz der Tatsache, dass sie stolz sind, Gott hinter sich gelassen zu haben, halten sie dennoch ein Seder (Pessach-Mahl) und ließen ihre Zwillingssöhne beschneiden. Sie veranstalteten für sie auch eine „glaubensfreie" Bar Mitzwa-Feier. Der JC-Artikel ist gewissermaßen ein Dialog zwischen der Stimme der „jüdischen Gemeinschaft" des Mainstreams und der so genannten „jüdischen Dissidentenstimme". Es ist die Geschichte der Journalistin Julia Bard (56) und des Lehrers David Rosenberg (48), beide Gründungsmitglieder der britisch-jüdischen Sozialisten. Es ist ein kleiner Blick in die seltsame, inkonsequente Welt der jüdischen tribalen Linken. Ich gebe zu, dass Bard es war, die mir die Augen öffnete und mich zu einer terminologischen Wende brachte, die den Zionismus in einem neuen Licht erscheinen lässt.

Laut dem *Jewish Chronicle* „sind Julia Bard und David Rosenberg überzeugte Juden. Ihre Gefühle gegenüber jüdischer Geschichte sind leidenschaftlich, ihr gesellschaftliches Leben ist durch ein starkes jüdisches Element geprägt, und ihre Kinder haben die Liebe zu hebräischer und jiddischer Kultur geerbt ... David und Julia gehören keiner Synagoge an, sie glauben nicht an Gott und sind energisch gegen Zionismus. Sie haben die starke Empfindung, dass diese Faktoren sie nicht von der vollständigen Aufnahme als Teil der jüdischen Mainstream-Gemeinschaft ausschließen sollten."

Wie viele moderne assimilierte Juden reduzieren David und Julia Jüdischkeit beharrlich auf eine Art tribaler Orientierung, gewürzt mit einigen kulturellen Aspekten. Sie lieben Jiddisch und sie lieben „jüdische Geschichte". Ganz wie moderne assimilierte

Juden und Israelis betrachten sie die Bibel eher als gemeinverständlichen historischen Text denn als eine esoterische, spirituelle Richtlinie. Das ist kein Verbrechen.

Obgleich David und Julia Gott nicht so sehr mögen, und trotz des Umstandes, dass sie vom Judentum nicht sonderlich beeindruckt sind, folgten sie immer noch dem religiös-jüdischen Blutritual und ließen die Vorhaut ihrer Kinder entfernen. Obwohl Julia und David den jüdischen Glauben verwerfen, wollen sie immer noch Teil der jüdischen Gemeinschaft sein. Ich frage mich, warum? Was ist es denn, das sie von der jüdischen Gemeinschaft brauchen? Warum machen sie nicht einfach nur mit ihrer „sozialistischen Agenda" weiter und schließen sich der Menschheitsfamilie als normale Menschen an? Viele Menschen weltweit glauben nicht an Gott, viele Millionen von Westlern haben sich von ihrem Glauben abgewandt, doch sie bestehen auch nicht darauf, sich selbst immer noch Katholiken, Hindus, Protestanten oder Muslime zu nennen. Sie treten einfach in ein neues Leben in einer multikulturellen Gesellschaft mit vielen Glaubensrichtungen ein.

Julia glaubt an Multikulturalismus, denn sie antwortet:

„Ich wollte jüdisch bleiben ... Ich wollte beweisen, dass es einen Weg gibt, jüdisch zu bleiben, auf dem man nicht zu einem Gott betet, an den man nicht glaubt."

Anscheinend verlangt es Julia, wie viele andere emanzipierte Juden, sehnsüchtig nach einer authentischen Identität. Sie sucht nach ihrer individuellen säkularen Stimme, während sie die Bindungen zu ihrem jüdischen Erbe aufrecht hält. Auch dies ist kein Verbrechen, jedoch frage ich mich, warum sie sich nicht nur als Jüdin oder als säkulare Jüdin sehen kann, ohne nach „Akzeptanz" durch die „jüdische Gemeinschaft" zu rufen. So zum Beispiel betrachte ich mich als „Hebräisch sprechenden Palästinenser", doch suche ich dafür nicht erst jemandes Zustimmung. Ich sehe mich auch als „stolzen, selbsthassenden Juden" und wiederum brauche ich niemandes Genehmigung dazu. Julia anderseits benötigt Zustimmung. Julia erwartet, dass die jüdische Gemeinschaft sie akzeptiert, obgleich sie Gott und den Glauben des Judentums ablehnt.

Julia deutet ein Antwort an, wenn sie sagt: „Ich verstehe meine jüdische Identität als eine ethnische Identität...".

Vielleicht bringt uns das weiter. Die magischen Wörter „Ethnizität" und „Identität" wurden nun in den Diskurs eingeführt. Was meint Julia, wenn sie von „ethnischer Identität" spricht? Ist es die berühmte alte Hühnersuppe oder ist es diesmal der *Gefillte Fisch*[44]? Ist „jüdische ethnische Identität" eine Form der Zugehörigkeit zu jüdischer Geschichte und jüdischem Erbe? Ich bin mir recht sicher, dass niemand Julia und David davon abhalten wird, sich mit der Lektüre von Kapiteln der jüdischen Geschichte aufzuheitern - einer endlosen Kette von Katastrophen. In der Tat wird niemand Julia und David daran hindern, ihre kulturellen Symptome zu zelebrieren. Nichtsdestoweniger wollen Julia und David ein wenig mehr als bloßes Zelebrieren, sie wollen offensichtlich Anerkennung.

Erneut bin ich leicht perplex. Anerkennung ist etwas, das man erreichen kann, dennoch ist sie nichts, was man je verlangen oder einfordern kann. Zu meinen Sünden zählt, dass ich Jazz spiele. Ich möchte tatsächlich weithin als führender Saxophonspieler und originelle Stimme anerkannt werden, doch mir käme niemals in den Sinn, in einem Jazzmagazin darauf zu bestehen, dass die Jazzgemeinde mich akzeptieren oder meinen Beitrag ungeachtet meiner Verdienste anerkennen sollte. Meine „Akzeptanz" als Künstler hängt offenbar von meiner Leistung und meinem Beitrag zu der Kunstform ab. Julia besteht darauf, als Jüdin anerkannt zu werden, ohne anzugeben oder zu spezifizieren, worin genau ihr Beitrag zum jüdischen Diskurs und zur jüdischen Erfahrung besteht.

Allem Anschein nach ist es eher *Identität* als Vernunft, für die sich der *Jewish Chronicle* und Bard interessieren. Bard glaubt offenbar, dass die Identität einer Person auf ihre Authentizität abstrahlt. Wie viele Andere auch, hat Bard hier Unrecht. Wie zuvor erläutert, ist es genau umgekehrt. Identität und Identitätspolitik entfremden den Menschen von jeder Idee einer Authentizität. Identitätspolitik zielt darauf ab, Maßstäbe für Identifikation zu setzen, Kategorien der Zugehörigkeit aufzustellen, sie fordert Anerkennung. Sie bevorzugt das Zusammenkommen und Sich-Zusammenschließen zu einer Gruppe anstelle einer Meditation über das eigene Selbst oder irgendeiner Art wahrer Reflektion. Dabei verhält es sich in Wirklichkeit so, dass Menschen, die eine wahre, genuine Vorstellung ihres Selbst besitzen, sich keineswegs nach Akzeptanz durch irgendeine Gemeinschaft, gleich ob eine jüdische oder andere, sehnen. Sie werden dafür anerkannt, „wer sie sind", anstatt dafür, was sie nur behaupten zu sein.

In ihrem Selbstverständnis als „progressive Jüdin" glaubt Bard, dass „jüdische Zukunft darauf beruht, dass die Gemeinschaft inklusiv und nicht exklusiv ist"[45]. Als Teil eines ethnischen Kollektivs befasst sich Julia aufrichtig mit Fragen der Assimilation und Bewahrung des jüdischen Volkes. Anders als die Rabbiner-Institute begrüßt sie jedoch die Hybridisierung eines jüdischen Kollektivs und keine starre Uniformität. „Die Leute, die über eine schrumpfende jüdische Gemeinschaft meckern, gehen von einer falschen Vorraussetzung aus – nämlich dass das Judentum unverändert bleibt, und dass man nicht jüdisch sein kann, ohne religiös zu sein."[46]

Aber noch eine weit größere Sorge wird von Bard angesprochen: Eine „befreite" Jüdin ist scheinbar beunruhigt durch die Tatsache, dass die jüdische Gemeinschaft „schrumpft". Man mag sich fragen, warum ein befreites Wesen, eine „progressive" Jüdin und „Sozialistin" von Fragen der Assimilation und Desintegration einer „reaktionären" und rassisch-orientierten Gemeinschaft bewegt wird.

Das Konzept des jüdischen Sozialismus kann die Antwort liefern. Jüdischer Sozialismus ist wie das Judentum eine einzigartige, esoterische Ideologie, die sich in erster Linie mit jüdischen Interessen und Jüdischkeit im Allgemeinen beschäftigt. Folgendes fand ich in der Selbstdarstellung „Wer wir sind", einer Website, mit der das jüdisch-sozialistische Paar verbunden ist: „Wir (die Gruppen jüdischer Sozialisten) schließen uns auf Grund von Themen zusammen, die wir als entscheidend für die Zukunft der jüdischen Gemeinschaft erkennen." Demnach sind Julia Bard und ihre jüdischen Genossen Teil der jüdischen Gemeinschaft und die Themen, mit denen sie sich befassen, haben mit der Zukunft des jüdischen Stammes zu tun. Als ich diese Zeilen las, läutete bei mir eine Glocke: War es doch tatsächlich mein Großvater, der rechte, rassistische Irgun-Kommandant und Terrorist, der darauf bestand, dass „jüdischer Sozialismus" nicht nur in sich widersprüchlich, sondern betrügerisch bis ins Mark ist.

Der normale Marxist mag sich nun fragen, warum Julia Bard, David Rosenberg und ihre Genossen die von der ultrazionistischen israelischen Ministerpräsidentin Golda Meir in den 1970ern geäußerten Worte wie ein Echo wiedergeben: „Für mich bedeutet Jüdischsein und hat es immer bedeutet, stolz darauf zu sein, Teil eines Volkes zu sein, das seine besondere Identität bei allem Schmerz und aller Qual, die ihm zugefügt wurden, seit mehr als 2.000 Jahren bewahrt." (Golda Meir, *Mein Leben*). Meir war auch für ihre Behauptung bekannt, dass Mischehen die größte Gefahr für das jüdische Volk sind. Wie Bard beschäftigte sich auch Meir mit Identitätspolitik. Wie Bard war auch Meir ein Mitglied des „Klubs". Wie Bard war auch Meir über Assimilation besorgt, die sie für die „größte Gefahr für die jüdische Zukunft" hielt.

Könnte es sein, dass Julia Bard und Golda Meir zwei Seiten der zionistischen Münze sind? Während Meir ein authentischer Falke war – sie sprach tribal und dachte tribal – sprechen Bard und ihre Freunde zwar „universal", aber nach meinem Eindruck denken sie tribal.

Zionismus – eine Neueinschätzung

Bard, Rosenberg und Meir sind hier nicht sonderlich innovativ, jeder von ihnen demonstriert die ursprüngliche Grundabsicht des Zionismus: der Assimilation und Desintegration jüdischer Identität entgegenzutreten. Bereits 1897 thematisierten Herzl und Nordau Sorgen, die den von Meir und Bard zum Ausdruck gebrachten sehr ähnlich sind.

Definieren wir Zionismus neu als eine moderne Form von jüdischem Aktivismus mit dem Ziel, die Assimilation zu stoppen, dann gelangen wir zu einer Neueinschätzung der gesamten jüdischen tribalen Aktivität als einer internen Debatte innerhalb einer facettenreichen zionistischen politischen Bewegung, und dann lässt sich die Kolonisierung Palästinas als nur ein weiteres Gesicht des Zionismus auffassen. Jüdischer Sozialismus und jüdischer progressiver Aktivismus fügen sich sehr hübsch und nahtlos in das zionistische Projekt ein. Als integrale Bestandteile des zionistischen Netzwerks beschäftigen sie sich mit der Zukunft des säkularen Stamms – sie sind da, um die verlorenen Seelen unter den humanistischen Juden zu sammeln und sie zu Hanukka nach Hause zu holen. Die Israel-Lobby und die Alan Dershowitze[47] der Welt sind die Stimmen des Zionismus; die Sozialisten der dritten Kategorie sind da, um stolze, selbsthassende Juden davon abzuhalten, Alarm zu blasen.

Sind sich Bard, Rosenberg und Genossen überhaupt dessen bewusst, was sich als ihre zionistische Rolle sehen ließe? Handeln sie bewusst im Namen und Auftrag eines abstrakten tribalen Netzwerks oder gar einer „jüdischen Verschwörung"? Das denke ich nicht. Wie zuvor gesagt, glaube ich nicht an jüdische Verschwörungen: alles wird ganz offen getan. Ich glaube auch nicht, dass so genannte „progressive" Juden ein Bewusstsein von dem tribalen Gesamtprojekt haben, an dem sie sich so enthusiastisch beteiligen. Auch die meisten Israelis selbst sind sich nicht vollständig des größeren Rahmens des zionistischen Plans bewusst, dem sie dienen, einschließlich der IDF-Soldaten an den Straßensperren in den besetzten Gebieten und sogar der Piloten, die Bomben auf dicht besiedelte Wohngebiete in Gaza abwerfen. Es ist sogar möglich, dass Leute wie Wolfowitz, Sharon und Netanyahu ihre Rollen nicht verstehen.

Der Zionismus ist so erfolgreich, weil er ein globales Projekt ohne Kopf und mit vielen Händen ist. Er steckt einen modernen Rahmen ab bzw. gibt ein Muster für jüdischen Tribalismus vor, indem er alle Elemente in eine dynamische Macht eingliedert und selbst seine Opposition in eine produktive Kraft verwandelt.

Frieden, Schalom und das Ghetto

Ariel Sharon, ein Mann, der den Großteil seines Lebens damit verbrachte, die Feinde Israels zu töten, und Kriegstreiberei zu einer Kunstform entwickelte, sprang im Juni 2004 urplötzlich über seinen Schatten. Während der – wie sich dann herausstellte - letzten Tage in seinem Amt entdeckte Sharon seine Liebe zu *Schalom*, er mutierte zu einer zionistischen Taube – er, dieser Meister blutiger Politik – stellte auf einmal eine Initiative vor, die als „einseitige Abkopplung" bekannt ist.

Schalom ist ein recht verwirrendes Wort, das nicht notwendigerweise mit „Frieden" zu übersetzen ist. In seinem modernhebräischen Sinne bezieht es sich auf die Bedingungen, die erforderlich sind, um die Sicherheit des jüdischen Volkes in Israel zu gewährleisten. Wenn offizielle israelische Sprecher *Schalom* anführen, sprechen sie letztlich irgendwie immer über die Sicherheit nur eines Volkes, der Juden.

Der alte, müde Soldat Sharon erkannte, dass die beste Strategie für die Zukunftssicherung des „Staates nur für Juden" darin bestand, die relativ wenigen jüdischen Siedler aus dem vorwiegend von Palästinensern bewohnten Gebiet Gaza und der nördlichen Westbank abzuziehen und für eine gemäßigte Version jüdischer nationaler Expansion einzutreten. Sharon verstand, dass, während Israel über alle Arten von Waffen – konventionelle und nukleare sowie sonstige Massenvernichtungswaffen – verfügt, die Palästinenser nur eine einzige haben: die demographische Bombe. Tatsächlich stellen die Palästinenser bereits jetzt die Bevölkerungsmehrheit zwischen Jordan und Mittelmeer dar.

Erwartungsgemäß wurde Sharons Intitative von den Falken seiner rechts stehenden Likud-Partei völlig abgelehnt. Er verlor jedoch keine Zeit. 2005 verließ er nach mehr als drei Jahrzehnten seine politische Heimat und gründete Kadima (*Vorwärts*), eine neue Partei, die für eine sofortige, einseitige Teil-Evakuierung der besetzten Gebiete eintrat. Bei den Wahlen 2006 zollten die israelischen Wähler dem alten General ihren Respekt – Kadima gewann. Sie stimmten Sharons genialem Schachzug offensichtlich zu und die Rivalen der neuen Partei verschwanden, zumindest vorübergehend.

Eine liberale Demokratie erfüllt dann ihr Versprechen, wenn der Wählerwille sich in den Staatsangelegenheiten widerspiegelt. Sharon war es gelungen, die richtigen Saiten anzuschlagen, indem er die nostalgische jüdische Sehnsucht nach dem Ghetto beschwor. Er versprach die Errichtung einer monumentalen Barriere, die die Palästinenser draußen halten würde. Sharon verstand Nordaus wahre Sehnsucht nach dem *Schtetl* besser als irgendeiner seiner Zeitgenossen. Zionismus lässt sich als eine Neuinterpretation des Ghetto-Narratives in glamourösen, positiven Begriffen denken. „Das Ghetto", sagt Nordau, „war für den Juden der Vergangenheit kein Gefängnis, sondern eine Zuflucht ... Im Ghetto hatte der Jude seine eigene Welt; es war der sichere Zufluchtsort, der für ihn den spirituellen und moralischen Wert eines elterlichen Zuhauses besaß."[48]

Sharon hatte Nordaus Botschaft jüdischen Sehnens erfasst: Dem Zionismus geht es überhaupt nur um die Abschaffung des Anderen, um die Wiedererschaffung von Bedingungen, unter denen Juden ihre Symptome zelebrieren können, unter denen sie sich selbst als diejenigen lieben können, die sie sind, oder zumindest als diejenigen, für die sie sich *halten*.

Sharon versprach eine Barriere. Doch damit tat sich eine ernste dialektische Kluft auf. So sehr der Zionismus auch verhieß, Assimilation durch einen neu konstruierten Rahmen für eine Abtrennung und Isolation zu ersetzen, so sehr stellte er auch einen aufgeklärten, humanistischen Juden in Aussicht, der von seinen Diaspora-Brüdern völlig verschieden ist. So sehr auch zionistische Juden durch Mauern und nukleare Abschreckungsmittel geschützt werden wollen, so wollen sie doch auch „Bürger der Welt sein". Auch der Israeli möchte billig mit Easyjet fliegen, an Heiligabend in der Edgware Road *Hummus* essen und sich früh genug aufmachen, um am zweiten Weihnachtsfeiertag beim Schlussverkauf in der Oxford Street der Erste zu sein. Kurz: der Israeli will das Unmögliche. Nicht schlecht für eine so junge nationale Identität!

Als Bewegung lässt sich der Zionismus theoretisch als dialektischer Kampf zwischen der tribalen Praxis mit dem Ziel inselhafter Abgeschlossenheit und der universalen Verheißung von Offenheit und Toleranz beschreiben. Es handelt sich um eine fortwährende Debatte zwischen Jerusalem und Athen, die beides zu versprechen sucht, aber zum Scheitern verurteilt ist, weil Tribalismus und Universalismus wie Öl und Wasser sind, die sich nicht gut mischen. Juden, die dieser schizophrenen Ideologie ausgesetzt sind, finden sich zwischen zwei widerstreitenden Zusagen hin und her geworfen. So sehr sie auch darauf bestehen, sich selbst als diejenigen zu lieben, für die sie sich halten, so sehr hassen sie sich dafür, was sie nun mal sind. Solche Verhältnisse können als die ultimative Tragödie gesehen werden, als ein metaphysischer Schwebezustand, und doch kann dies auch eine machtvolle Position sein.

Der Zufall wollte es, dass Sharon es nicht mehr bis zu den Wahlen schaffte. Ein Schlaganfall beförderte ihn 2005 in ein Wachkoma und Ehud Olmert nahm seinen Platz ein. Ein paar Wochen später gewann Olmert die Wahl, wenngleich nicht so leicht, wie Sharon es getan hätte. Zusammen mit der Arbeiterpartei bildete er eine Zentrumsregierung der nationalen Einheit und schuf die erforderliche politische Atmosphäre für die Umsetzung der einseitigen Agenda Sharons. Aber dann geschah das Unvermeidliche. Sobald es zu einem relativ geringfügigen Vorfall mit der Hisbollah auf der libanesischen Seite der israelischen Nordgrenze kam, entfesselte Olmert – mit Unterstützung seiner *Schalom*-suchenden „Zentrumsregierung" - Israels Militärmacht und machte die Infrastruktur Libanons dem Erdboden gleich. Es verdient einer Erwähnung, dass Olmerts Aggression in Wirklichkeit die natürliche Fortsetzung der *Schalom*-Initiative Sharons war, der Verkörperung der Ghetto-Philosophie des Generals. (Das neue jüdische Ghetto ähnelt allerdings einer feindlichen Festung mit ausreichend nuklearer Feuerkraft, um den gesamten Nahen Osten in Schutt und Asche zu legen.)

Nachdem die Feindseligkeiten begonnen hatten, erlagen die Israelis – die gerade mal Monate zuvor noch Sharon für seine „Friedensinitiative" gesegnet hatten – dem üblichen heroischen Geist des „Flammen und Tod". Sobald der Krieg angefangen hatte, scharten sie sich zur Unterstützung hinter ihre Regierung, darunter natürlich die intellektuelle Linke. Der israelische Friedensaktivistenveteran und Journalist Uri Avnery schrieb: „Als die Regierung den Krieg begann, unterstütze ihn ein beeindruckendes Aufgebot von Schriftstellern. Amos Oz, A. B. Yehoshua und David Grossman, die regelmäßig als politisches Trio auftraten, waren erneut in ihrer Unterstützung der Regierung vereint und setzten all ihre beträchtlichen sprachlichen Talente für die Rechtfertigung des Krieges ein. Damit nicht zufrieden, veröffentlichten sie einige Tage nach Kriegsbeginn eine gemeinsame Zeitungsanzeige, in der sie ihre enthusiastische Unterstützung der Militäroperation zum Ausdruck brachten."[49]

Die israelische Militärkampagne 2006 im Libanon war kein großartiger Erfolg – sie war vielmehr ein totales Desaster. Die israelische Armee versagte. Raketen der Hisbollah regneten auf den Norden Israels herab. Israelische Städte nördlich von Hadera wurden zu Geisterstädten. Es dauerte nicht lange, bis Oz, Yehoshua und Grossman ihre Meinung änderten. Avnery stichelte: „Einige Leute tun nun so, als ob diese Gruppe in Wahrheit gegen den Krieg war. Einige Tage vor dem Ende veröffentlichten sie eine zweite Dreier-Anzeige, die diesmal die Beendigung des Krieges verlangte. Gleichzeitig wechselten auch Meretz und Peace Now (Aktivistengruppen, mit denen Oz verbunden ist) die Richtung. Aber nicht einer von ihnen entschuldigte sich oder zeigte Reue über seine vorherige Unterstützung von Tod und Zerstörung. Ihre neue Position lautete: „Der Krieg war in der Tat sehr gut, aber jetzt ist die Zeit gekommen, ihn wieder zu beenden."[50]

Nicht nur die israelische Linke änderte ihre Meinung – die gesamte israelische Öffentlichkeit wandte sich gegen ihre Führung: Olmerts Popularität erlebte einen scharfen Einbruch. Die politische Karriere des der Arbeiterpartei angehörenden Verteidigungsministers Amir Peretz war nur noch für Historiker ein Thema. In den Medien machte man sich über IDF-Generäle lustig.

Häufige derartige Stimmungsschwankungen der israelischen Öffentlichkeit sind eine weitere Folge der zionistischen Kollektivneurose. Und wiederum: Sie lieben sich als diejenigen, die sie zu sein meinen, hassen sich aber nichtsdestoweniger dafür, was sie eben sind.

Kapitel 9

Das jüdische Unbewusste ist der Diskurs der *Gojim*

Was Zionisten über sich selbst denken, ist nicht sehr interessant; weit faszinierender ist die oben erwähnte Dualität, die Kluft zwischen der Person, die sie zu sein glauben, und dem, was sie tatsächlich sind, zwischen dem Selbstbild und dem öffentlichen Bild, zwischen Bewusstsein und Unbewusstheit. Das Unbewusste, so sagt Lacan, ist der „Diskurs des Anderen", der maßgeblich die männliche Angst vor Impotenz ist. Es geht dabei nicht um die Angst, bei einer Dysfunktion ertappt zu werden, sondern vielmehr um die Angst, als dysfunktional bekannt zu sein. Der wirkliche Terror besteht hier in der unerträglichen Drohung, dass das Fiasko öffentliches Wissen wird.

Zur Zeit des Libanon-Krieges 2006 umfasste für die Israelis der „Diskurs des Anderen" CNN, Sky TV, BBC und den Westen im Allgemeinen. Im weiteren Kriegsverlauf entstand der Eindruck, als ob sich Ärger gegen diejenigen ansammelte, die nicht mehr willens waren, israelische Brutalität hinzunehmen. Diese Kluft zwischen dem selbstsicher-zuversichtlichen israelischen Selbstbild und der totalen Verachtung des Anderen markiert genau den Punkt, an dem die Neurose von Yehoshua, Oz, Grossman und der Mehrheit der Israelis ins Spiel kam.

Zweieinhalb Jahre nach seinem militärischen Flop im Libanon befand sich Israel wieder inmitten eines zweiten verheerenden Krieges, den es begonnen hatte: die *Operation Cast Lead* (Operation Gegossenes Blei) des Jahres 2008, ein totaler Krieg gegen die Menschen in Gaza und ihre demokratisch gewählte Führung, die Hamas. In diesem Feldzug versuchte Israel, die im 2006er Krieg gelernte Lektion anzuwenden. Ich denke, wahrscheinlich optimistisch, dass spätestens dann jemand im *Hasbara*-Büro Lacan gelesen haben muss. Die Israelis versuchten sich vor dem vollen Verständnis dessen zu retten, wer sie sind und was sie tun, indem sie jeden möglichen Spiegel blockierten. Infolgedessen hinderte die IDF, die israelische Armee, alle ausländischen Medien daran, nach Gaza zu gelangen, um auf diese Weise einen Propagandaerfolg zu gewährleisten. Es ging aber nicht nur darum, dass *Gojim* Zugang zur Kampfzone hatten, sondern darum, Israelis und zionistische Juden weltweit daran zu hindern, sich mit den Augen der *Gojim* zu sehen. Es war ein plumper Versuch, den Diskurs so abzulenken, dass das jüdische Unbewusste intakt gehalten wurde.

Erwartungsgemäß war diese Vorgehensweise gänzlich kontraproduktiv. Während die westlichen Medienbetriebe nur zu gerne Israels Forderung nach einer Mediensperre gehorchten, zeigten sich arabische und iranische Nachrichtennetzwerke dem Prinzip der Nachrichtenerstattung verpflichtet.

Ab einem gewissen Zeitpunkt während des Krieges waren Al-Jazeera und Irans Press TV die einzige Quelle einer Live-Berichterstattung vom Schlachtfeld. In Lacanschen Begriffen war die Wahrheit über die israelischen Gräuel nicht nur der Diskurs der *Gojim* geworden, sondern wurde direkt vom „ultimativen Feind" befördert und aufrechterhalten: Die Israelis sahen sich selbst schließlich durch die Augen von Arabern, Iranern, *Muslimen*. Dies muss eine schmerzliche Erfahrung gewesen sein.

Nacht für Nacht sahen wir, wie israelische Sprecher den Einsatz von Massenvernichtungswaffen leugneten, während hinter ihren Rücken ausländische Fernsehnetzwerke Live-Bilder zeigten, wie weißer Phosphor in Explosionsfontänen über Gazas Wohngebiete niederging. Gedemütigt und am Boden zestört sahen die Israelis ihre wahre Natur ans Tageslicht gebracht.

A Serious Man *(Ein ernsthafter Mann)*

Das Lesen des jüdischen Unbewussten als Diskurs der *Gojim* ist der Schlüssel zum Verständnis des jüdischen politischen Aktivismus, des jüdischen Kollektivismus und der tribalen kollektiven Schizophrenie. „Es zählt nicht, was die *Gojim* sagen, sondern das, was die Juden tun", ist eines von Ben-Gurions berühmten Axiomen; in der Praxis hingegen ist das, was für das jüdische Unbewusste wirklich zählt, das, was die *Gojim* sehen und denken, jedoch zögern auszusprechen.

Ein Film der Coen-Brüder aus dem Jahre 2009 mit dem Titel *A Serious Man (Ein ernsthafter Mann)* untersucht dieses Thema auf scharfsinnige, profunde Weise. Als filmische Allegorie jüdischer kultureller Absonderung ist *A Serious Man* ein Meisterstück, das die Abnormitäten jüdischer tribaler Existenz darstellt. Er berührt nicht explizit Fragen bezüglich Israel und dem Zionismus, der Besatzung oder irgendetwas in direkter Verbindung zum jüdischen Staat. Stattdessen reflektiert er über jüdisches Diaspora-Leben, jüdische Segregation und das Elend, innerhalb der judäozentrischen Schablone zu agieren. Er hat viel über jüdische Entfremdung zu sagen. Gleichzeitig vermittelt *A Serious Man* eine klare Botschaft bezüglich Israel und dem Zionismus, denn Israel ist der jüdische Staat und funktioniert trotz des zionistischen Versprechens, eine zivilisierte Nation zu schaffen, als jüdisches Ghetto, das mit all den von den Coens vorgeführten Abnormalitätssymptomen behaftet ist.

A Serious Man, angesiedelt im Minneapolis des Jahres 1967 – zweifellos ein sehr bedeutendes Jahr in der jüdischen Geschichte, erzählt die Geschichte von Larry, einem jüdischen Geschichtsprofessor und Familienmenschen. In nur zwei Stunden sehen wir Larrys Leben kollabieren. Seine verheerende Existenz bietet einen kurzen Einblick in die tribal abgesonderte Gesellschaft, der er von Hause aus zutiefst verbunden ist.

Eine wichtige Rolle in dem Film spielt Larrys Traumleben. In einem Traum begegnet er seiner wahren Natur, seinen Ängsten, seinen Sehnsüchten und seinem unethischen Selbst. Während Larry im Wachzustand ein kastrierter, gestörter Familienmensch ist, überwindet er im Traum irgendwie seine Schwächen. Er schläft mit seiner Nachbarin, einer freundlichen, bekifften Frau; er bringt seinen in Schwierigkeiten geratenen Bruder zum Fluss, schickt ihn furchtlos in einem Kanu nach Kanada und gibt ihm noch Geld (Bestechungsgeld, das Larry zuvor gegeben wurde) für einen Neubeginn. Doch in demselben Traum werden er und sein Bruder unverzüglich bestraft; sein antisemitischer Nachbar jagt Larry mit einem normalerweise für den Abschuss von Tieren reservierten Gewehr. „Töte den Juden", befiehlt der *Goj* seinem Sohn. An dieser Stelle wacht Larry auf.

Im Traum wird Larry von dem *Goj*-Nachbarn mit seiner Schuld konfrontiert. Was Larry quält, ist nicht die Angst davor, unethisch zu sein, sondern als unethisch erwischt zu werden. Es ist der „Diskurs des Anderen" (des Nachbarn mit seinem Gewehr), der Larry unbewusst mit einem Schuldgefühl konfrontiert. Ich greife auf den Fall Israel zurück: nicht die Vorstellung, unethisch zu sein, quält Israelis und ihre Unterstützer, sondern die Vorstellung, als solche „*ertappt*" zu werden.

A Serious Man beginnt mit einem Zitat des mittelalterlichen französischen Rabbi und Bibelgelehrten Rashi: „Empfange in Schlichtheit alles, was dir widerfährt." In Rashis beredten Worten klingt das *Buch Hiob* an, welches allgemein als Versuch gilt, die Existenz Gottes mit dem Bösen zu versöhnen. Ein solcher Versuch war nach dem Holocaust unter Juden aller Religiositätsgrade ganz üblich, da sie wiederholt fragten, wie Gott – sofern er existiert - erlauben konnte, dass Auschwitz geschah. Larry richtet eine ähnliche Frage an seinen örtlichen Rabbi: „Was versucht *Haschem* (Gott) mir zu sagen?". Die Rabbis können keine Antwort bieten. Wie das *Buch Hiob* und Raschi haben sie außer „Akzeptieren" nichts Konkretes zu empfehlen. Die Rabbis sind da, um Märchen zu erzählen, den Anschein von Vernunft zu vermitteln. Sie sind da, um ein schwarzes Loch zu verdecken. Sie können Gott nicht mit dem Bösen in der Welt versöhnen noch jüdisches Leiden erklären.

Interessanterweise geben die Coens eine eigene Antwort, die nichts mit *Haschem* zu tun hat. Für sie ist die der „jüdischen Ghetto"-Geisteshaltung inhärente abnormale Kultur die Wurzel jüdischen Leidens. Während es in dem Film der *Goj*-Nachbar ist, der zunächst Larry durch seine Verachtung dazu bringt, sich seiner Schuld zu stellen, ist es in der Realität der *Goj*-Zuschauer, der über Hollywood und die Leinwand dem geheimen jüdischen Innenleben ausgesetzt ist. Dank der Coens werden wir mit dem konfrontiert, was die Juden lieber verbergen würden; die Filmemacher übernehmen gewissermaßen die Rolle von Whistleblowern. Sie bringen eine filmische Interpretation des lacanschen Diskurses des Anderen ans Licht. Die jüdisch-tribale filmische Realität der Coens ist das jüdische Unbewusste, auf das Juden alles andere als stolz sind. Wie Al-Jazeera und Press TV in Gaza enthüllen die Coens einem Millionenpublikum die jüdische Ghetto-Malaise. Aber sie behandeln auch die Idee des jüdischen Unbewussten durch Spiegelung.

Kapitel 10

Der rechtschaffene Jude

Ich glaube, der plötzliche Umschwung in der israelischen kollektiven Stimmung nach dem Libanon-Krieg 2006 war das Ergebnis eines Versuches, den mit dem Zionismus eng verquickten schizophrenen Zustand zu überwinden. Der Konflikt zwischen Tribalem und Universalem reifte zu einer kolossalen Phobie heran. Die führenden israelischen Schriftsteller Oz, Yehoshua und Grossman waren praktisch zwischen diesen Extremen hin- und hergerissen, zwischen der Insularität Jerusalems und der Offenheit Athens, zwischen dem abstoßenden *Schtetl* und der glamourösen Metropole.

Das Muster ist klar: Je mehr sich Israelis Sicherheit verschaffen wollen, indem sie sich an eine Isolation klammern, desto mehr Tod verbreiten sie um sich herum. Wieder kann uns diese Lesart israelischer Realität die Größe der *Operation Cast Lead* (Operation Gegossenes Blei), den Überfall auf Gaza 2008-09, und den exzessiven Einsatz militärischer Macht in diesem Konflikt zu verstehen lehren. Je mehr Israel Sharons einseitigen Rückzug aus Gaza rechtfertigen wollte, desto mehr Leichen mussten sie nur ein paar Jahre später hinterlassen. Auch war dies nicht nur eine politische Angelegenheit – ganze 94 Prozent der israelischen jüdischen Bevölkerung unterstützten die tödlichen Maßnahmen der israelischen Armee (IDF) gegen palästinensische Zivilisten in Gaza[51]. Aber hier liegt ein Problem. Je mehr Tod die Israelis verursachen, desto weniger fühlen sie sich der restlichen Menschheit ähnlich und desto mehr beginnen sie die Führer zu hassen, die sie auf einen solch chaotischen Weg geführt hatten.

In ihrer Eigenwahrnehmung leben die Israelis in einer Demokratie und in der Tat ist Israel eine Demokratie, wenngleich eine rassisch-selektive und exklusive. Olmerts Vergeltung 2006 im

Libanon spiegelte die Wünsche der Mehrheit wieder, zumindest zu Beginn des Krieges. Die aufkommende israelische Unzufriedenheit mit Olmert, Peretz und der IDF enthüllte einen ersten Konflikt in der israelischen kollektiven Psyche. Schließlich hassten die Leute Olmert und seine Truppe, doch sind es in Wahrheit sie selbst, die sie nicht mehr ertragen. Je mehr Israelis sich verabscheuen, desto entsetzter werden sie angesichts ihrer zum Untergang verdammten Situation. Sie verachten die Tatsache, dass sie das Ghetto für immer verloren haben könnten, jedoch scheiterten, sich der Gemeinschaft der Nationen anzuschließen. Sie sind nie zu „einem Volk wie alle Völker" geworden. Um es zu wiederholen: Je mehr sie darauf bestehen, sich als diejenigen zu lieben, für die sie sich halten, desto mehr verachten sie sich für das, was sie geworden sind.

Ist der Fall der jüdischen Antizionisten Bard und Rosenberg auf irgendeine Weise anders geartet? Tappen sie nicht in genau dieselbe Falle? Lieben sie sich nicht dafür, aufgeklärte, progressive Sozialisten zu sein, während sie gleichzeitig in eine Neurose versinken angesichts der Erkenntnis, dass sie es als jüdisch-tribale Spießbürger nie schafften, sich der Menschheitsfamilie anzuschließen, geschweige denn der Arbeiterklasse? Wie die Israelis fanden Bard und Rosenberg und allgemein gesprochen alle „rechtschaffenen Juden", die in politischen Klubs „nur für Juden" agieren, keinen Weg, Athen und Jerusalem zu vereinen. Es mag gut möglich sein, dass Athen und Jerusalem sich nie zu einer klaren und kohärenten politischen Weltanschauung verbinden lassen.

Ich vermute, dass den Zionisten – und den Juden der dritten Kategorie – drei Auswege geblieben sind:

1. *Völlige Absonderung.* Diese Form des Zionismus eliminiert die Idee des Anderen bzw. jede Beziehung und jeden Austausch mit einem Anderen. Eine solche Lösung spiegelt sich in Sharons Abkopplung, dem Klammern der jüdischen Sozialisten an Tribalismus und Anti-Assimilationismus. Die gegenwärtige Netanyahu-Regierung hat diesen Weg eingeschlagen und steuert

bewusst und willentlich die internationalen Beziehungen Israels in Richtung Konflikt.

2. *Rückkehr zur Orthodoxie.* Die Zahl der Israelis, die die säkulare jüdische Kultur hinter sich lassen, um religiöses Judentum zu praktizieren, erhellt, dass die Lösung tatsächlich eine verbreitete Option wird. 2007 befand eine demographische Umfrage des Israel Democratic Institut (IDI), dass der Prozentsatz der sich als säkular beschreibenden Juden in den vergangenen 30 Jahren stark gesunken war, während der religiöse und der traditionelle Anteil jeweils gestiegen war. Die jährliche Umfrage ergab, dass die säkulare Öffentlichkeit nur 20% der israelischen Bevölkerung ausmachte – gegenüber 41% im Jahre 1974[52].

3. *Flucht aus der Jüdischkeit.* Der Auszug aus der Jüdischkeit, Jerusalem sowie jedweder sonstigen Form des jüdischen Tribalismus, und das „Auserwähltsein" hinter sich lassen. Dies ist wahrscheinlich die einzige ernst zu nehmende Form wahrhaften säkularen jüdischen Widerstands gegen den Zionismus.

Nordau, zweifellos ein kluger Mann, konnte die neuen Marranos – die Juden, die sich mit echter Überzeugung vom Judentum trennten – als die größte Gefahr für eine tribale jüdische Zukunft identifizieren. Wie die anderen Anti-Assimilationisten äußerte sich Nordau hierzu sehr explizit: „Viele – versuchen durch Flucht, sich zu entziehen. Aber rassischer Antisemitismus verweigert die Kraft der Wandlung durch Taufe und diese Art von Erlösung scheint nicht viel Aussicht zu haben ... Auf diese Weise entsteht ein neuer Marrano, schlimmer als der alte. Letzterer war idealistisch ausgerichtet – mit einer geheimen Sehnsucht nach Wahrheit oder mit einer herzzerreißenden Gewissensqual, und oftmals suchten sie Vergebung und Reinigung durch das Martyrium."

Nordau hatte bereits 1897 erkannt, dass die neuen Marranos, die sich aufrichtig nach Wahrheit sehnten und denen es sogar gelang, diese außerhalb des *Schtetls* zu finden, die ultimative Gefahr darstellten. Nichtsdestoweniger lebte er in einer für den Darwinismus und biologischen Determinismus entbrannten

Welt. Heutzutage liegt biologischer Determinismus – hoffentlich – hinter uns und die Menschen besitzen die Freiheit, ihrem sogenannten „Schicksal" zu entkommen. Heutzutage denkt kaum jemand mehr in Begriffen des Blutes, ausgenommen Zionisten, Isrealis und – peinlich genug – einige der sogenannten jüdischen „Sozialisten".

Zionist zu sein, bedeutet Assimilation zu verhindern, Juden davon abzuhalten, „vom rechten Wege abzukommen", und sich in irgendeiner Form judäozentrischen politischen Diskurses zu betätigen. Der Zionismus, wie wir ihn kennen, kolonisiert tatsächlich Palästina, aber seine Zweige reichen weiter. Es ist keine lokale Bewegung, die von einigen enthusiastischen Lobbys weltweit unterstützt wird, sondern ein globales Muster, das über die Fähigkeit verfügt, das Konzept des jüdischen Ghettos zu gestalten und umzugestalten, die Dialektik der Auserwähltheit zu formen und umzuformen, die aufkommende Spannung zwischen Insularität und Offenheit auszubalancieren, aber dennoch die meisten Juden einzubeziehen. Zionismus ist ein globales Netzwerk ohne Spitze, er ist Geist – Geistiges lässt sich unglücklicherweise nicht besiegen. Doch muss dieser Geist als das bloßgestellt werden, was er ist.

Kapitel 11

Sex und Antisemitismus

Im vergangenen Jahrzehnt habe ich viele meiner Einsichten von einem Mann bezogen, der aus dem westlichen akademischen und gelehrten Diskurs völlig ausgemerzt wurde. In Anbetracht des Einflusses, den er in der ersten Hälfte des zwanzigsten Jahrhunderts ausübte, wirft dieses völlige Verschwinden gewiss einige Fragen auf. Wittgenstein war der Auffassung, dass er bedeutenden Einfluss auf sein Leben gehabt hätte. James Joyce zog ihn heran, als er Ulysses schrieb. Er inspirierte Robert Musil und Hermann Broch. Seine Gedanken lassen sich bei Lacan und Heidegger leicht nachverfolgen. Freud war gleichfalls an seinen Ideen interessiert. Sogar Hitler soll ihn erwähnt und zugegeben haben: „Es gab einen anständigen Juden und der brachte sich selbst um". Dieser Mann war Otto Weininger und, obgleich er einer der einflussreichsten Denker der ersten vier Jahrzehnte des zwanzigsten Jahrhunderts war, sind nur noch Wenige mit seinen Gedanken vertraut oder haben gar seinen Namen gehört. Weininger war Antisemit und radikaler Misogynist. Er mochte weder Juden noch Frauen und doch, wie man bereits vermutet haben mag, war er selbst Jude und zwar, soweit historische Forschung solche Wahrheiten offen legen kann, ein verweiblichter.

Weininger war ein Künstler des Aphorismus. Viele seiner Äußerungen lassen sich nicht ernst nehmen. Einige seiner Tiraden gegen Frauen und Juden erwecken das Bild eines ungezogenen Schuljungen, der sich abmüht, die Idee des Erwachsenseins zu verstehen. Doch Weininger ist ein erstaunlicher Denker. Sein Verständnis des Geniebegriffs könnte sich leicht in den Endabschnitt von Kants dritter Kritik einfügen; sein Verständnis von Sexualität ist erstaunlich scharfsinnig, angesichts der Tatsache, dass sein Buch veröffentlich wurde, als er gerade einmal einundzwanzig Jahre alt war. Viele von Weiningers Gegnern gestehen dem Mann immerhin brillantes Talent zu. Schlicht gesagt, es findet sich viel zu viel Weisheit bei Weininger, als dass wir ihn ohne weiteres Ansehen einfach abtun könnten.

Meine Bewunderung hat eine persönliche Seite. Weininger half mir zu verstehen, wer ich bin, oder eher, wer ich sein könnte, was ich tue, was ich zu erreichen versuche, und warum sich meine Gegner so viel Mühe machen, mich aufzuhalten.

Weininger veröffentlichte *Geschlecht und Charakter*, sein einziges Buch, im Jahre 1903. Vorgestellt wurde es als eine philosophische Studie zur Sexualität. Obwohl eine grimmig-wilde Attacke auf die Idee der Weiblichkeit, sind es nicht nur Frauen, die Weininger ersichtlich verachtet – er zeichnete auch Juden als degenerierte Wesen und Engländer als weibisch-verweichlichte Charaktere. Weininger ist geradezu skandalös. Einige meiner weiblichen Gefährten, die den Text zu lesen begannen, verwarfen ihn, noch bevor sie das Ende des ersten Absatzes erreichten. Dennoch beharre ich darauf, dass fast jeder Satz in Weiningers Buch als Gedanken anregende Literatur betrachtet werden sollte. Weininger hasst fast alles, was nicht arische Männlichkeit ist. Seine Tendenz zu mathematischer Formulierung ist leicht kindisch und zweifellos veraltet. Er begeht einige grundsätzliche Fehler. Gleichzeitig aber gibt er Anlass zu tiefem ideologischen, essentialistischen und metaphysischen Denken.

Weininger über Sexualität

Weiningers Ausgangspunkt ist längst nicht originell. Mann und Frau, so sagt er, sind nur Typen. Mit anderen Worten, die individuelle Erscheinung ist grundsätzlich die Manifestation einer Mischung der beiden Typen. Jedes Individuum besteht in unterschiedlichen Anteilen aus zwei Geschlechtstypen. Einige Männer sind männlicher als andere und einige Frauen sind weiblicher als ihre Schwestern. Diese Vorstellung wird offensichtlich durch elementare physiologische Beobachtungen sowie komplexe genetische und biologische Untersuchungen gestützt.

Damit aber nicht genug für Weininger. Er stößt weiter vor, um das „Gesetz der geschlechtlichen Anziehung“ zu formulieren: „Für die wahrhafte geschlechtliche Vereinigung ist es erforderlich, dass ein vollständig männliches Wesen und ein vollständig weibliches Wesen zusammenkommen.“[53] Die Bindung zwischen einem Mann und einer Frau führt zu einer Einheit von Männlichkeit und Weiblichkeit, zu der die beiden Partner wechselseitig beitragen. Weininger spricht hier von der Komplementarität von Mann und Frau. Jeder Partner leistet einen Beitrag zur Bildung ausgeprägterer Weiblichkeit und Männlichkeit. Wenn Tony zu 55 Prozent männlich und 45 Prozent weiblich ist und Sue zu 45 Prozent männlich und 55 Prozent weiblich ist, ergibt die Summe ihrer jeweils ergänzten Männlichkeit und Weiblichkeit eine perfekte Einheit von 100 Prozent männlich und 100 Prozent weiblich. Anders gesagt, wir können davon ausgehen, dass Tony und Sue von einander im höchsten Grade begeistert sind. Ihre Vereinigung schafft eine vollständige Einheit von Mann und Frau. Sie haben auch viel gemeinsam, denn Tony hat viel von einer Frau in sich und Sue besitzt ebenso viel von einem Mann.

Unnötig zu sagen, dass Weiningers Rede von menschlichen Wesen als statistischen Objekten leicht bizarr sowie problematisch ist. Unser prüfender Blick auf die Menschen um uns herum zeigt uns keine mathematischen Größen oder scharfe Trennungen zwischen Männlichkeit und Weiblichkeit. Stattdessen sehen wir Sehnsüchte, Wünsche, Intentionen, Hoffnungen und sexuelle Bedürfnisse. Doch unabhängig von ihren praktischen Implikationen ist Weiningers Idee alles andere als dumm. Die Vorstellung, dass Tony und Sue in einer komplementären Beziehung zueinander stehen, ist sehr erklärend. Tony fühlt sich zu Sue nicht nur aufgrund ihrer weiblichen Qualitäten hingezogen, sondern weil er in Sue seine fehlende Männlichkeit findet. Ähnlich ist Sue über die Entdeckung der ihr fehlenden Weiblichkeit erfreut. Laut Weininger werden wir am meisten zu denjenigen hingezogen, die uns dieser Einheit näher bringen.

Natürlich würden wir erwarten, dass die Bindung zwischen äußerster Männlichkeit und äußerster Weiblichkeit zu einem hohen Grad sexueller Anziehung führt. Wie Weininger ausführt, geht diese Anziehung jedoch mit einem sehr geringen Verständnis über die Geschlechtergrenze hinweg einher: „Je mehr Weiblichkeit eine Frau besitzt, desto weniger versteht sie einen Mann ... So versteht auch ein Mann Frauen umso weniger, je männlicher er ist."[54] Der Gedankengang ist klar: Je mehr Weiblichkeit eine Frau besitzt, desto weniger Männlichkeit ist in ihrer physischen und psychologischen Ausstattung angelegt. Nehmen wir zum Beispiel an, dass Mark der ultimative Macho-Mann ist, zu 99 Prozent männlich, und Deborah in ähnlichem Maße sehr feminin ist. Ihre sexuelle Intensität mag nun unglaublich explosiv sein, doch die Qualität ihrer Kommunikation vorher oder nachher wird Null sein. Mit 1 Prozent Weiblichkeit kann Mark Deborah nie verstehen und umgekehrt. Mark wird Deborah vermutlich den Rücken zukehren, sobald der Geschlechtsakt vorbei ist. Er schläft ein und sie ist am Ende empört.

Diese Idee ist schockierend in ihrer Einfachheit, aber ihre Implikationen sind mächtig. Sie lässt den Diskurs der Linken in Ruinen zurück. Denn wenn Weininger recht hat, besteht die Voraussetzung für das Verständnis des Anderen in einer Form der Selbstverwirklichung. Das Konzept von Empathie und Andersheit, die von der Linken nach dem zweiten Weltkrieg so enthusiastisch aufgenommen wurde, zerfällt. Wenn ich meine Geliebte nur insoweit verstehen kann, als ich genug von ihr in mir trage, folgt daraus, dass wir den Anderen nur solange verstehen können, wie wir genügend von dem Anderen in uns besitzen. Diese Einsicht mag erklären, warum die Linke nebst dem gesamten Multikulturalismus-Diskurs nach den Ereignissen des 11. Septembers 2001 einfach kollabierte. Die fehlende Empathie mit Arabern und Muslimen unter den sogenannten „progressiven" Liberalen lässt sich durch die Tatsache erklären, dass sie sehr wenig von einem Araber oder Muslim in sich trugen, tatsächlich mögen sie sehr wenig außer sich selbst in sich haben.

Eine solche Interpretation kann erklären, warum die westliche Linke daran scheiterte, die Transformation in der arabischen Welt zu verstehen. So sehr auch die Linke behauptet, die Erhebung der arabischen Massen gegen ihre pro-amerikanischen Tyrannen zu unterstützen, fiel es ihr doch irgendwie schwer zuzugeben, dass das, was wir in der arabischen Welt sehen, nicht exakt eine sozialistische Revolution ist. In Weiningers Terminologie versagte die Linke mit ihrer Deutung der Lage in der arabischen Welt, da sie sehr wenig mit arabischer Kultur gemein hat. Die Linke war hier zum Scheitern verurteilt.

Das Genie und der Künstler

Diese Idee, verschiedene psychologische Charakteristika zu besitzen, wird von Weininger in seiner Behandlung des Genies weiter untersucht. Für ihn ist es offensichtlich, dass das Genie nicht einfach nur ein begabtes Wesen ist. Genie ist nicht Talent und auch keine Qualität, die erlernt oder entwickelt werden kann. Das Genie ist vielmehr „... Ein Mann, der viele andere in sich selbst entdeckt. Er ist ein Mensch mit vielen Menschen in seiner Persönlichkeit. Dadurch vermag ein Genie andere Menschen besser zu verstehen als sie sich selbst, weil er in sich nicht nur den Charakter trägt, den er erfasst, sondern auch dessen Gegenteil. Dualität ist für die Beobachtung und das Verständnis notwendig ... kurz, den Menschen zu verstehen, bedeutet, zu gleichen Teilen sich selbst und das Gegenteil in sich zu haben."[55]

In gewisser Weise ist das Genie eine Person, die eine dialektische Dynamik in sich trägt, welche erlaubt, dass die reichen Möglichkeiten und Aussichten der Welt ins Leben treten. Weininger deutet hier gewissermaßen auf die positiven Qualitäten der Schizophrenie, Ideen, die Jahre später von Lacan weiter untersucht wurden.

Das Genie erzählt uns immer etwas über die Welt, was wir zuvor nicht wussten. Der Wissenschaftler beobachtet die materielle Welt und der Philosoph schaut in das Reich der Ideen. Der Künstler bzw. die Künstlerin gewinnt Einsichten durch den Blick in sein Inneres: „In der Kunst ist Selbsterforschung die Erforschung der Welt ..."[56].

Weininger argumentiert, dass das Genie den „seltsamsten Leidenschaften" und „abstoßendsten Instinkten" unterliegt, aber dass diesen Leidenschaften andere innere Charaktere entgegenwirken. Zum Beispiel „beging Zola, der den Impuls zum Morden so wirklichkeitsgetreu beschrieb, selbst keinen Mord, da so viele andere Charaktere in ihm waren."[57] Zola würde laut Weininger den Mordimpuls besser als der Mörder erkennen, statt ihm nur unterworfen zu sein. Die Fähigkeit zur überzeugenden Darstellung einer fiktiven Figur ist der Tatsache zuzuschreiben, dass die Figur und seine Gegenstücke in der Seele des Künstlers gut aufeinander abgestimmt sind.

Weiningers Reiz hat für mich viel mit dieser Idee zu tun. In meinen fiktionalen Schriften habe ich einige charmante, jedoch erschreckende israelische Protagonisten zum Leben erweckt, allesamt Verdammte, die auf eine Betonwand zu rasen. Ich schreibe über Menschen, die es nie schaffen, zu den Bedingungen zu leben, die sie sich selbst auferlegt haben; Menschen, die niemals ihren Weg nach Hause finden. In meinen Romanen trifft man Leute, die ihrem Schicksal nicht entkommen können. In meinen politischen und ideologischen Schriften versuche ich, ein philosophisches Modell zu entwerfen, das die Komplexität der Jüdischkeit erhellen kann. Ich suche nach den metaphysischen Mechanismen, die Israel und die jüdische Welt so *verschieden* machen. In meiner Frühzeit hielt ich mich für einen autonomen Denker, der sich in eine distanzierte, archimedische Position mit Überblick begab. Dank Weininger erkannte ich, wie falsch ich lag – ich war nicht von der Realität losgelöst, über die ich schrieb, und werde es auch niemals ein. Ich schaue nicht auf Juden oder jüdische Identität, ich schaue nicht auf Israelis. In Wirklichkeit schaue ich in den Spiegel. In Wirklichkeit arbeite ich mit Verachtung den Juden in mir sorgfältig heraus.

Der Jude in mir ist keine Insel. Ihm haben sich Feinde und Gegenpersönlichkeiten angeschlossen, die sich ebenfalls in meiner Seele eingerichtet haben. In mir gibt es viele einander widerstreitende Charaktere. Es ist nicht so erschreckend, wie es klingen mag. Es ist eher produktiv, amüsant und gewiss aufschlussreich.

Der Antisemit

Seinem eigenen Paradigma folgend argumentiert Weininger: „Menschen lieben in Anderen die Qualitäten, die sie gerne hätten, aber nicht in irgend einem größeren Maße besitzen. So hassen wir in Anderen nur, was wir nicht zu sein wünschen, und was wir dennoch teilweise sind. Wir hassen nur Eigenschaften, denen wir nahe kommen, die wir aber zuerst in anderen Personen bemerken ... So erklärt sich die Tatsache, dass die erbittertsten Antisemiten unter den Juden selbst zu finden sind."[58]

Nach Weininger lehnen einige Juden in Anderen dasjenige ab, was sie in sich selbst verachten. Diese Tendenz wird Antisemitismus genannt, aber Juden sind hier nicht alleine. Auch einige Nichtjuden entdecken jüdische Tendenzen in sich. Weininger führt weiter aus:

„Selbst Richard Wagner, der erbittertste Antisemit, kann nicht von einer gewissen Beimengung von Jüdischkeit frei gesprochen werden, sogar in seiner Kunst."[59] Ich würde die Auffassung vertreten, dass Jüdischkeit für Weininger überhaupt keine rassische Kategorie ist, sondern eine geistige Haltung, eine mentale Konfiguration, die einige von uns besitzen und einige wenige unter uns versuchen zu bekämpfen.

Bedeutet dies nicht nur, Marx Behandlung jüdischer Identität zu wiederholen, wie er sie in seinem berühmten Essay „Zur Judenfrage" untersuchte? Marx setzt Juden mit Kapitalismus, Selbstinteresse und Geldrafferei gleich. Für ihn ist Kapitalismus Judentum und Judentum ist Kapitalismus. Die Juden haben sich bis zu dem Punkte befreit, an dem Christen Juden geworden sind. Grimmig zieht er den Schluss: „Die gesellschaftliche Emancipation des Juden ist die Emancipation der Gesellschaft vom Judenthum."[60] Eine Beurteilung Marxscher Ideen innerhalb Weiningers Bezugrahmen könnte lauten, dass Marxs Analyse das Ergebnis des Umstandes ist, dass Marx selbst Jude war. Mit anderen Worten, Marxismus ist das Resultat der Marxschen Fähigkeit, seinen inneren Juden zu bekämpfen.

Wie wir sehen können, hat uns Weininger ein recht nützliches analytisches Werkzeug an die Hand gegeben. Er gewährt uns Einsicht in das Thema Hass und Selbsthass, wobei er bis zu folgendem Argument geht: „Der Arier hat es dem Juden zu verdanken, dass er sich durch ihn gegen das Judentum als einer in ihm selbst liegenden Möglichkeit zu wehren weiß.“[61] Der Antagonismus gegenüber Anderen lässt sich also als eine Manifestation von Selbstverachtung begreifen. Somit ließe sich der Nazi-Hass gegen alles auch nur entfernt Jüdische als eine Art von Feindlichkeit gegen den inneren Juden erklären.

Wenn aber Hass – zumindest teilweise – eine Form der Selbstnegierung ist, muss ich zugeben, dass mein eigener persönlicher Krieg gegen Zionismus und jüdische Identitätspolitik sich als Krieg sehen ließe, den ich gegen mich selbst erklärt habe. Geht man einen Schritt weiter, müssten wir alle zugeben, dass die wirkliche Bekämpfung des Rassismus in erster Linie beinhaltet, sich dem eigenen inneren Rassisten zu widersetzen.

Als Otto Weininger Selbstmord beging, war erst dreiundzwanzig Jahre alt. Man mag sich fragen, wieso er so viel über Frauen wusste. Warum hasste er sie so? Wieso wusste er so viel über Juden und warum hasste er *sie* so sehr. Die Antwort lässt sich Weiningers Denken entnehmen, wenn auch nicht seinen Worten. Er hasste Frauen und Juden, weil er selbst eine Frau und ein Jude war. Er bewunderte arische Männlichkeit, da ihm diese Eigenschaft wahrscheinlich in einem bedeutenderen Maße in seinem Wesen fehlte. Vermutlich führte diese Entdeckung Weininger nur einen Monat nach Veröffentlichung seines Buches in den Selbstmord. Sehr wahrscheinlich gelang ihm, zu verstehen, um was es in seinem Buch eigentlich geht.

Kapitel 12

Eretz Israel kontra Galut

Seit mehr als einem halben Jahrhundert identifizieren Gegner des jüdischen Staates Israels Politik mit Zionismus. Doch sie könnten Unrecht gehabt haben. Zionismus diktiert zwar tatsächlich die Plünderung Palästinas im Namen einer jüdischen Nationalbestrebung und jüdischen nationalen „Heimkehr". Israel setzte zionistische Philosophie auf effiziente Weise in brutale Praxis um. Jedoch sind Israelis – genauer: die große Mehrheit der in Israel geborenen säkularen Juden – nicht von zionistischer Ideologie motiviert. Deren Geist und ihre Symbole sind praktisch ohne Bedeutung für sie. Zionismus ist für die Meisten von ihnen entweder eine archaische Vorstellung oder ein gänzlich fremdes Konzept. Die meisten Formen von „Antizionismus" haben denn auch kaum irgendeine Auswirkung auf Israel, israelische Politik oder die Israelis selbst. Zionismus ist weitgehend ein Diskurs der jüdischen Diaspora.

Zionismus kontra Israel

> „Ich bin ein Mensch, ich bin Jude und ich bin Israeli. Zionismus diente mir als Instrument, von dem jüdischen Dasein zu einem israelischem Dasein zu gelangen. Ich glaube, es war Ben-Gurion, der sagte, dass die zionistische Bewegung das Gerüst für den Aufbau des Heims war und nach Errichtung des Staates wieder abgebaut werden sollte." *Avraham Burg*[62]

Wenn Zionismus existiert, um den jüdischen Anspruch auf eine „nationale Heimstätte" in Zion aufrechtzuerhalten, dann leben als Israelis geborene Juden diese Realität von Beginn an. Für sie ist Zionismus ein altes Kapitel der Geschichte mit einem alten Foto eines Mannes mit großem schwarzen Bart (Herzl).

Für Israelis ist Zionismus keine ihres Geschehens noch harrende Transformation, sondern langweiliges und altmodisches Gedankengut mit geringer Relevanz gleich welcher Art für ihr Leben.

Für die neuen Israeliten hat die *Galut* (Diaspora) einen negativen Beiklang. Sie hängt mit Ghettos, Scham und Verfolgung zusammen. Dieser Ausdruck wird jedoch nicht zur Bezeichnung für das Zentrum Manhattans oder Londons Soho benutzt; moderne Israelis identifizieren ihre Emigration aus Israel nicht mit einer Rückkehr in die *Galut*. Wie andere Migrantengruppen sind sie nur auf der Suche nach einem besseren Leben irgendwo anders. Für die meisten Israelis ist ihr Land bei weitem kein heroischer, glorreicher Ort – nach mehr als sechzig Jahren mit derselben Lebenspartnerin haben sie keine Wertschätzung mehr für ihre Schönheit.

In Israel geborene säkulare Juden, die Produkte der zionistischen Transformation, sind jetzt so an ihre Existenz in der Region gewöhnt, dass sie ihre jüdischen Überlebensinstinkte verloren haben. Stattdessen haben sie eine hedonistische Interpretation des westlichen aufgeklärten Individualismus übernommen, der die letzten Reste tribalen Kollektivismus verbannt. Dieser Umstand mag erklären, warum Israel im Libanon-Krieg 2006 besiegt wurde. Die neuen Israelis sehen keinen Grund, sich auf einem kollektiven jüdischen Altar zu opfern. Weit mehr sind sie daran interessiert, die pragmatischen Aspekte „des guten Lebens" zu erforschen. Vielleicht schaffte es das israelische Militär aus diesem Grunde nicht, Hamas in der *Operation Cast Lead* (Gegossenes Blei) zu bezwingen. Dafür müssten israelische Generäle mutige Bodentaktiken anwenden. Sie wissen, dass Bombenteppiche auf Gaza und der Abwurf weißen Phosphors auf UN-Schutzräume wahrscheinlich nicht die „erforderlichen Resultate" bringen, doch sie können nichts anderes tun. Hedonistische Gesellschaften bringen keine spartanischen Krieger hervor und, wenn einem keine richtigen Krieger zur Verfügung stehen, dann kämpft man besser aus der Entfernung. Überflüssig zu erwähnen, dass die Palästinenser, Syrer, die Hisbollah und die Iraner all das genau sehen.

Tag für Tag analysieren sie Israels feige Taktiken und deuten die israelische Realität korrekt. Sie wissen: Israels Tage sind gezählt. Interessanterweise analysiert auch die US-Militärelite die Lage – sie hat zu begreifen begonnen, dass Israel nicht länger ein strategischer Aktivposten der USA ist.

Oberflächlich gesehen scheinen Israelis sich nicht sonderlich um die aufziehende Unvermeidlichkeit ihres Schicksals zu kümmern, zumindest nicht öffentlich. Junge Israelis sorgen sich mehr um ihr persönliches Überleben. Sie sind Eskapisten, die nur die Frage bewegt: "Wie zum Teufel kann ich hier nur rauskommen?" Sobald sie ihren Pflichtwehrdienst abgeleistet haben, stürzen sie entweder zum Ben-Gurion-Flughafen oder lernen, wie man alle Nachrichtenkanäle abschaltet. Israelis verlassen ihr Heimatland in wachsender Zahl. Wer verdammt ist zurückzubleiben, gehört einer apathischen Kultur der Gleichgültigkeit an.

Beaufort

Beaufort, ein 2007 produzierter, preisgekrönter israelischer Kriegsfilm, enthüllt ein erstaunliches Bild israelischer Müdigkeit und israelischen Defätismus. Er erzählt die Geschichte einer Infanterie-Spezialeinheit der israelischen Armee (IDF), eingegraben in einer Festung aus byzantinischer Zeit auf einem Berg in Südlibanon. Die Handlung spielt im Jahre 2000, Tage vor dem ersten israelischen Rückzug aus Libanon. Die Einheit ist von Hisbollah-Kämpfern umzingelt. Tag und Nacht leben sie in Schützengräben, verkriechen sich in Betonunterständen und sind endlosen Bombardements mit Mörsern und Raketen ausgesetzt. Obwohl sie alle von ihrem Leben nach der Rückkehr aus der Hölle träumen, in der sie gefangen sind, sterben sie einer nach dem anderen von Hand eines unsichtbaren Feindes.

Das israelische Kinopublikum liebte *Beaufort*. Ich glaube, sie sahen darin eine Allegorie ihres eigenen Endzustandes. So sehr sich die israelischen Soldaten im Film danach sehnen, soweit wie irgend möglich davonzulaufen, gleich ob dies bedeutet, sich in New York niederzulassen oder sich in Goa zu bekiffen, die israelische Gesellschaft findet sich mit der Zeitlichkeit und sinnlosen Existenz des Landes ab. Wie die Soldaten wollen auch Israelis New Yorker, Pariser, Londoner und Berliner werden (Sogar die Zahl der Israelis, die nach polnischen Pässen Schlange stehen, wächst täglich). *Beaufort* beschwört das Bild einer belagerten Gesellschaft und die Erkenntnis, dass keine Fluchtwege mehr geblieben sind – weder physisch noch als Ergebnis wachsender Indifferenz. Die Zeit läuft ab.

Israel in den Augen der Diaspora

Obgleich die Bewohner von Sderot oder Aschkelon wie die Soldaten in *Beaufort* mit Freuden alles hinter sich lassen und um ihr Leben rennen würden, stellt Israel für viel Diaspora-Juden dennoch nichts Geringeres als ein leuchtendes, ruhmreiches Modell dar. Für sie ist Israel sowohl „Sinngebung" als auch „Sinngebung in der Mache", die symbolische Befreiung und Erlösung aus jüdischem Elend. Israel ist für sie alles das, was der Diaspora-Jude nicht ist: Es ist voller *Chutzpah*, stark, militant und steht ein für das, an was es glaubt. Von daher ist für einen jungen Juden aus Golders Green oder Brooklyn die *Aliyah* (Umsiedlung, „Aufstieg" nach Israel)[63] oder der Eintritt in das, was er oder sie irrtümlich für die heroische israelische Armee hält, weit ruhmreicher als der Eintritt in Vaters Rechtsanwaltskanzlei, Wirtschaftprüfungsunternehmen oder Zahnarztpraxis. Obwohl die Mehrzahl junger Diaspora-Juden sich entscheiden, weiterhin in ihren Geburtsländern zu leben, und es vermeiden, die zionistische Herausforderung einer *Aliyah* zu „nutzen", bietet ihnen der Zionismus immer noch einen symbolischen Identifikator.

Nur wenige jüdische Eltern würden ihren Sohn oder ihre Tochter davon abhalten, in die IDF einzutreten. Warum sollten sie auch? Man ist sehr sicher in dieser Armee; sie vermeidet Bodenkämpfe und tötet aus der Ferne. Jeder jüdische Vater in der Diaspora muss akzeptieren, dass es für seinen Sprössling nützlich sein könnte, einen Panzer fahren, Helikopter fliegen oder eine MK-47 abfeuern zu lernen. Anders als die schockierend mangelhaft ausgerüsteten palästinensischen Krieger, die sterben, wenn sie *Merkava*-Panzer mit ihren Leibern stoppen, riskieren israelische Soldaten kaum je ihr Leben. Eine heroische *Aliyah* und der Eintritt in die IDF scheint ein relativ sicheres Abenteuer, zumindest derzeit.

Umherwandern

Der Zionismus „erfand" die jüdische Nation und lotste ihre nationale Heimstatt, Israel, in einen Konflikt, der nun globale Ausmaße annimmt und zu einer ernsten weltweiten Bedrohung wird. Wie ich jedoch bereits anmerkte, bedeutet „Zionismus" für die Israelis im Auge des Sturms sehr wenig. Sie treten in die IDF nicht deshalb enthusiastisch ein, weil sie Zionisten sind, sondern weil sie Juden sind. Der Begriff des „wandernden Juden" gewinnt somit eine neue Bedeutung. Die Dialektik zwischen der Diaspora und Eretz Israel besteht in einem Strom und Gegenstrom von Sehnsucht, Streben und Migration. Diaspora-Juden sind von der zionistischen Phantasie „Israel" inspiriert; israelische Juden andererseits sind entschlossen, ihrem zunehmend unter Belagerung stehenden Leben zu entkommen. Die Diaspora bricht nach Israel zur selben Zeit auf, in der verzweifelte israelische Juden dort herauszukommen suchen. Damit ist eine dialektische Spannung zwischen diaspora-jüdischer Identität und „Israelität" gegeben, die weitgehend mit dem zionistischen Projekt selbst zusammenhängt. Zionismus und Israel sind zwei unterschiedliche Pole, die zusammen die gegenwärtige jüdische Erfahrung prägen.

Liebe dich selbst ebenso sehr, wie du jeden anderen hasst

Anders als der säkulare westliche Diaspora-Jude in seinem Bemühen, ein kohärentes Kontinuum zwischen Auserwähltheit und einer multiethnischen offenen Gesellschaft zu schaffen, erlaubt Israel eine kohärente und konsistente symbolische Interpretation des tribalen Suprematismus, in dem „Liebe dich selbst ebenso sehr, wie du jeden anderen hasst" eine pragmatische Realität wird. Der Israeli bzw. die Israelin ist imstande, seinem oder ihrem Nachbarn äußersten Schmerz zuzufügen. Zum Verständnis des tribalen Konzepts der Selbstliebe müssen wir zunächst das Konzept der Auserwähltheit näher betrachten.

Während Auserwähltheit nach religiösem jüdischen Verständnis eine moralische Bürde ist, durch die den Juden von Gott befohlen wird, ein Vorbild ethischen Verhaltens zu geben, ist die säkulare jüdische Interpretation auf einen groben, ethnozentrischen, blutorientierten Chauvinismus reduziert. Sie ermutigt diejenigen, die das „Glück" haben, eine jüdische Mutter zu besitzen, zu blinder Selbstliebe. In den meisten Fällen legen Israelis ihre nationale „Heimkehr" als gleichbedeutend mit legitimer Verwerfung der elementaren Rechte des Anderen aus. In vielen Fällen führt diese zu Feindseligkeit und sogar Hass, entweder latent oder manifest.

Diese Form des Überlegenheitsdünkels ist der Kern des zionistischen Anspruchs auf Palästina auf Kosten seiner einheimischen Bewohner, erschöpft sich aber nicht darin: jüdische Lobbys in den USA und in Großbritannien treten offen für die Ausweitung des „Krieges gegen den Terror" gegen Iran, den Islam und darüber hinaus ein. Ich würde nie behaupten, dass diese Art von Kriegstreiberei Juden als Volk inhärent ist, doch ist sie unglücklicherweise recht symptomatisch für jüdisches politisches Denken – links, rechts und in der Mitte. Obgleich Juden unter sich in vielen Fragen uneins sind, sind sie irgendwie vereint im Kampf gegen diejenigen, die sie kollektiv als ihre Feinde identifizieren.

Wie kommt es, dass sich ein in sich so gespaltetes Volk auf diese Art einigen kann? Eine Erklärung führt uns zu der Idee zurück, dass der Zionismus *per se* wenig mit Israel zu tun hat – er ist einfach ein interner diaspora-jüdischer Diskurs. Folglich hat die Debatte zwischen Zionisten und sogenannten „jüdischen Antizionisten" Null Auswirkung auf Israel oder den Kampf gegen israelische Politik. Der Diskurs dient allein dazu, die Debatte „in der Familie" zu halten und gleichzeitig unter den *Gojim* Verwirrung zu stiften. Er erlaubt den sogenannten „progressiven" jüdischen ethnischen Aktivisten zu behaupten, dass „nicht alle Juden Zionisten sind". Dieses dümmliche Argument war immerhin gut genug, die in den vergangenen vier Jahrzehnten eventuell geäußerte Kritik an jüdischer ethnozentrischer Lobby-Arbeit auf effektive Weise abzuschmettern.

Sobald es um „Taten" gegen die sogenannten „Feinde des jüdischen Volkes" geht, handeln Zionisten und „jüdische Antizionisten" wie ein Volk – weil sie ein Volk *sind*. (Ob sie nun wirklich ein einzelnes Volk sind oder nicht, ist irrelevant, so lange sie glauben, ein solches zu sein, und handeln, als ob sie es wären.) Was aber macht sie zu einem Volk?

Es gibt ein altes Sprichwort: „Sag' mir, wer deine Freunde sind, und ich sage dir, wer du bist." Wie wir weiter oben sahen, wäre eine weitaus genauere Deutung der gegenwärtigen jüdischen tribalen und Identitätspolitik: „Sag' mir, wen du hasst, und ich sage dir, wer du bist." Wenn du zum Beispiel Norman Finkelstein, Gilad Atzmon, Jeffrey Blankfort, John Mearsheimer und Stephen Walt usw. verabscheust, bis du wahrscheinlich ein jüdischer ethnischer Aktivist. Falls du nur einfach anderer Meinung als irgendeine dieser Personen bist, kannst du sonst wer sein.

Kapitel 13

Das Recht auf Selbstbestimmung: Eine vorgetäuschte Übung in Universalismus

Vor ein paar Jahren hielt ich in einer kleinen Gemeindekirche in Aspen, Colorado, einen Vortrag. In dem darauf folgenden Frage- und Antwort-Teil erhob sich hinten im Raum ein Mann mittleren Alters und stellte sich wie folgt vor: „Ich bin ein Weltbürger, ein Kosmopolit und Atheist. Ich möchte Sie etwas fragen, Herr Atzmon."

„Ein Moment bitte," unterbrach ich ihn, „Seien Sie bitte nicht beleidigt, wenn ich Sie dies frage, aber sind Sie zufällig Jude?"

Für eine Sekunde erstarrte er und konnte nicht verhindern, dass ihm das Blut ins Gesicht schoss, als sich jedermann im Raum nach ihm umdrehte. Ich fühlte mich deswegen ein bisschen schuldig, weil es nicht meine Absicht war, den Mann in Verlegenheit zu bringen. Es dauerte noch ein paar Sekunden, bis er sich wieder gefasst hatte.

„Ja, Gilad, ich bin Jude, aber woher wussten Sie das?"

„Offenbar konnte ich es gar nicht wissen," erwiderte ich, „Ich habe geraten. Sehen sie, wann immer ich Leuten begegne, die sich als „Kosmopoliten", „Atheisten" und „Weltbürger" vorstellen, dann sind sie stets assimilierte „Juden", die sich politisch als progressive Kosmopoliten identifizieren. Ich kann nur vermuten, das Nichtjuden andere Methoden finden, mit ihrer Unzufriedenheit über ihre Identität umzugehen. Falls sie als Katholiken geboren wurden und in einem gewissen Lebensstadium davon genug haben, treten sie eben aus der Kirche aus. Wenn sie ihr Land nicht so sehr wie die Anderen lieben, packen sie wahrscheinlich ein paar Sachen zusammen und suchen sich ein anderes Land aus, um dort zu leben. Irgendwie – und das ist bei weitem keine wissenschaftliche Beobachtung – brauchen sich Nichtjuden nicht hinter vagen, universellen, abstrakten Fahnen oder einem Wertesystem der Rechtschaffenheit zu verstecken. Aber was war Ihre Frage?"

Es folgte keine Frage. Der „Kosmopolit, Atheist und Weltbürger" konnte sich nicht mehr erinnern, was seine Frage war. Ich nehme an, dass er der Tradition der postemanzipierten Juden folgend da war, um sein Recht auf „Selbstbestimmung" in der Öffentlichkeit zu zelebrieren. Er war drauf und dran, die offene Diskussion zu benutzen, um seinen Nachbarn und Freunden in Aspen zu erzählen, was für ein großartiges menschliches Wesen er war. Anders als sie, diese lokalpatriotischen und stolzen Amerikaner, war er tatsächlich ein fortschrittlicher Mensch, ein Mann jenseits nationaler Identität, eine nicht-patriotische Person ohne Gott, ein rationales Produkt der Aufklärung und eigentlich der wahre Sohn Voltaires.

Selbstbestimmung ist ein modernes jüdisches politisches und soziales Symptom, sogar ein epidemisches. Das Verschwinden des Ghettos und seiner mütterlichen Eigenschaften führt in der weitgehend assimilierten jüdischen Gesellschaft zu einer Identitätskrise. Anscheinend waren alle jüdischen politischen, spirituellen und sozialen Denkrichtungen – links, rechts, Mitte – tiefstinnerlich mit Fragen befasst, die mit dem „Recht auf Selbstbestimmung" zu tun hatten. Die Zionisten forderten das Recht auf nationale Selbstbestimmung auf Kosten der Palästinenser; der „Bund" forderte nationale und kulturelle Selbstbestimmung innerhalb des osteuropäischen proletarischen Diskurses; Matzpen, die israelische ultralinke Gruppierung forderte das Recht auf Selbstbestimmung für die israelisch-jüdische „Nation" im „befreiten arabischen Osten"; jüdische Antizionisten bestanden auf dem Recht, innerhalb der palästinensischen Solidaritätsbewegung einen esoterischen, exklusiven, ethnozentrischen jüdischen Diskurs anzuzetteln.

Wofür steht dieses Recht auf Selbstbestimmung? Warum hat modernes jüdisch-säkulares Denken in diesem Recht seine Grundlage? Warum verspüren einige „progressive" assimilierte Juden das Bedürfnis, „Weltbürger" zu werden, anstatt einfach nur normale Bürger Großbritanniens, Frankreichs, der USA oder Russlands zu sein?

Anschein von Authentizität

Wiewohl die Suche nach Identität und Selbstbestimmung an einen endgültigen Marsch in Richtung authentischer Erlösung denken ließe, ist das Ergebnis von Identitätspolitik und des ganzen Selbstbestimmungstreibens das genaue Gegenteil. Wie gesagt, sind gerade diejenigen, die sich angetrieben fühlen, „selbst zu bestimmen", wer sie sind, höchstwahrscheinlich ohnehin weit von jeglicher authentischen Selbstverwirklichung entfernt. Diejenigen, die sich als „kosmopolitisch", „progressiv", „säkular" oder „humanistisch" identifizieren, begreifen nicht, dass wahre menschliche Bruderschaft keine Selbst-Vorstellung oder Deklaration braucht, sondern nur aufrichtige Liebe für den Anderen. Wahrhafte und authentische Kosmopoliten verspüren nicht das Bedürfnis, ihre abstrakte Verpflichtung zum Humanismus zu erklären. Wirkliche Weltbürger leben einfach in einem offenen Raum ohne Grenzen oder Schranken.

Das Recht auf Selbstbestimmung

Der Begriff „Selbstbestimmung" wurde in die Charta der Vereinten Nationen von 1945 aufgenommen, wo es auszugsweise heisst: „Alle Völker haben das Recht auf Selbstbestimmung. Kraft dieses Rechts entscheiden sie frei über ihren politischen Status und gestalten in Freiheit ihre wirtschaftliche, soziale und kulturelle Entwicklung." [Der *Internationale Pakt über Bürgerliche und Politische Rechte* wurde erst 1966 angenommen und trat 1977 in Kraft. D. Ü.] Seitdem wurde Selbstbestimmung in verschiedenen Erklärungen und Verträgen auf ähnliche Weise definiert und der Grundsatz gilt oft als moralisches Recht und gesetzlicher Rechtsanspruch.

Während jeder Mensch und jedes Kollektiv berechtigt ist, seine oder ihre Symptome zu zelebrieren, hat das Recht auf Selbstbestimmung tatsächlich nur eine Bedeutung innerhalb des westlichen liberalen Diskurses, der ein solches Recht akzeptiert, als Grundlage der Idee des aufgeklärten Individualismus. Ein solches Recht ist in einem *tribalen Diskurs* bedeutungslos, der dem Überleben des Stammes Vorrang vor der Zelebrierung der Individualität gibt. Jüdische Politik ist zwischen diesen beiden Polen gefangen. Einerseits beharren emanzipierte Juden darauf, die Früchte der Aufklärung zu genießen; sie zelebrieren ihr Recht zu bestimmen, wer sie sind. Andererseits ist jüdische Politik tribal, sie ist intolerant gegenüber jüdischem Dissidententum bzw. jeglicher Form von Selbstbestimmung, die dem widerspricht, was sie als jüdische politische oder tribale Interessen betrachtet.

Das Recht auf Selbstbestimmung kann nur von den Privilegierten wahrgenommen werden, die in der Lage sind, genügend politische oder militärische Macht zu mobilisieren, um die Realität umzugestalten. Doch im westlichen Diskurs sind es nur Juden, die ihre politische Macht auf das „Recht wie andere zu sein" gründen. Zionisten bestehen darauf, eine Nation wie andere Nationen zu sein. Der „Bund" besteht darauf, so proletarisch wie Proletarier überall zu sein, wohingegen andere vorziehen, nur sie selbst zu sein - wahre Proletarier erstreben nicht das Proletariat und brauchen niemanden imitieren; sie sind, was sie sind. Allem Anschein nach gründet der jüdische Selbstbestimmungsdiskurs auf Nachahmung. Er ist somit grundsätzlich unauthentisch. Infolgedessen führt das jüdische Konzept der Selbstbestimmung seine Anhänger in einen Zustand der Entfremdung. Dies mag den offensichtlichen Mangel an ethischem Diskurs auf dem Gebiet israelischer Politik und zionistischer Rhetorik erklären.

In unterdrückten Gesellschaften ist und wird das Recht auf Selbstbestimmung oftmals durch den Impuls überschattet, gegen Unterdrückung zu rebellieren. Für Palästinenser in den besetzten Gebieten und in Gaza bedeutet das Recht auf Selbstbestimmung immer weniger. Sie müssen sich nicht im Sinne einer „Selbstdefinition" als Palästinenser „selbst-bestimmen", weil sie wissen, wer sie sind; sollten sie dies vergessen, werden die israelischen Soldaten an der nächsten Straßensperre sie daran erinnern. Für Palästinenser ist Selbstbestimmung ein Produkt der täglichen Konfrontation mit der zionistischen Leugnung ihrer grundlegendsten Rechte. Es ist das Recht, den Besatzer zu bekämpfen, diejenigen, die sie aushungern und von ihrem Land vertreiben.

So sehr das Selbstbestimmungsrecht sich als ethischer, universaler politischer Wert darstellt, wird es in vielen Fällen als Spaltungs- und Unterdrückungsmechanismus gehandhabt, dessen Folge Übergriffe auf Andere sind. Die zionistische Forderung nach Selbstbestimmungsrecht wurde zum Beispiel auf Kosten der Palästinenser offen zelebriert.

Der „Bund" und Lenins Kritik

Der „Bund" und die Zionisten waren die Ersten, die beredt auf dem jüdischen Selbstbestimmungsrecht bestanden. Der „Allgemeine Jüdische Arbeiterbund Litauens, Polens und Russlands" wurde wie die zionistische Bewegung 1897 gegründet. Er vertrat den Anspruch, dass Juden in diesen Ländern das Recht auf kulturelle und nationale Selbstbestimmung verdienten.

Lenin war vermutlich der Erste, der sich zur Absurdität der jüdischen Selbstbestimmungsforderung äußerte, und zwar in seiner berühmten Attacke gegen den Bund auf dem zweiten Kongress der russischen sozialdemokratischen Arbeiterpartei im Jahre 1903. „Marschiert mit uns", lautete seine Antwort an den Bund, mit der er dessen Forderung nach einem autonomen ethnischen Sonderstatus unter den russischen Arbeitern zurückwies. Lenin hatte offenbar die ethnozentrische, spalterische und trügerische Agenda in der Philosophie des Bundes erkannt. „Wir weisen", sagte Lenin, „alle obligatorischen Unterteilungen zurück, die dazu dienen, uns *[letztlich] zu* spalten." So sehr der zukünftige Gründer der Sowjetunion „das Selbstbestimmungsrecht der Nationen"[64] unterstützte, so deutlich lehnte er dieses Recht im Falle der Juden ab, in welchem er es korrekt als reaktionär identifizierte: Lenin unterstützte zwar das Recht unterdrückter Nationen, ihre nationalen Identitäten aufzubauen, widersetzte sich aber jedem fanatisch-intoleranten, engen, nationalistischen Geist. Sein Einwand gegen die Forderungen des Bundes nach kultureller Selbstbestimmung war ein dreifacher:

1. Die Propagierung des Slogans kulturell-nationaler Autonomie würde zu einer Trennung der Nationen von einander und damit zur Zerstörung der Einheit ihres Proletariats führen.

2. Die Durchmischung von Nationen und ihre Verschmelzung wäre ein Schritt vorwärts, dem gegenüber eine Abkehr von diesem Ziel ein Rückschritt wäre. Er kritisierte diejenigen, die „himmelwärts gegen Assimilation zetern".

3. Die „nicht-territoriale Unabhängigkeit", für die der Bund und andere jüdische Parteien eintraten, wäre nicht vorteilhaft, praktisch oder machbar.

Mit seinem scharfen, politischen, gesunden Menschenverstand zog Lenin die ethischen und politischen Grundlagen des Selbstbestimmungsrechts für Juden in Zweifel, als der Bund forderte, dass Juden als nationale Identität wie die Angehörigen aller anderen Nationalitäten behandelt werden sollten. Lenins Antwort war einfach: „Tut mir leid, Jungs, aber das seid ihr nicht. Ihr seid keine nationale Minderheit, einfach deshalb, weil ihr keine Verbindung zu einem Stück Geographie habt."

Matzpen und Wolfowitz

> „Die Lösung der nationalen und sozialen Probleme dieser Region [des Nahen Ostens] ... kann nur durch eine sozialistische Revolution in dieser Region erfolgen, die alle seine bestehenden Regime stürzen und durch eine politische Union der Region unter der Herrschaft der Arbeiter ersetzen wird. In diesem vereinten und befreiten arabischen Osten wird das Selbstbestimmungsrecht (einschließlich des Rechts auf einen separaten Staat) einer jeden der in der Region lebenden nicht-arabischen Nationalitäten, einschließlich der israelisch-jüdischen Nation, anerkannt."[65]
>
> *- Zwölftes Grundprinzip, Matzpen (Die Sozialistische Organisation in Israel)*

Offensichtlich wurde Lenins Kritik von den jüdischen „progressiven" Ideologen und ethnischen Aktivisten nie richtig verinnerlicht.

Eine Lektüre der Grundsatzerklärung der Matzpen, der legendären ultralinken israelischen Organisation, kann einen verblüffen. Bereits 1962 besaßen radikale Matzpen-Mitglieder einen Plan, die arabische Welt „durch eine sozialistische Revolution" zu befreien. Nach Matzpens Grundsätzen war alles, was man brauchte, „der Sturz aller [arabischen] Regime", so dass „das Selbstbestimmungsrecht einer jeden der in der Region lebenden nicht-arabischen Nationalitäten, einschließlich der israelisch-jüdischen Nation, anerkannt wird."

Es erfordert kein Genie, um zu erfassen, dass zumindest grundsätzlich Matzpens Prinzipien nicht von denen Wolfowitz' verschieden sind. Matzpen hatte einen Plan, alle arabischen Regime im Namen des „Sozialismus" zu Fall zu bringen. Wolfowitz würde genau dasselbe im Namen der „Demokratie" tun. Die Ersetzung des Wortes „sozialistisch" durch „demokratisch" in Matzpens „progressivem" Text liefert uns den aufschlussreichen neokonservativen Text: „Die Lösung der nationalen und sozialen

Probleme dieser Region kann durch eine demokratische Revolution in dieser Region erfolgen, die alle bestehenden Regime stürzen und sie durch eine politische Union der Region ersetzen wird ..."

Sowohl die legendär „progressive" Matzpen als auch die „reaktionären" Neokonservativen verwenden dasselbe abstrakte Konzept mit einem Anschein von Universalität, um das jüdische Selbstbestimmungsrecht und die Zerstörung arabischer Regionalmacht und des Islam zu rechtfertigen. Sowohl Matzpen als auch die Neokonservativen behaupten zu wissen, was Befreiung für Araber bedeudet. Für die Matzpen-Anhänger bedeutet die Befreiung der Araber, sie in Bolschewiken zu verwandeln; der Neokonservative ist tatsächlich etwas bescheidener – alles, was er will, ist, dass Araber ihre Coca-Cola in einer verwestlichten demokratischen Gesellschaft trinken. Beide judäozentrische Philosophien waren zum Scheitern verurteilt, da die Idee der Selbstbestimmung überwiegend eurozentrisch ist. Beide Philosophien setzen den aufklärerischen Begriff der Individualität voraus und haben den Unterdrückten außer einer anderen Form von Unterdrückung im Namen „universaler" Legitimität wenig zu bieten. Die gegenwärtig in der Region stattfindenden Revolutionen sind weit davon entfernt, sozialistisch oder marxistisch zu sein. Nahost-Analytiker stimmen darin überein, dass Demokratie in der arabischen Welt zu stärkerer Vertretung des Islam in der Regionalpolitik führen würde – etwas, was neokonservative und Matzpen- Anhänger nicht begrüßen würden.

Matzpen besaß nie irgendwelche politische Macht oder Bedeutung und befand sich nie auch nur in der Nähe zu den arabischen Massen. Folglich konnte Matzpen keinen Einfluss auf das Leben der Araber haben und auch nicht ihre Regime zerstören. Dennoch wird Matzpen von den jüdischen Linken weltweit als bedeutendes „intellektuelles" Kapitel im jüdischen progressiven Denken gesehen. Sie wird auch als einmaliger und bedeutender Moment israelischen ethischen Erwachens betrachtet. Es ist daher äußerst peinlich, zu entdecken, dass dieser von so hoher Aufklärung und

Bildung geprägte Moment jüdischen Marxismus' oder israelisch-linken moralischen Erwachens eine politische Einsicht hervorbrachte, die nicht grundsätzlich von George Bushs Versuch verschieden ist, das irakische Volk zu „befreien". Es sollte nun über jeden Zweifel hinaus klar sein, dass der jüdische ultralinke Ansatz (à la Matzpen) und der zionistisch beeinflusste angloamerikanische „moralische Interventionismus" (à la Neokonservativismus) nur zwei Seiten ein und desselben *Schekels* sind. Sie stehen sich im politischen Denken theoretisch, ideologisch und pragmatisch sehr nahe: judäozentrisch bis ins Mark, doch angeblich mit der Prämisse eines Universalismus, der „Befreiung" und „Freiheit" zum Ziel hat. Letztendlich sehen wir hier eine judäozentrische politische Übung, nämlich Selbstbestimmung auf Kosten anderer.

Kapitel 14

Milton Friedman – eine Neueinschätzung

Während der 1960-1980er galt Milton Friedman bei vielen Gelehrten, Politikern und führenden Persönlichkeiten des Weltgeschehens als der wichtigste Wirtschaftswissenschaftler nach dem 2. Weltkrieg. Friedman war der leitende Wirtschaftsberater von Ronald Reagan, Margaret Thatcher und Menachem Begin. Dokumentiert ist auch, dass er den chilenischen Militärdiktator Augusto Pinochet beriet.

Es ist keineswegs überraschend, dass in den vergangenen Jahren mehr und mehr Kommentatoren erkannten, dass es Friedmans Ideologie und Befürwortung freien Unternehmertums, Null Regierungsintervention, Aufhebung der Regulierung und der Privatisierung war, die zu den gegenwärtigen Finanzturbulenzen führten. Es war ebenfalls Friedmans Philosophie, die zur Transformation des Westens in eine Dienstleistungswirtschaft beitrug.

Aber Friedman war nicht nur Wirtschaftswissenschaftler: Er war auch überzeugter Zionist und ein sehr stolzer Jude. Friedman interessierte die Rolle der Juden in der Weltfinanz und der Weltpolitik. Er versuchte auch die Einstellung von Juden zu Reichtum zu analysieren und zu verstehen. 1972 sprach Friedman vor der Mont Pelerin-Gesellschaft über „Kapitalismus und die Juden“[66]. 1978 wiederholte er diesen Vortrag vor jüdischen Studenten am Hillel-Institute der Universität Chicago[67].

Das jüdische Paradox

Friedman war zweifellos ein scharfer Intellekt und wusste, prägnante Kritik zu üben. Doch war er nicht gerade „ein Kosmopolit“, da er tief in jüdische Belange und zionistische

Angelegenheiten eingebunden war und sich auch offen und unverhohlen darüber äußerte.

In den 1972 und 1978 gehaltenen Vorträgen untersuchte Friedman ein einmaliges jüdisches Paradox: „Hier sind zwei Aussagen," sagte er, „jede von ihnen wird durch Beweise gestützt – dennoch sind sie miteinander unvereinbar."

Die erste Aussage lautet, dass es „auf der Welt wenige Menschen gibt – wenn überhaupt jemand – die dem freien Unternehmertum und dem Wettbewerbskapitalismus so viel verdanken wie die Juden."

Die zweite Aussage ist, „dass es auf der Welt wenige Menschen gibt – wenn überhaupt jemand – die soviel taten, um das intellektuelle Fundament des Kapitalismus zu unterminieren, wie die Juden."

Wie bringen wir diese beiden widersprüchlichen Aussagen miteinander in Einklang?

Friedman, der Anwalt freien Unternehmertums, war überzeugt, dass Monopole und Regierungsinterventionen ganz allgemein schlecht wären, aber noch entscheidender war für ihn, dass sie auch sehr schlecht für die Juden waren.

„Wo immer es ein Monopol gibt, privat oder staatlich, gibt es Raum für die Anwendung willkürlicher Kriterien bei der Auswahl der Nutznießer des Monopols – gleich ob diese Kriterien Hautfarbe, Religion, nationale Herkunft oder was auch immer sind. Wo freier Wettbewerb herrscht, zählt hingegen nur Leistung."

Friedman bevorzugt klar den Wettbewerb. Laut ihm „ist der Markt farbenblind. Keiner, der zum Markt geht, um Brot zu kaufen, weiß oder kümmert sich darum, ob der Weizen von einem Juden, Katholiken, Protestanten, Muslim, Atheist, von Weißen oder Schwarzen angebaut wurde."

Friedman führt weiter aus: „Jeder Müller, der seine persönlichen Vorurteile damit zum Ausdruck bringen will, dass er nur von bevorzugten Gruppen kauft, ist wettbewerbsmäßig im Nachteil, da er sich selbst daran hindert, von der billigsten Quelle zu kaufen. Er kann sein Vorurteil praktizieren, aber er wird dies auf seine eigenen Kosten tun und geringere monetäre Einkünfte akzeptieren müssen, als er sonst beziehen könnte."

„Juden" so fährt Friedman fort, „ging es in denjenigen Ländern am besten, in denen der Wettbewerbkapitalismus die weiteste Verbreitung hatte: Holland im sechzehnten und siebzehnten Jahrhundert und Großbritannien und die Vereinigten Staaten im neunzehnten und zwanzigsten Jahrhundert, Deutschland im späten neunzehnten und frühen zwanzigsten Jahrhundert.

Nach Friedman ist es auch kein Zufall, dass Juden am meisten in Nazi-Deutschland und im sowjetischen Russland litten, denn diese Länder widersetzten sich der Ideologie des freien Marktes.

Man mag an diesem Punkt einwenden, dass, obschon es zweifellos wahr ist, dass Juden im sowjetischen Russland und in Nazi-Deutschland litten, und obwohl es ebenfalls stimmt, dass diese Länder sich der Ideologie des freien Marktes widersetzten, Friedman keinen kausalen oder gar rationalen Zusammenhang zwischen dem Widerstand gegen den freien Markt und antijüdischen Politiken herstellte.

Allerdings ist Friedmans Botschaft klar: Juden profitieren tatsächlich von hartem Kapitalismus und Wettbewerbsmärkten.

Doch ist er ebenso von der Affinität jüdischer Intellektueller zum Antikapitalismus fasziniert: „Juden waren eine Bastion antikapitalistischer Stimmung: Von Karl Marx über Leo Trotzki bis Herbert Marcuse wurde ein erheblicher Teil der revolutionären antikapitalistischen Literatur von Juden verfasst."

Ideologie kontra Opportunismus

Wie konnte das nur sein, fragt sich Friedman. Wie kommt es, dass trotz historisch erwiesener und dokumentierter Vorteile des Wettbewerbskapitalismus für die Juden, trotz der intellektuellen Erklärung dieses Phänomens implizit oder explizit in vielen liberalen Schriften seit mindestens Adam Smith die Juden unverhältnismäßig antikapitalistisch waren?

Friedman erwägt einige Antworten: „Recht häufig hören wir von Juden auf der Linken, dass ihre Neigung zu humanitären Fragen von ihrem 'jüdischen humanistischen Erbe' motiviert ist." Mehr als einmal habe ich selbst darauf hingewiesen, dass dies eine pure Lüge ist. Es gibt kein solches jüdisches Erbe. Angetrieben von tribalen Grundsätzen und Regeln mangelt es dem Judentum und „jüdischer Ideologie" an einer universalen Ethik. Falls es irgendwelche entlegene Fleckchen von Humanismus in der jüdischen Kultur gibt, dann sind diese noch lange nicht universal.

Friedman bietet jedoch noch einen weiteren Kommentar zum Thema. In direkter Bezugnahme auf Lawrence Fuchs, der argumentiert, dass der Antikapitalismus der Juden eine „direkte Widerspiegelung der aus jüdischer Religion und Kultur abgeleiteten Werte ist", fragt sich Friedman, wie es denn kommt – wenn jüdische Kultur, wie von Fuchs behauptet, tatsächlich inhärent antikapitalistisch ist – dass Juden in ihrer gesamten Geschichte nicht erfolgreich Kapitalismus und freie Märkte bekämpft haben? Friedman analysiert, dass „jüdische Religion und Kultur über zwei Jahrtausende zurückreichen, aber die jüdische Opposition gegen den Kapitalismus und ihre Bindung an den Sozialismus höchstenfalls weniger als zwei Jahrhunderte alt ist."

Mit seinem scharfen Intellekt gelang es Friedman, das Argument von Fuchs zu Fall zu bringen. Es gelang ihm, das Argument zu widerlegen, dass jüdische Kultur inhärent sozialistisch oder humanistisch ist: Wenn Judentum tatsächlich seinem Wesen nach und immanent an eine derartige Ethik gebunden wäre, wie kommt es dann, dass dieser Humanismus in der gesamten jüdischen Geschichte nicht beherrschend wurde?

Friedman stellt auch, in einer überraschend respektvollen Weise, Überlegungen zu der Schrift des angeblichen Antisemiten Werner Sombart *„Die Juden und der moderne Kapitalismus"* an. Sombart identifiziert jüdische Ideologie im Wesen des Kapitalismus: „Durch die Jahrhunderte setzten sich die Juden für die Sache der individuellen Freiheit in wirtschaftlichen Aktivitäten ein, entgegen der vorherrschenden Sichtweise der Zeit. Das Individuum sollte nicht durch Vorschriften irgendwelcher Art behindert werden. Ich denke, dass die jüdische Religion die gleichen Leitideen wie der Kapitalismus besitzt ...“[68]

Obwohl jüdische Intellektuelle damals weitgehend unglücklich über Sombarts Buch waren, ist Milton Friedman mutig genug zuzugestehen, dass es in dem Buch nichts gibt, was einen Vorwurf des Antisemitismus rechtfertigen würde (sicher aber, so sagt er, in Sombarts späterem Werk). Friedman, ein stolzer Kapitalist, neigt tatsächlich dazu, Sombarts Buch als „philosemitisch“ zu interpretieren.

„Wenn Sie wie ich“ so Friedman, „den Wettbewerbskapitalismus als dasjenige Wirtschaftssystem betrachten, welches für die individuelle Freiheit, kreative Leistungen in Technologie und den Künsten und für die größtmöglichen Chancen für den einfachen Menschen am vorteilhaftesten ist, dann werden Sie in der Tatsache, dass Sombart den Juden eine Schlüsselrolle in der Entwicklung des Kapitalismus zuweist, ein hohes Lob sehen. Wie ich selbst werden Sie dieses Buch für philosemitisch halten.“

Milton Friedman könnte sogar dem frühen Marx darin zustimmen, dass Kapitalismus „von Natur aus“ jüdisch ist. Doch während Marx glaubte, dass die Welt zur Befreiung vom Kapitalismus sich besser von den Juden emanzipieren sollte[69], ist für Friedman Kapitalismus von profundem Wert und zu respektieren, weshalb Juden für ihre inhärente Verbindung mit dieser Philosophie und ihren diversen Verzweigungen gelobt werden sollten. Nach Friedmans Auffassung sollten Juden, damit der Kapitalismus obsiegt, weiterhin das tun, worin sie gut sind, nämlich auf einem offenen und von Wettbewerb geprägten Markt freien Handel treiben.

Friedman scheint die vermeintliche „intellektuelle Ehrlichkeit" hinter der jüdischen Bindung an die Linke und den Antikapitalismus abzutun. Er tendiert zu dem Argument, dass die jüdische intellektuelle Neigung zur Linken das direkte Ergebnis gewisser politischer und historischer Umstände und nicht einer ethischen oder ideologischen Wahl ist. Er erläutert, dass nach seiner Meinung die jüdische Bindung an die Linke das Produkt eines besonderen Geschehens im Europa des neunzehnten Jahrhunderts war.

„Beginnend mit der Ära der französischen Revolution spaltete sich das europäische politische Spektrum in eine „Linke" und eine „Rechte" längs der Achse der Säkularismusfrage. Die Rechte (konservativ, monarchisch, „klerikal") behauptete, dass es in der öffentlichen Ordnung einen Platz für die Kirche geben müsse; die Linke (demokratisch, liberal, radikal) vertrat die Auffassung, dass es überhaupt keine Kirche geben kann ..."

Damit war es für die Juden nur natürlich, sich der Linken anzuschließen – tatsächlich konnten sich Juden *nur* der Linken anschließen.

„Die Achse, die links und rechts trennt, bildete auch eine natürliche Grenze für den Bereich jüdischer politischer Beteiligung. Es war die Linke mit ihrem neuen säkularen Begriff der Staatsbürgerschaft, die die Emanzipation erreicht hatte, und es war nur die Linke, die für Juden einen Platz im öffentlichen Leben sehen konnte."

Ein solcher Gedankengang sieht die jüdische Bindung an die Linke als einen politisch opportunistischen Schritt anstatt als eine Form „moralischen Erwachens".

Diese Lesart der „jüdischen Linken" bestätigt meine eigene kritische Einschätzung. Sie erklärt auch, warum einige Juden sich der Linken anschließen und Kosmopolitismus, Solidarität, eine internationale Arbeiterklasse unterstützen, doch für sich selbst scheinen sie oft vorzuziehen, innerhalb rassisch orientierter Zellen „nur für Juden" wie der Bund, die jüdischen Sozialisten oder sogar „Juden für den Boykott israelischer Waren" zu agieren. Friedmans Überlegungen könnten auch erklären, warum so viele Juden, die ihre Wurzeln in der sogenannten „Linken" hatten, schließlich moralischen Interventionismus und Neokonservativismus predigten.

Friedman macht zudem geltend, dass sich die jüdische Bindung an die Linke besser als Versuch verstehen ließe, einige antisemitische Stereotypen über Juden als „Händler oder Geldverleiher", „der geschäftliche Interessen über menschliche Werte stellt, abzuschütteln."

Nach Friedman ist der jüdische Antikapitalist da, um zu beweisen, dass Juden eben nicht geldgierig, selbstsüchtig und herzlos sind, sondern wirklich sozial eingestellt und großzügig sind sowie sich um Ideale anstatt um materielle Güter kümmern. „Wie ließe sich dies besser bewerkstelligen als mit Angriffen gegen den Markt mit seinem Vertrauen in monetäre Werte und unpersönliche Transaktionen, und wie besser als dadurch, sich als Ideal einen Staat vorzustellen, der von wohlmeinenden Menschen zum Nutzen ihrer Mitmenschen geführt wird?"

Und doch, nach Friedmans Logik, ist es kein „moralisches Erwachen", das die Juden zur Linken bringt; es ist auch nicht Humanismus, noch Solidarität oder Freundlichkeit, sondern es scheint stattdessen ein verzweifelter Versuch zu sein, das jüdische Image zu ersetzen oder zu verbessern.

Überraschenderweise befinde ich mich in völliger Übereinstimmung mit Friedman, obwohl ich eine andere Formulierung wählen würde. Ich differenzierte zwischen „dem Linken, der zufällig eben jüdisch ist" – eine unschuldige, von Humanismus inspirierte Kategorie[70], und dem „jüdischen Linken"[71], der für mich ein Widerspruch in sich zu sein scheint, denn das Ziel der Linken ist es, über Ethnizität, Religion oder Rasse hinauszuwachsen. Ersichtlich ist die „jüdische Linke" da, um im Herzen der Philosophie der Arbeiterklasse eine jüdische tribale ethnozentrische Identität aufrechtzuerhalten.

Friedman scheint es also zu gelingen, das Paradox zwischen seinen beiden anfänglichen Aussagen (Juden als Wohltäter des Kapitalismus kontra Juden als zutiefst antikapitalistisch) mit einer historischen und politischen Erklärung aufzulösen: Juden oder jüdische Intellektuelle sind nicht wirklich gegen Kapitalismus, es waren nur die „besonderen Umstände des neunzehnten Jahrhunderts, die Juden zur Linken brachten, und die unbewussten Versuche von Juden, sich selbst und der Welt den Trugschluss und den Irrtum des antisemitischen Stereotyps zu demonstrieren." Es war weder Ideologie noch Ethik.

Diese Interpretation erklärt, warum der linke Zionismus zum verschwinden verurteilt war. In seinen Vorträgen überprüft Friedman die politische Rechts-/Links-Teilung in Israel. Er bemerkte, dass im jüdischen Staat zwei einander widerstrebende Traditionen am Werk waren: eine alte, beinahe zweitausend Jahre zurückreichende Tradition, Beschränkungen seitens der Regierung zu umgehen, und eine moderne, ein Jahrhundert zurückreichende, mit ihrem Glauben an „demokratischen Sozialismus" und „zentrale Planung", Friedman war klug genug, bereits 1972 zu erfassen, dass die „jüdische Tradition" und nicht der Sozialismus die Oberhand gewinnen würde. Friedman bemerkte bereits in den 1970ern, dass Israel bis aufs Mark kapitalistisch war. Er sagte voraus, dass die kurze Phase des zionistischen „Pseudosozialismus" sich als der jüdischen Kultur fremd erweisen würde.

Aber es ist nicht nur die israelische Linke, die zum Aussterben verurteilt ist. Friedmans Auslegung der jüdischen Kultur erklärt auch, warum den Bund der Tod ereilte – er breitete sich nicht wirklich nach Westen aus – was erklärt, warum Matzpen und andere jüdische antizionistische revolutionäre Gruppierungen niemals die jüdischen Massen anzogen.

Selbsterfüllende Prophezeiung

Friedman ist nicht ohne Fehler. Trotz seiner konzisen Interpretation der jüdischen Links-/Rechts-Scheidung sind einige entscheidende Anmerkungen zu Friedmans Behandlung jüdischer Kultur und seiner Kapitalismusuntersuchung anzubringen. Friedman argumentiert, dass der freie Markt und der Wettbewerb gut für die Juden sind. Doch besteht er auch darauf, dass Regierungs-Intervention ein Desaster sei, das zu Antisemitismus und anderen Formen institutioneller Bigotterie führe. Wenn Friedmans Modell stichhaltig ist, dann sollten sich Juden im Westen gut wappnen, denn westliche Regierungen intervenieren derzeit verzweifelt in die Märkte, beim Versuch, den unvermeidlichen Kollaps dessen zu verlangsamen, was von unserer Wirtschaft und relativem Reichtum übrig geblieben ist.

Wenn Friedmans Modell korrekt und Intervention tatsächlich schlecht für die Juden ist, dann könnte antijüdischer Fanatismus unmittelbar bevorstehen, insbesondere angesichts der gigantischen Rettungsinterventionen der Staaten, beim Versuch zu retten, was von der westlichen Wirtschaft noch verblieben ist.

Aber es geht noch weiter – es ist ebenso sehr deutlich, dass die Rettungsaktionen ein kolossales Desaster beheben sollen, das weitgehend durch die Billigung von Friedmans eigener Ideologie verursacht wurde. Wir alle zahlen einen sehr hohen Preis für freies Unternehmertum, Null Regierungsintervention, fehlende Regulierung, harten Kapitalismus – allgemein, für die Ideologien, von denen Friedman so begeistert war.

Es gibt etwas, das Friedman seinen Zuhörern in den 1970ern nicht sagte: Wahrscheinlich erkannte er selbst nicht die volle Bedeutung seines Wirtschaftsmodells. Er erkannte nicht, dass die Übernahme seiner Philosophie durch Ronald Reagan und Margaret Thatcher den Westen am Ende in die Knie zwingen würde. Er erkannte nicht, dass es sein eigenes Eintreten für harten Kapitalismus war, der die westlichen Kontinente in Armut und Entbehrung führen würde. Damals in den 1970ern erkannte er vielleicht nicht, dass es sein Modell war, das schließlich die Produktivität und jeden positiven Aspekt des Wohlfahrtsstaates eliminieren würde. Milton Friedman erkannte seinerzeit nicht, dass eine Dienstleistungswirtschaft, die einigen ethnischen Minderheiten zwei Jahrtausende dienlich war, nicht notwendigerweise erfolgreich sein würde, würde man sie in ein Makromodell überführen. Wie Friedman festgestellt hatte, betrieben Juden und andere ethnische Minderheiten im Laufe ihrer Geschichte auf wettbewerbsorientierten und produktiven Märkten sehr effektiv eine Dienstleistungswirtschaft. Juden und anderen ethnischen oder religiösen Minderheiten ging es jedoch deshalb gut, weil es Andere gab, die um sie herum arbeiteten. Die Transformation des Westens in eine von unerbittlicher Gier getriebene Dienstleistungswirtschaft – ein Prozess, der Friedmans Rezepten folgte – erweist sich nun als Katastrophe. Sie bedeutet Armut und eine globale Depression. Sie hat uns Arbeit und Produktivität entfremdet.

Friedman mag recht gehabt haben, als er voraussagte, dass Regierungsinterventionen zu Antisemitismus führen können, doch er erkannte wahrscheinlich nicht, dass es weitgehend sein eigenes intellektuelles Erbe war, das für die gegenwärtige Finanzkatastrophe verantwortlich sein würde. Es sind tatsächlich sein eigenes Wirtschaftsmodell und seine Prophezeiung, die weit mehr Leid über Juden bringen könnten.

Kapitel 15
Schwindlers Liste

Der folgende Vers aus dem fünften Buch Mose, 6:10-12, ist Teil einer Ansprache des Mose an sein Volk auf seinem Weg in das „verheißene Land“:

> „Wenn dich nun der HERR, dein Gott, in das Land bringen wird, von dem er deinen Vätern Abraham, Isaak und Jakob geschworen hat, es dir zu geben – ein Land mit großen und schönen Städten, die du nicht gebaut hast, und Häuser mit auserlesenen Gütern, die du nicht zusammengetragen hast, und ausgehauene Brunnen, die du nicht ausgehauen hast, und Weinberge und Ölbäume, die du nicht gepflanzt hast, und wenn du nun isst und satt wirst, so hüte dich, dass du nicht den HERRN vergisst, der dich aus Ägyptenland, aus der Knechtschaft, geführt hat.“

Der jüdische Gott, wie er von Mose in der obigen Passage geschildert wird, ist eine böse Gottheit, die ihr Volk zu Plünderei, Raub und Diebstahl führt. Doch gibt es viele Wege, mit diesem negativen Bild des Allmächtigen umzugehen. Auf literarischer Ebene kann man argumentieren, dass diese Verse nicht mehr als gerade drei isolierte Zeilen in einem längeren Text sind, der wohlmeinend ist und einige grundlegende universale Gedanken bietet. Auf kontextueller Ebene ließe sich sagen, dass es in Wirklichkeit nicht Gott war, der zu dem auserwählen Volk sprach, sondern Mose selbst, der nicht die wahre Botschaft überbrachte – mit anderen Worten, Mose könnte sie falsch verstanden oder sogar selbst erdacht haben. Es gibt viele andere Wege, um den jüdischen Gott und das Judentum davor zu bewahren, der *Logos* hinter der heutigen israelischen Plünderei zu sein, aber es ist nicht so leicht, die Israelis davor zu bewahren, als Räuber und Plünderer dargestellt zu werden.

Mose, seine Zeitgenossen und ihre modernen Anhänger waren und sind begeistert von den Möglichkeiten, die sie in dem Land von Milch und Honig erwarteten. Israel, der jüdische Staat, ist Moses' Ruf gefolgt. Die ethnische Säuberung des palästinensischen Volkes im Jahre 1948 und die folgende konstante und brutale Misshandlung des palästinensischen Volkes lässt das fünfte Buch Mose 6:10-12 wie eine erfüllte Prophezeiung erscheinen.

Seit mehr als sechzig Jahren wird der biblische Aufruf zum Diebstahl in rechtliche *Praxis* umgesetzt. Die israelische Plünderung palästinensischer Städte, Häuser, Felder und Brunnen hat ihren Weg in Israels Rechtssystem gefunden: Bereits 1950-51 hatten die israelischen Gesetzgeber das „Gesetz über den Besitz abwesender Eigentümer" verabschiedet, ein rassisch-orientiertes Gesetz, das Palästinensern die Rückkehr auf ihre Ländereien, in ihre Städte und Dörfer verwehrte und den neuen Israeliten erlaubte, in Häusern und Städten zu leben, die sie „nicht bauten".

Der nie endende Diebstahl Palästinas im Namen des jüdischen Volkes ist Teil eines spirituellen, ideologischen, kulturellen und praktischen Kontinuums zwischen der Bibel, zionistischer Ideologie und dem Staat Israel (zusammen mit seinen überseeischen Unterstützern). Israel und Zionismus, beide erfolgreiche politische Systeme, haben die von dem hebräischen Gott in den jüdischen heiligen Schriften verheißene Plünderung in die Praxis umgesetzt.

Aber dieses Kontinuum reicht weiter als nur bis zu Diebstahl – bei der Lektüre der folgenden Bibelabschnitte erinnere man sich an die verheerenden Bilder von der Bombardierung der Gaza-Bewohner in einem UN-Schutzraum während der *Operation Gegossenes Blei* der israelischen Armee (Dezember 2008 - Januar 2009):

> „Ihr sollt eure Feinde jagen, und sie sollen vor euch her dem Schwert verfallen. Fünf von euch sollen hundert jagen, und hundert von euch sollen zehntausend jagen; denn eure Feinde sollen vor euch her dem Schwert verfallen."
>
> *3. Buch Mose, 26:7-8*

> „Wenn dich der HERR, dein Gott, ins Land bringt, in das du kommen wirst, es einzunehmen, und er ausrottet viele Völker ... und wenn sie der HERR, dein Gott, vor dir dahingibt, dass du sie schlägst, so sollst du an ihnen den Bann vollstrecken. Du sollst keinen Bund mit ihnen schließen und keine Gnade gegen sie üben."
>
> *5. Buch Mose, 7:1-2*

> „Aber in den Städten dieser Völker hier, die dir der HERR, dein Gott, zum Erbe geben wird, sollst du nichts leben lassen, was Odem hat, sondern sollst an ihnen den Bann vollstrecken ... wie dir der HERR, dein Gott, geboten hat."
>
> *5. Buch Mose, 20:16*

Unter Bibelwissenschaftlern besteht kein Zweifel, dass die hebräische Bibel einige hochbrisante, unethische Aussagen enthält, einige von ihnen nicht weniger als Aufrufe zum Genozid. Der katholische Theologe Raymund Schwager fand 600 Passagen expliziter Gewalt im Alten Testament zusammen mit 1.000 Passagen, die gewalttätige Bestrafungen durch Gottes eigene Hand beschreiben, sowie 100 Passagen, in denen Gott ausdrücklich befiehlt, Andere zu töten. Gewalt ist eine der am häufigsten erwähnten Tätigkeiten in der hebräischen Bibel.

Säkulare Israelis folgen nicht dem jüdischen Gesetz, doch irgendwie interpretieren sie kollektiv ihre jüdische Identität als eine biblische Mission, was vielleicht einiges Licht auf die Massaker der israelischen Armee (IDF) in den vergangenen paar Jahren in Gaza und Libanon wirft. Die IDF setzte todbringende Waffen, wie Cluster-Bomben und weißen Phosphor gegen Zivilisten ein, als ob ihr Hauptziel wäre, zu „zerstören" und „keine Gnade zu üben". Es hat den Anschein, als ob das israelische Militär, als es das nördliche Gaza im Januar 2009 ausradierte, dem 5. Buch Mose 20:16 folgte, denn tatsächlich „ließen sie nichts leben, was Odem hat[te]". Doch warum sollte ein säkularer Kommandant Versen des *5. Buch Mose* oder irgendeinem anderen Bibeltext folgen?

Obwohl die meisten Juden nicht der Bibel folgen und viele nicht einmal ihren Inhalt kennen, ist der tödliche Geist der Schriften in das Wesen der modernen jüdischen politischen Diskurse eingezogen. Wer mit einer solchen Verallgemeinerung nicht einverstanden ist, mag dabei an den Bund und sein „progressives", säkulares, „ethisches" und kosmopolitisches Erbe denken, aber ein schneller Blick auf das Erbe des Bundes enthüllt, dass er sich nicht grundlegend vom Zionismus unterscheidet. Bundisten glauben, dass Juden, anstatt Palästinenser zu berauben, sich alle zusammenschließen und die wohlhabenden Klassen, die Starken, im Namen der Revolution der Arbeiterklasse enteignen sollten. Hier ist der Aufruf des Bundes zur Tat, entnommen seiner Hymne „Der Schwur":

Wir schwören, unser unerschütterlicher Hass bestehe fort,
Gegen die, die den Armen berauben und töten:
Den Zar, die Herren, Kapitalisten.
Unsere Rache wird schnell und sicher sein.
So schwört zusammen, zu leben oder zu sterben!

Ersichtlich gilt die Konfiszierung der Häuser und des Reichtums der Reichen als ethischer Akt, zumindest im Diskurs der Bundisten – mehr zu besitzen ist ein Verbrechen.

Als junger Mann nahm ich selbst an einigen jüdischen Paraden für die gerechte Sache teil, bereit mein Schwert zu ergreifen und mich der Jagd auf einen Zar, Kapitalisten oder auf irgendeinen anderen Feind anzuschließen, der mir über den Weg laufen könnte. Aber dann geschah das Unvermeidliche: Ich wurde erwachsen. Ich erkannte, dass eine solche Rache gegen eine ganze Klasse reicher Gojim nichts anderes ist als nur eine Verlängerung von Gottes Aufforderungen aus dem Munde des Mose in dessen 5. Buch.

Wie wir sehen können, ist die jüdische moderne politische Ideologie sowohl auf der Linken wie auf der Rechten von Hass durchtränkt. Man muss zustimmen, dass zumindest unter ethischem Aspekt, das Stehlen – gleich ob von Palästinensern, Irakern oder sogar vom Zar ein verwerflicher Akt ist.[72] Diebstahl beinhaltet eine grundsätzliche Missachtung des Anderen auf der Grundlage einer inhärenten Selbstgerechtigkeit.

Was unethische Praxis anbelangt, so lässt sich der Unterschied zwischen Judentum und modernem jüdischen Nationalismus wie folgt illustrieren: Während der jüdische biblische Kontext voller Erwähnung von Gewalttaten ist, die üblicherweise im Namen Gottes begangen werden, töten und rauben hingegen die Juden im modernen jüdischen nationalen und politischen Kontext in ihrem eigenen Namen, im Namen der Selbstbestimmung, „der Politik der Arbeiterklasse", „des jüdischen Leidens" und nationaler Bestrebungen. Dies ist der ultimative Erfolg der jüdischen nationalen Revolution: Sie lehrte die Juden, an sich selbst zu glauben. „Der Israeli" raubt im Namen der „Heimkehr", der progressive Jude im Namen von „Marx" und der „moralische Interventionist" mordet im Namen der „Demokratie".

Der Wandernde – WER?

Gilad Atzmon

Historizität & Faktizität kontra Phantasie & Phantasma

Kapitel 16

Trauma-Königin

Vor ein paar Jahren übersandte mir eine amerikanische jüdische Feministin und Wissenschaftlerin eine Bitte um ein Interview. Ich liebe Interviews – sie ersparen mir, zu Psychologen gehen zu müssen. Die Frau Professor stellte sich als Spezialistin für „Gender-Forschung" vor, eine weitere postmodernistische Disziplin, der es nicht gelingt, meinen Intellekt zu inspirieren. Ich war jedoch neugierig zu erfahren, was eine Person wohl bieten würde, die auf dem Gebiet des Frau-Seins akademisch qualifiziert war.

Einige Tage später erschien ein Fragebogen in meiner Emailbox. Die Professorin hatte eine Menge Fragen zu meiner militärischen Erfahrung und meinem „posttraumatischen" Status geschickt. Offensichtlich war sie davon überzeugt, dass ich ein Fall posttraumatischer Belastungsstörung (*Post-traumatic Stress Disorder – PTSD*) war. Ich gebe zu, dass ich überrascht war– aus dem sehr guten Grund, dass ich nie mit irgendjemandem über meine „posttraumatischen" Symptome gesprochen habe - und zwar weil ich bis zum damaligen Zeitpunkt nie gemerkt hatte, dass ich unter irgendwelchen traumatischen Störungen gelitten hätte.

Ihr Ansatz interessierte und reizte mich. Anscheinend verglich sie Fälle von Post-TSD bei ehemaligen Soldaten mit traumatisierten weiblichen Vergewaltigungsopfern. Gleichzeitig fragte ich mich, wie es ihr gelungen war, mich als geeigneten Kandidaten für ihre Forschung zu identifizieren. Mir wurde dann klar, dass ihre Wahrnehmung von mir als traumatisierter Person wahrscheinlich das Ergebnis ihrer Begegnung mit meinem ersten Roman *„Anleitung für Zweifelnde"* war.

In dem Buch beschreibe ich die Kriegserfahrung des Protagonisten Günter Wunker. Mitten in der Schlacht wird Günter von Angst geschüttelt und findet hinter einem Felsen Zuflucht. Schließlich schießt er sich bei einem chaotischen Angriff ins Bein. Ich erinnere mich an den Kick, den ich beim Schreiben dieser Zeilen empfand – es klang alles dicht und realistisch. In meinem Leben habe ich viele Kriegsfilme gesehen und viele Bücher über den Krieg gelesen.

Ich war selbst einem Schachtfeld nahe genug gewesen und hatte wissensdurstig viele Soldaten interviewt, aber ich war nie selbst in einer Schlacht gewesen. Als für mich die Zeit kam, meinem Land zu dienen und mein Leben auf dem jüdischen Altar zu opfern, knickte ich ein; ich fühlte mich meinen verschiedenen Organen mehr und mehr verbunden, besonders denjenigen, die so lebenslustig herausragen.

Günters Erfahrung auf dem Schlachtfeld war also offensichtlich *fiktiv*. Sie hatte nicht mit meiner eigenen persönlichen Erfahrung beim Militär zu tun. Ich habe alles *erfunden*. Das ist halt, was Romanschriftsteller so machen. Doch muss diese eine besondere Szene auf die amerikanische Professorin authentisch gewirkt haben. Sie schien zu glauben, dass Günter ein literarisches Vehikel für meine eigene Geschichte war.

Als ich mich mit der Frage meines vermeintlichen, durch das Militär ausgelösten Traumas auseinandersetzte, wurde mir klar, dass ein „Trauma" und ein traumatisches biografisches Ereignis zwei verschiedene Kategorien sind, die nicht notwendigerweise miteinander zusammenhängen. Ich erinnerte mich wieder an meine Armeeerfahrung und die darauf folgenden Jahre und fand heraus, dass es einen Schrecken gibt, für dessen Überwindung ich Ewigkeiten brauchte. Bis in meine frühen 30er fielen in meinen Träumen gelegentlich über mir Bomben. Im Traum rannte ich über ein endloses, offenes Feld um mein Leben. Ich konnte deutlich syrische MIG-Kampfflugzeuge ausmachen, die manchmal so tief flogen, dass die Gesichter der Piloten zu sehen waren. Die Bomben wurden in riesigen Mengen abgeworfen. In meinen Träumen rannte ich im Zickzack, den Kopf nach oben verdreht, um nach dem tödlichen Eisen Ausschau zu halten. Ich sprintete, fiel, kroch, stand wieder auf, lief weiter, ließ mich fallen, stürzte und hetzte wieder weiter. In meinen Nächten raste ich durch brennende Felder und wich Schrapnells aus, bis mir schließlich eine der Bomben auf den Kopf fiel, woraufhin ich erwachte, durch die Flammen zwar unverletzt, aber in kaltem Schweiß gebadet. Die Albträume verschwanden bald, nachdem ich Israel verlassen hatte; seit sehr langer Zeit hatte ich keinen mehr.

Es ist jedoch der Hinweis wichtig, dass ich in meinem Leben niemals einem Luftangriff ausgesetzt war. Nicht ein einziges feindliches Flugzeug hat mich je gejagt oder bombardiert. Meine Bombenträume waren keine Reaktion auf irgendein reales, objektives Ereignis, ganz im Gegenteil – sie waren wahrscheinlich die Reaktion auf ein *Nicht-Ereignis*.

Soweit sich diese Träume nicht als Ergebnis einer Angst vor Impotenz oder einer anderen Sorge aufgrund einer libidinösen Regression interpretieren lassen, habe ich eine Vermutung, wo und wie ihre Samen gesät wurden. Während des Libanon-Krieges 1982 wurde uns einmal als Teil eines Konvois zu den Chouf-Bergen in einem vermutlichen Luftalarm befohlen, aus den Safari-LKWs zu springen. Als Haufen ahnungsloser Soldaten wussten wir wenig über Luftangriffe; wir machten es einfach den Kämpfern um uns herum nach und gruben uns in ein offenes Feld ein, suchten Schutz und beteten zu Gott. Die syrischen Flugzeuge kamen nie bis zu unserem Konvoi, aber der unaufgelöste Terror verfolgte mich noch lange. Er formulierte sich zu einem imaginären Diskurs, gesättigt mit Symbolismen, traumatischen Implikationen und einem schweißnassen Ende.

Dieser Schrecken fand vielleicht seinen Weg in meinen Roman. Bei der Wiedergabe von Günters Horror durchlebte ich noch einmal diese Furcht, die selbstkonstruiert war, ein Produkt meiner eigenen Psyche. Ich habe die Szene nur aufgeblasen.

Die amerikanische Wissenschaftlerin, die versehentlich Günters Horror als Ausdruck eines biografischen, persönlichen Traumas interpretierte, öffnete mir die Augen für das Wesen des

Traumas selbst. Ich wurde irgendwie misstrauisch gegenüber „traumatisierten Personen" und noch misstrauischer gegenüber „traumatisierten Nationen". Ich erkannte, dass ein Traumazustand nicht unbedingt eines „realen" Katalysators in Gestalt objektiver biographischer Erfahrung bedarf. Biografie ist eine Form von Täuschung, die Projektion einer nachträglichen Reihe von Ideen, Gefühlen und Gedanken. Sie bietet die Vergangenheit, die wir haben wollen und nicht die Vergangenheit, die wir durchlebt haben. (Mein zweiter Roman *„My One and Only Love"* war in der Tat der Versuch einer Kritik an dem Konzept persönlicher Biografie und persönlicher Erzählungen. Die Handlung ist entlang dreier paralleler Erzählstränge konstruiert, die sich alle auf dieselben historischen Ereignisse beziehen, aber völlig verschiedene biografische Darstellungen geben.)

Anders als viele Experten für posttraumatische Belastungsstörungen (PTSD) tendiere ich dazu, die magische Verbindung zwischen Trauma und Biografie abzulehnen. Trauma impliziert nicht unbedingt ein verifizierbares traumatisches Ereignis. Die Tatsache, dass ein paar Wissenschaftler ihre Analyse der israelischen Identität auf eine Art kollektiven jüdischen Traumas gründen, bedeutet nicht, dass Juden tatsächlich durch ihre Vergangenheit traumatisiert sind. Es ist viel wahrscheinlicher, dass sie durch ihre imaginäre Zukunft traumatisiert werden.

Prätraumatisches Gassyndrom

Einer der erschreckendsten Momente in Steven Spielbergs *Schindlers Liste* ist zweifellos die Gaskammer-Sequenz. Zuvor hatten in dem Film Gerüchte die Runde gemacht, wonach Juden durch Vergasen getötet würden. Nun werden ängstliche Frauen nackt in die Duschen von Auschwitz geschickt. Wir folgen ihrem Todesmarsch; wir sind mit der symbolischen Ordnung des Holocausts vertraut, wir wissen alle, wofür „Duschen" stehen. Wir erwarten ein Nazi-Mordverbrechen. Einen Augenblick später sind wir ebenso erleichtert wie die Frauen, als anstelle von *Zyklon B* Wasser auf ihre Köpfe niedergeht. Die Wirkungskraft des filmischen Moments liegt allein in dem Zwiespalt zwischen dem prätraumatischen Bildnarrativ und der Realität auf der Leinwand. Mit anderen Worten, das Trauma geht dem traumatischen Ereignis voran; das Trauma selbst gestaltet die Realität.

Ich wuchs unter Personen meines Alters auf, die darauf bestanden, traumatisiert zu sein: die „dritte Generation" nennen sie sich. Menschen wie ich selbst, die in den 1960ern oder später, lange nach der Befreiung von Auschwitz geboren wurden. Menschen, die behaupten, von Ereignissen in Mitleidenschaft gezogen worden zu sein, die weder sie noch ihre Eltern erlebt hatten. Ist das nicht seltsam? Wie ich hier deutlich machte, wurde ich selbst von einem Luftangriff gequält, der nie stattfand. Der Unterschied ist, dass ich aufgehört habe, die syrische Luftwaffe zu beschuldigen, diese Bilder eines Luftangriffs in meine Träume geschleust zu haben.

Das prätraumatische Stresssyndrom (Prä-TSS) ist ein Fundamentalgrundsatz der jüdischen und israelischen Kultur. Junge Israelis werden von verschiedenen zionistischen Organisationen zu dem Zweck nach Auschwitz transportiert, dass sie zu traumatisierten jüdischen Erwachsenen heranreifen. Diejenigen, die für den Fortbestand dieser „pädagogischen" Fahrten sorgen, wissen, dass Trauma ein mächtiges Mittel ist, um die zionistische Erzählung aufrechtzuerhalten. Unglücklicherweise ziehen die israelischen Jugendlichen nach ihrer Rückkehr die falsche Lektion und treten in die israelische Armee (IDF) ein. Anstatt empathische Gefühle für die Opfer der Unterdrückung, d.h. die Palästinenser, zu entwickeln, scheint die gequälte israelische Jugend vielmehr die SS-Brutalität zu imitieren. „Niemals wieder", sagen sie und verbreiten dann Elend um sich herum.

Im Jahre 2006 schaffte es der israelische Journalist Yair Sheleg, einen exemplarischen Fall des prätraumatischen Stresssyndroms zu illustrieren:

> „Es ist schwer zu glauben, aber nur 60 Jahre nach dem Holocaust befinden sich jüdische Menschen wieder in der Gefahr, vernichtet zu werden – zumindest in ihrem eigenen

> Staat, wo 40 Prozent der Juden weltweit konzentriert sind. Der Beweis für den Ernst der Gefahr lässt sich nicht nur in den ausdrücklichen Drohungen des Präsidenten Irans finden, die durch ein Waffenprogramm gestützt werden, welches die Mittel beschaffen würde, sie auch auszuführen. Er lässt sich auch in jüngsten Artikeln in der europäischen Presse entdecken, die die Möglichkeit eines „Verschwindens" von Israels als eine vernünftige „Arbeitshypothese" diskutieren. Ein zusätzlicher Beweis für den Grad der Bedrohung liegt in der Tatsache, dass Israel nicht nur das einzige Land der Welt ist, das mit Zerstörung bedroht wird, es ist auch der einzige Staat, dessen Existenzrecht im Brennpunkt internationaler Meinungsumfragen steht, wobei viele Befragte mit Nein antworten. Dies ist eine Ehre, die nicht einmal Iran, Nordkorea und dem Südafrika der Apartheid-Ära je zuteil wurde."[73]

Obgleich es sein mag, dass eine wachsende Anzahl von Menschen Israels Ende sehen wollen, verlangt niemand in politischen oder Medienkreisen die Vernichtung der Juden oder der israelischen Menschen. Die fest eingeschliffene judäozentrische Tendenz, fast jede politische und ideologische Kritik als Ankündigung eines bevorstehenden Judäozids auszulegen, stellt eine schwere Form kollektiven prätraumatischen Stresssyndroms (Prä-TSS) dar.

Ist Prä-TSS nur ein anderer Name für Paranoia? Ich würde sagen, nein. An Paranoia leidende Personen inspirieren uns zu Sympathie oder Mitleid. Paranoide sind Opfer ihrer eigenen Symptome. Wer andererseits an Prä-TSS leidet, zelebriert in Wirklichkeit seine Symptome auf Kosten Anderer. Bei Paranoia können wir klar bestimmen, dass der an ihr Leidende in einer Wahnwelt gefangen ist. Diejenigen mit Prä-TSS hingegen sind vermeintlich gesund, sie sind immer auf der Hut, scheinen sehr zielstrebig. Oft glauben wir letztendlich die Behauptungen der Prä-TSS'ler, Opfer eines eingebildeten zukünftigen Verbrechens zu sein, und beteiligen uns somit an jemandes anderen Zerstörungsphantasie. Im Falle von Prä-TSS sind wir die Adressaten, solange wir schweigen. Sobald wir aber unsere Stimmen erheben, um darauf hinzuweisen, dass das imaginäre zukünftige Verbrechen erst noch geschehen muss und vielleicht nie geschieht, werden wir selbst sofort als Teil des Verbrechens eingestuft.

Die allgemeine Stimmung in Israel findet in solchen Personen wie Sheleg beredten Ausdruck und spiegelt sich in den Katastrophenszenarien wieder, wie sie von solchen Parteien wie dem American Jewish Committee zu Irans nuklearen Ambitionen vorgebracht werden. Israel und seine Lobbys sind öffentlich darauf fixiert, dass die nukleare *Shoah* kommen wird. Diese pathologische Besessenheit ist angesichts der Tatsache kurios, dass die Hisbollah es schaffte, die mächtige IDF im Libanon (2006) mit nur leichten Waffen und klugen und geschickten Taktiken zu besiegen. Es gelang ihr auch, die israelische Gesellschaft mit nichts anderem als Katyusha-Kurzstreckenraketen in Panik zu versetzen. Tatsächlich brauchen Israels Feinde das Land gar nicht mit Atomwaffen anzugreifen – alles, was sie tun müssen, ist, eine Botschaft an die Juden der Welt zu richten, dass Israel alles andere als eine Zuflucht ist. Das ist nämlich, was arabischer und islamischer Widerstand wirklich ist: eine metaphysische Botschaft und kein Aufruf zum Judenmord.

Interessanterweise ist die von der Gemütsverfassung des Prä-TSS bestimmte Vernichtungsangst nur ein weiterer Fluchtweg aus der Realität. Anstatt sich einer unmittelbaren Gefahr seitens Hisbollah, Hamas und dem islamischen Widerstand zu stellen, zieht Israel es vor, ein hirngespinstiges Trauma zu vergrößern. Die Israelis haben nicht die Schrift auf der Wand gelesen. Anstatt in den Spiegel zu schauen und ihre Fehler ausfindig zu machen (die mittlerweile schon zu moralischem Bankrott herangewuchert sind), ziehen sie es vor, sich der Phantasie eines nuklearen Judäozids hinzugeben. Anstatt in ethischen Begriffen zu denken, ergeben sie sich dem flachesten, materialistischen Diskurs, der sich nur um ein illusionäres Thema dreht, nämlich um die „Zerstörung des Ich".

Projektion und Prä-TSS

Nach dem 2. Libanon-Krieg berichtete ein Kommandant einer IDF-Raketeneinheit im Libanon der Zeitung *Ha'aretz*: „Was wir taten, war irrsinnig und monströs; wir deckten ganze Städte mit Streu-Splitterbomben ein ... Die IDF feuerten rund 1.800 Clusterbomben, die über 1,2 Millionen Streubömbchen enthielten."[74]

Da derzeitig niemand dazu aufruft, die Israelis ins Meer zu werfen oder sie mit Atomwaffen anzugreifen, muss die Neigung der Israelis, Muslime und Araber solcher mörderischen Tendenzen zu bezichtigen, als *Projektion* verstanden werden. Die Personen, die 2006 mehr als eine Million Clusterbomben auf den Libanon herabregnen ließen und Gaza mit weißem Phosphor überschütteten (2008-2009), projizieren ihren eigenen mörderischen Eifer auf ihre Opfer und sogar auf ihre zukünftigen Opfer. Diese Dynamik ist leicht erklärbar. Je mehr Schmerz wir anderen zufügen, desto vertrauter werden wir mit dem Bösem, mit Aggression und Brutalität. Je grausamer wir gegenüber anderen sind, desto mehr versetzt uns die Möglichkeit in Schrecken, das Objekt unserer Brutalität könnte ebenso gemein wie wir sein. Freud nennt es Projektion. Otto Weininger verfeinerte es: „Wir hassen in anderen, was wir in uns selbst nicht mögen." Die Dynamik der Projektion wird verstärkt, sobald das Objekt unseres Terrors ohne Hoffnung und Verteidigung ist.

Die israelische Behandlung der Palästinenser ist ein verheerendes Beispiel dafür. Je hoffnungsloser und verzweifelter die Palästinenser sind, desto bösartiger und brutaler wird der Israeli. Und doch: Je niederträchtiger und grausamer der Israeli ist, desto mehr wird er von „Terror" umgetrieben. In Wirklichkeit werden die Israelis von ihrer eigenen Grausamkeit in Angst und Schrecken gehalten. Es ist der Terror in ihnen selbst, der sie am meisten entsetzt.

Der jüngste kaltblütige Mord an neun Friedensaktivisten auf hoher See durch Angehörige eines Spezialkommandos der israelischen Marine *(Shajetet 13)*[73] brachte diese tödliche Dynamik auf erschreckende Weise an den Tag. Diese erstaunliche Attacke wurde durch eine imaginäre Terrordrohung (Prä-TSS) verursacht. Die Grausamkeit der israelischen Kommandoeinheit wurde verstärkt angesichts der unschuldigen Transparenz der Gaza-Flotte.

Man mag sich fragen, ob es aus diesem Teufelskreis ein Entrinnen gibt. Gibt es irgendwelche Mittel, die illusionäre Angst abzubauen, der Andere könnte eventuell ebenso brutal sein, wie ich es tatsächlich bin? Ich nehme an, dass „die andere Wange hinhalten" ein wirkungsvoller Weg ist, dem alttestamentarischen „Auge um Auge" zu trotzen. Die andere Wange hinzuhalten, ist gemeinhin als eine Weise anerkannt, einem Aggressor entgegenzutreten. Sie könnte jedoch auch die einzig mögliche Weise sein, den „inneren Terror" aufzuheben, jene Aggression, die in uns brodelt, wenn wir rachsüchtig werden. Sie kann sich auch bei der Entschärfung unserer Wut angesichts einer imaginären Bedrohung als sehr wirkungsvoll erweisen. An ihre Stelle setzen wir ein Akzeptieren, wir entwaffnen uns selbst. Wir geben dem Frieden eine Chance.

Humoristisches Zwischenspiel

> Jüdisches Telegramm: „Fangt an, euch Sorgen zu machen, Einzelheiten folgen." - *Alter Witz*

Der obige Witz – älter als Israel und wahrscheinlich so alt wie der Telegraf selbst – bezieht sich auf die Dialektik der Angst, welche die jüdische politische und ideologische Denkweise beherrscht. Seit den frühen Tagen der Emanzipation beuten jüdische Führer die Angst politisch aus. Es ist jedoch möglich, dass im Laufe des durch die Aufklärung und die französische Revolution eingeleiteten Prozesses jüdischer Säkularisierung und Emanzipation die Angst vor einem imaginären Unheil an die Stelle der Furcht vor Gott, dem Allmächtigen, dem Gott Sodoms und Gomorrhas trat, der ohne Gnade tötet. Sollte dies tatsächlich der Fall sein, ließe sich „Angst" als einer der vielen modernen jüdischen Götter erkennen und das prätraumatische Stresssyndrom als moderne jüdische „gottesdienstliche" Praxis.

Kapitel 17

Der wandernde – WER?

Der Historiker Professor Shlomo Sand von der Universität Tel Aviv eröffnet seine bemerkenswerte Studie des jüdischen Nationalismus „Die Erfindung des jüdischen Volkes" mit einem Zitat von Karl Deutsch: „Eine Nation ... ist eine Gruppe von Personen, geeint durch einen gemeinsamen Irrtum über ihre Abstammung und eine gemeinsame Abneigung gegen ihre Nachbarn."[76]

So einfach oder sogar simplifizierend das Zitat klingen mag, fasst es jedoch eloquent den modernen jüdischen Nationalismus und insbesondere das Konzept der jüdischen Identität zusammen. Es zeigt mit dem Finger auf den kollektiven Fehler, den Juden zu begehen neigen, wann immer sie von ihrer illusorischen „kollektiven Vergangenheit" oder ihrem „kollektiven Ursprung" sprechen.

In seinem Buch wirft Sand ernsthafte Zweifel daran auf, dass das jüdische Volk je als Nation oder Rasse existierte und jemals einen gemeinsamen Ursprung besaß. Vielmehr ist es eine bunte Mischung von Gruppen, die in verschiedenen Stadien der Geschichte die jüdische Religion annahmen. Wann wurde also das jüdische Volk „erfunden"? Sands Antwort: „In einer gewissen Phase des 19. Jahrhunderts übernahmen unter dem Einfluss des völkischen Charakters des deutschen Nationalismus Intellektuelle jüdischen Ursprungs die Aufgabe„ ein Volk ‚retrospektiv' zu erfinden, weil es sie danach dürstete, ein modernes jüdisches Volk zu schaffen."[77]

Demnach ist das „jüdische Volk" ein erfundener Begriff, bestehend aus einer imaginären Vergangenheit, für die es sehr wenig Unterstützung durch forensische, historische oder textliche Beweise gibt. Ferner kommt Sand aufgrund seiner Arbeit mit frühen Quellen aus dem Altertum zu dem Schluss, dass das jüdische Exil ebenfalls ein Mythos ist und dass die heutigen Palästinenser mit weit größerer Wahrscheinlichkeit die Nachfahren des antiken semitischen Volkes in Judäa/Kanaan sind als die moderne aschkenasische Menschengruppe vorwiegend khazarischen Ursprungs, der er nach eigenem Eingeständnis selbst angehört.

Hitler hat zum Schluss doch noch gewonnen

Angeblich säkulare, kosmopolitische Juden erwidern oft auf die Frage, was sie denn jüdisch macht: „Hitler machte mich zu einem Juden." Obwohl „Kosmopoliten", die nationale Neigungen eines anderen Volkes ablehnen, bestehen jüdische Kosmopoliten aus irgendeinem Grunde auf ihrem eigenen Recht auf „Selbstbestimmung". Eigentlich sind es nicht sie selbst, die im Zentrum dieser einzigartigen Forderung nach nationaler Orientierung stehen, sondern der Teufel, das Erzmonster und Antisemit Adolf Hitler. Augenscheinlich können kosmopolitische Juden ihren nationalistischen Rechtsanspruch zelebrieren, solange Hitler die Schuld gegeben werden kann. Demnach hat Hitler am Ende doch gewonnen.

Shlomo Sand beleuchtet dieses Paradox. Er trifft die aufschlussreiche Feststellung, dass „es in Europa Zeiten gab, in denen jeder, der die Meinung vertrat, alle Juden gehörten einer Nation fremden Ursprungs an, sofort als Antisemit eingestuft wurde. Heutzutage wird sofort jeder als Judenhasser denunziert, der die Bemerkung wagt, dass die in der Welt als Juden bekannten Menschen (im Unterschied zu den heutigen Israelis) niemals ein Volk oder eine Nation waren und es auch immer noch nicht sind."[78] In Israel feiern Juden ihre einzigartige Verschiedenheit von anderen Völkern. Selbst noch die jüdischen Antizionisten überhöhen die Merkmale, die sie von anderen Friedensaktivisten unterscheiden.

Nationalismus und jüdischer Nationalismus

Louis-Ferdinand Céline schrieb, dass im Mittelalter die Ritter zwischen größeren Kriegen einen sehr hohen Preis für ihre Bereitschaft verlangten, im Namen ihrer Königreiche zu sterben; im zwanzigsten Jahrhundert hingegen stürmten junge Menschen *en masse* in den Tod, ohne etwas dafür zu fordern. Um diesen Umschwung im Massenbewusstsein nachzuvollziehen, ist ein aussagekräftiges, methodisches Modell erforderlich, das uns ein Verständnis dessen erlaubt, was Nationalismus ist.

Wie Karl Deutsch betrachtet Sand Nationalität als ein imaginäres Narrativ. Anthropologische und historische Untersuchungen zu den Ursprüngen verschiedener sogenannter „Völker" und „Nationen" führen peinlicherweise dazu, dass jegliche Ethnizität und ethnische Identität verdunstet. Von daher ist die Entdeckung recht interessant, dass viele Juden dazu neigen, ihren eigenen ethnischen Mythos sehr ernst zu nehmen. Für diese Beharrlichkeit kann ich mir zwei mögliche Erklärungen denken. Eine wurde vor Jahren von dem israelischen Wissenschaftler Benjamin Beit-Hallahmi angeboten. Zionismus, sagt er, war da, um die Bibel von einem spirituellen Text in ein „Grundbuch" zu transformieren. Die zweite Erklärung ist psychoanalytisch: Es ist im Grunde der Mangel an Faktizität oder an einem kohärenten historischen Bericht, der zur Entstehung solch eines trügerischen Märchens, eines solch starken Willens und der daraus folgenden pragmatischen Agenda führt.

Der fehlende ethnische Ursprung hält Menschen nicht davon ab, eine ethnische oder nationale Zugehörigkeit zu empfinden. Die Tatsache, dass Juden bei weitem nicht das sind, was sich als „Volk" bezeichnen ließe, hindert Generationen von Israelis und/oder Juden nicht daran, sich selbst als die Söhne und Töchter von König Salomo oder Samson zu identifizieren.

In den 1970ern veröffentlichte Shlomo Artzi, damals noch ein junger israelischer Sänger, der einst Israels größter Rockstar aller Zeiten werden sollte, *„Pitom Kam Adam"* („Plötzlich wacht ein

Mann auf"), ein Lied, das binnen Stunden ein durchschlagender Hit wurde. Hier ist die Übersetzung der ersten Zeilen:

Plötzlich wacht ein Mann am Morgen auf /
Er fühlt, dass er eine Nation ist, und macht sich auf den Weg /
Und jedem, den er auf dem Weg trifft /
Ruft er zu: "Schalom".

In seinem Liedtext drückt Artzi auf unschuldige Weise gewissermaßen die Plötzlichkeit der Verwandlung der Juden in „ein Volk“ aus. Gleichzeitig leistet Artzi jedoch einen Beitrag zu dem illusorischen Nationalmythus der „friedliebenden Nation“. Der israelische Sänger hätte spätestens damals wissen sollen, dass jüdischer Nationalismus ein gewalttätiger, expansionistischer Akt auf Kosten des einheimischen palästinensischen Volkes war, der nicht jedem ein *Schalom* (Frieden) zuruft – außer den Supermächten.

Es gibt keine jüdische Geschichte

Es ist eine erwiesene Tatsache, dass zwischen dem ersten und frühen neunzehnten Jahrhundert praktisch keine jüdischen historischen Texte geschrieben wurden. Dass das Judentum auf einem religiösen historischen Mythus basiert, mag etwas damit zu tun gehabt haben. Eine angemessene gründliche Untersuchung der jüdischen Vergangenheit war niemals ein Hauptanliegen der rabbinischen Tradition – der fehlende Bedarf an einer methodischen Bemühung in dieser Richtung ist eine mögliche Erklärung dafür. Für Juden in der Antike und im Mittelalter fand sich in der Bibel genug, um die wichtigsten Fragen des alltäglichen Lebens, jüdischer Sinngebung und jüdischen Schicksals zu beantworten. In Sands Formulierung: „Eine chronologische Abfolge von Geschehnissen war der (jüdischen) Zeit im Exil fremd – ein Zustand konstanter Wachsamkeit mit dem Blick auf den lang ersehnten Moment, an dem der Messias erscheinen würde."[79] Dieser offensichtliche Mangel jüdischen Interesses an Geschichte, historischer Wahrhaftigkeit und Chronologie ist für das Verständnis der jüdischen politischen Identität entscheidend.

Im Lichte der deutschen Säkularisierung, Urbanisierung und Emanzipation und angesichts der schwindenden Autorität rabbinischer Führer erhob sich unter den erwachenden jüdischen Intellektuellen das Bedürfnis nach einer alternativen „Sache": Emanzipierte Juden stellten sich die Frage, wer sie waren und woher sie kamen. Sie begannen auch über die Rolle der Juden in der sich rasch öffnenden europäischen Gesellschaft zu spekulieren.

1820 veröffentlichte der deutsch-jüdische Historiker Isaak Markus Jost (1793-1860) seit fast zweitausend Jahren das erste ernsthafte historische Werk über Juden, nämlich *„Die Geschichte der Israeliten"*. Jost vermied die biblische Ära, zog es vor, seine Reise mit dem Königreich Juda zu beginnen, und stellte auch eine historische Darstellung der verschiedenen jüdischen Gemeinschaften auf der ganzen Welt zusammen. Er erkannte, dass die Juden seiner Zeit kein ethnisches Kontinuum bildeten, und erfasste, dass Israeliten von Ort zu Ort ziemlich verschieden waren. Deshalb glaubte er, dass es nichts gäbe, was Juden von einer vollständigen Assimilation abhielte, und dass sowohl Deutsche als auch Juden im Geist der Aufklärung sich von unterdrückerischen religiösen Institutionen abwenden und eine gesunde Nation auf der Grundlage eines wachsenden, geografisch orientierten Zugehörigkeitsgefühls bilden würden.

Obgleich sich Jost der Evolution des europäischen Nationalismus bewusst war, waren seine jüdischen Zeitgenossen eher unglücklich über seine liberale, optimistische Sichtweise der jüdischen Zukunft. „Von dem Historiker Heinrich Graetz an begannen jüdische Historiker die Geschichte des Judentums als die einer Nation zu zeichnen, die ein „Königreich" gewesen war, ins „Exil" verbannt wurde, zu einem umherwandernden Volk wurde und schließlich umkehrte und an ihren Geburtsort zurückging."[80]

Für den deutsch-jüdischen, sozialistischen Philosophen Moses Hess war es ein Rassenkampf und kein Klassenkampf, der die Gestalt Europas definieren würde. Dementsprechend meinte er, Juden sollten sich Gedanken über ihr kulturelles Erbe und ihren ethnischen Ursprung machen. Für Hess war der Konflikt zwischen Juden und Nichtjuden das Ergebnis einer rassischen Differenzierung und somit unvermeidlich.

Der ideologische Weg der pseudowissenschaftlichen rassistischen Orientierung von Hess zum zionistischen Historizismus ist klar. Wenn Juden tatsächlich eine fremde rassische Entität sind (wie Hess, Jabotinsky und andere glaubten), dann sollten sie besser die Rückkehr in ihr natürliches Heimatland – Eretz Israel – anstreben. Aber die Annahme eines rassischen Kontinuums von Hess wurde wissenschaftlich nicht bestätigt.

Zur Aufrechterhaltung der entstehenden fiktionalen Geschichte musste ein Mechanismus zur orchestrierten Leugnung konzipiert werden, um zu verhindern, dass sich gewisse peinliche störende Fakten ins Bild schoben.

Der neue Israelit, die Bibel und Archäologie

In Palästina waren die neuen Juden und später die Israelis entschlossen, das Alte Testament zu rekrutieren und es in den Einheitskodex des zukünftigen jüdischen Volkes zu verwandeln. Die „Nationalisierung" der Bibel pflanzte in die Köpfe junger Juden die Idee, dass sie die direkten Nachkommen ihrer großen, antiken Vorfahren waren. In Anbetracht der Tatsache, dass die Nationalisierung weitgehend eine säkulare Bewegung war, wurde die Bibel ihrer spirituellen und religiösen Bedeutung entkleidet. Stattdessen wurde sie als historischer Text betrachtet, der eine „reale" Kette vergangener Ereignisse schildert.

Durch ihre heroischen Vorfahren lernten die neuen nationalistischen Juden, sich selbst zu lieben und andere zu hassen, und diesmal hatten sie die militärische Macht, ihren Nachbarn wirklichen Schmerz zuzufügen. Noch beunruhigender war die Tatsache, dass anstelle einer übernatürlichen Wesenheit (nämlich Gott), die ihnen gebot, in das „verheißene Land" einzufallen und Genozid an der dortigen einheimischen Bevölkerung zu verüben, sie selbst es waren, die im Projekt jüdischer nationaler Wiedererweckung – Herzl, Jabotinsky, Weizmann, Ben Gurion, Sharon, Peres, Barak, Netanyahu, Liebermann usw. – das Vertreiben und Töten beschlossen. Gott tötete nicht mehr im Namen des jüdischen Volkes, die Juden taten es. Sie taten es mit jüdischen Symbolen, die ihre Flugzeuge und Panzer schmückten, und befolgten Befehlen, die auf Hebräisch, der frisch restaurierten Sprache ihrer Vorfahren, erteilt wurden.

Das zionistische Kidnapping der Bibel war eigentlich eine verzweifelte jüdische Antwort auf die deutsche Frühromantik. So sehr jedoch die deutschen Philosophen, Architekten und Künstler des 19. Jahrhunderts ideologisch und ästhetisch von dem vorsokratischen Griechenland begeistert waren, so wussten sie doch sehr wohl, dass sie nicht die (biologischen) Söhne und Töchter des Hellenismus waren. Die jüdischen Nationalisten trieben ihr Projekt noch einen Schritt weiter, indem sie sich in Blutsbande mit ihren mythischen Vorvätern einreihten; Hebräisch, ehemals eine heilige Sprache, wurde zu einer gesprochenen Alltagssprache. Die deutsche Frühromantik ging nie so weit.

Deutsche Intellektuelle des neunzehnten Jahrhundert waren sich auch völlig des Unterschieds zwischen Athen und Jerusalem bewusst. Für sie stand Athen für das Universale, ein episches Kapitel der Menschheit und des Humanismus. Im Gegensatz dazu stand Jerusalem als großartiges Kapitel tribaler Barbarei, eine Repräsentation des banalen, nicht universalen, monotheistischen, gnadenlosen Gottes, des Mörders von Alten und Kindern gleichermaßen. Die deutsche Frühromantik hinterließ uns Hegel, Nietzsche, Fichte, Heidegger und nur ein paar jüdische Selbsthasser, in erster Linie Weininger. Unter den Jerusalemern waren keine ideologischen Meisterdenker zu finden. Einige zweitrangige deutsch-jüdische Gelehrte versuchten, Jerusalem in der germanischen Exedra zu predigen, unter ihnen Hermann Cohen, Franz Rosenzweig und Ernst Bloch, aber sie bemerkten anscheinend nicht, dass ihre Bemühungen die Spuren des Jerusalem des Christentums trugen, das die deutsche Frühromantik verachtete.

Für die Bemühung, „Jerusalem" wiedererstehen zu lassen, wurde die Archäologie rekrutiert, um dem zionistischen Epos seinen erforderlichen „wissenschaftlichen" Unterbau zu verschaffen und das biblische Zeitalter mit dem aktuellen Zeitpunkt der Wiederweckung zu verbinden. Der wohl erstaunlichste Moment dieses bizarren Trends war im Jahre 1982 die „militärische Begräbniszeremonie" der Knochen des Shimon Bar Kochba, eines vor 2.000 Jahren verstorbenen jüdischen Rebellen. Unter der Aufsicht des obersten Militärrabbiners fand ein im Fernsehen übertragenes militärisches Begräbnis einer Kollektion vereinzelter Knochen statt, die in einer Höhle nahe des Toten Meeres gefunden worden waren. Im Endeffekt wurden so die mutmaßlichen Überreste einer Person des ersten Jahrhunderts als die eines Gefallenen der israelischen Streitkräfte behandelt – die Archäologie schweißte ihrer nationalen Rolle gemäß Vergangenheit und Gegenwart zusammen, während die *Galut* (Exil) übergangen wurde.

Es dauerte nicht lange, bis die Dinge eine andere Wendung nahmen. Mit wachsender Unabhängigkeit der archäologischen Forschung vom zionistischen Dogma sickerte die unangenehme Wahrheit durch. Es wurde unmöglich, die Authentizität biblischer Geschichten auf forensische Fakten zu gründen. Wenn etwas, dann *widerlegt* Archäologie die „Historizität" der Bibel: Das Buch ist laut nichtjüdischen Wissenschaftlern wie Thomas Thompson eine „späte Sammlung innovativer Literatur, geschrieben von einem begabten Theologen".

Wie Sand ausführt, ist das frühe biblische Narrativ bevölkert von Philistern, durchtränkt mit Aramäisch und Kamelen. Soweit die Ausgrabungen uns Aufschluss geben können, tauchen Philister nicht vor dem zwölften vorchristlichen Jahrhundert in der Region auf, Aramäisch erscheint erst ein Jahrhundert später und Kamele zeigten ihre lustigen Gesichter dort nicht vor dem achten Jahrhundert vor Christus. Zudem wurde in der Wüste Sinai nicht viel gefunden, was die Erzählung des legendären Auszugs aus Ägypten, des Exodus, bewiese – anscheinend marschierten 3 Millionen Hebräer, Männer, Frauen und Kinder, dort vierzig Jahre lang umher, ohne auch nur einen einzigen Matzeknödel zu hinterlassen. Ferner sieht die biblische Geschichte der Umsiedlung der Hebräer nach Kanaan und der Genozid an den das „Verheißene Land" bewohnenden *Gojim* (ein Genozid, den die heutigen Israeliten so erfolgreich imitieren) nur wie ein weiterer Mythos aus: Jericho, die bewehrte Stadt, die durch den Klang hebräischer Hörner und den übernatürlichen Eingriff des Allmächtigen dem Erdboden gleich gemacht wurde, war im dreizehnten Jahrhundert v. Chr. lediglich ein winziges Dorf.

Vor allem aber hält sich Israel für die Wiedergeburt des monumentalen Königreichs Davids und Salomons. Doch enthüllte eine Ausgrabung in der Jerusalemer Altstadt in den 1970ern, dass Davids Königreich nicht mehr als eine winzige Enklave war. Ein „Beweis" anhand von Material, das laut dem Archäologen (und zweiten Stabschef der IDF) Yigal Yadin bis zu König Salomo zurückverfolgt werden könnte, wurde später durch forensische Tests mittels Radiokohlenstoffdatierung (C14-Datierung) widerlegt.

Solche wissenschaftlich verifizierbaren Fakten stürzten zionistische Forscher in Verwirrung. Die Bibel ist Fiktion und nicht viel in ihr kann die Glorifizierung des jüdischen Volkes in Palästina in irgendeinem geschichtlichen Stadium belegen. Sie erscheint vielmehr als ideologischer Text, der derzeit erstellt wurde, um sozialen und politischen Zielen zu dienen.

Wer erfand die Juden?

Wer sind die Juden? Woher kamen sie? Wie kommt es, dass sie in verschiedenen historischen Perioden an so vielen verschiedenen und entlegenen Orten auftauchen?

Während die meisten zeitgenössischen Juden eisern davon überzeugt sind, dass ihre Vorfahren die biblischen Israeliten sind, die von den Römern brutal vertrieben wurden, ist die Wahrheit, dass die zeitgenössischen Juden nichts mit diesen antiken Israeliten zu tun haben, die auch nie ins Exil geschickt wurden – das römische Exil ist nur ein weiterer jüdischer Mythos.

Shlomo Sand hierzu: „Ich begann nach wissenschaftlichen Studien über die Exilierung aus dem Land [Israel] zu suchen, entdeckte aber zu meiner Überraschung, dass es keine Literatur dazu gibt. Der Grund ist, dass niemand die Menschen des Landes ins Exil schickte. Die Römer exilierten keine Völker und könnten es auch nicht bewerkstelligt haben, selbst wenn sie es wollten. Sie besaßen keine Züge und LKWs, um ganze Bevölkerungen zu deportieren. Diese Art von Logistik kam erst im 20. Jahrhundert auf. Aus diesem Anlass heraus wurde letztlich das ganze Buch geboren: und zwar in der Erkenntnis, dass die jüdische Gesellschaft nicht zertreut und ins Exil verschleppt wurde."[81]

Der Gedanke, dass die römische kaiserliche Marine 7 Tage in der Woche rund um die Uhr schuftete, um Moischele und Yankele nach Cordoba und Toledo zu *schlepn*, mag Juden helfen, sich sowohl bedeutend als auch *schlepnswert* zu fühlen, aber der gesunde Menschenverstand legt den Gedanken nahe, dass die römische Armada weit wichtigere Dinge zu tun hatte. Viel interessanter aber ist die logische Schlussfolgerung: Wenn das Volk Israel nicht vertrieben wurde, dann müssen die wahren Abkommen der Einwohner des Königreichs Judäa die Palästinenser sein. Wiederum Sand: „Keine Bevölkerung bewahrt über eine Zeitspanne von tausenden von Jahren ihre Reinheit, aber die Chancen, dass die Palästinenser die Nachkommen des antiken jüdischen Volkes sind, sind viel größer als dass Sie oder ich seine Nachfahren sind. Die ersten Zionisten bis zur arabischen Revolte von 1936-1939 wussten, dass es keine Exilierung gegeben hatte und dass die Palästinenser von den Einwohnern des Landes abstammten. Sie wussten, dass Bauern solange nicht fortgehen, bis sie vertrieben werden. Sogar Yitzhak Ben-Zvi, der zweite Präsident des Staates Israel, schrieb 1929, dass „die große Mehrzahl der Kleinbauern nicht von den arabischen Eroberern abstammen, sondern von den jüdischen Bauern vor ihnen, die zahlreich waren und bei dem Aufbau des Landes die Mehrheit bildeten."[82]

In seinem Buch führt Sand diesen Gedanken weiter und stellt dar, dass die sogenannten linken zionistischen Führer bis zur arabischen Revolte dem Glauben zuneigten, dass die palästinensischen Bauern (ihrer Abstammung nach wahrscheinlich Juden) sich in die entstehende hebräische Kultur assimilieren und sich letztlich der zionistischen Bewegung anschließen würden. Ber Borochow glaubte, dass „ein *Fellah* [palästinensischer Bauer] sich wie ein Jude kleidet, sich wie ein Jude der Arbeiterklasse benimmt und sich überhaupt nicht von dem Juden unterscheiden wird."[83] Dieser Gedanke taucht in den Schriften von Ben-Gurion und Ben-Zvi wieder auf. Beide zionistische Führer erkannten, dass die palästinensische Kultur tief von biblischen Spuren durchzogen war, sprachlich sowie geographisch (z.B. im Falle der Namen von Dörfern, Städten, Flüssen und Bergen). Zumindest in diesem frühen Stadium betrachteten beide die einheimischen Palästinenser als ethnische Verwandte und potentielle Brüder. Auch sahen sie den Islam als eine freundliche „demokratische Religion". Nach 1936 dämpften beide, Ben-Gurion und Ben-Zvi, ihren „multikulturellen Enthusiasmus". So weit es Ben-Gurion betraf, schien ethnische Säuberung weit reizvoller zu sein.

Wenn die Palästinenser die „wahren Juden" sind, wer sind dann diejenigen, die sich selbst Juden nennen? Sands Antwort ist einfach und vernünftig: „Das Volk breitete sich nicht aus, aber die jüdische Religion verbreitete sich. Judentum war eine konvertierende Religion. Entgegen populärer Meinung gab es im frühen Judentum einen großen Drang, andere zu konvertieren".[84] Monotheistische Religionen sind weniger tolerant als polytheistische und sind von dem Impetus getragen zu expandieren. Jüdischer Expansionismus war in den frühen Tagen nicht nur der christlichen Missionierung ähnlich, sondern es war tatsächlich der jüdische Expansionismus, der dem Denken und der Praxis des frühen Christentums den Bekehrungseifer *einpflanzte*.

Die Juden Spaniens, die weithin für Blutsverwandte der alten Israeliten gehalten werden, erscheinen nun als konvertierte Berber[85]. Sand dazu: „Ich fragte mich, wie solche großen jüdischen Gemeinschaften in Spanien erschienen. Und dann sah ich, dass Tariq Ibn Ziyad, der Oberkommandierende der Muslime, der

Spanien erobert hatte ein Berber war und die meisten seiner Soldaten waren Berber. Dahia al-Kahinas jüdisch-berberisches Königreich wurde nur 15 Jahre zuvor besiegt. Die Wahrheit ist, dass es eine Anzahl christlicher Quellen gibt, die besagen, dass viele der Eroberer Spaniens jüdische Konvertiten waren. Die tief verwurzelte Quelle der großen jüdischen Gemeinde in Spanien waren diese zum Judentum übergetretenen Berber-Soldaten."[86]

Erwartungsgemäß stimmte Sand der weitgehend akzeptierten Annahme zu, dass die judaisierten Khazaren die Hauptquelle jüdischer Gemeinden in Osteuropa darstellen, die er die „Jiddische Nation" nennt. Auf die Frage, warum diese Juden Jiddisch sprechen, das überwiegend als deutscher mittelalterlicher Dialekt gilt, antwortet er: „Die Juden waren eine Klasse von Leuten, die von der deutschen Bourgeoisie im Osten abhängig war und somit deutsche Wörter übernahm."[87]

Schließlich bringt uns Sand zu der unausweichlichen Schlussfolgerung, dass die heutigen Juden keinen gemeinsamen Ursprung haben und dass ihre semitische Herkunft ein Mythos ist. Juden entstammen keineswegs Palästina und deshalb muss ihr Akt der sogenannten „Rückkehr" als Vorwand für eine tribale expansionistische Invasion erkannt werden.

Wiewohl Jüdischkeit keinerlei rassisches Kontinuum bildet, ist die jüdische Identität rassisch orientiert. Viele Juden, sogar säkulare, halten Mischheirat weiterhin für die ultimative Bedrohung. Zudem praktiziert die große Mehrheit säkularer Juden trotz Modernisierung und Säkularisierung weiterhin das Blutritual der Beschneidung.

Im Unterschied zu anderen „Neuen Historikern", die sich an der Unterminierung der Annahmen zionistischer Geschichtsschreibung versuchten, „bescheidet sich Sand nicht damit, bis 1948 oder zu den Anfängen des Zionismus zurückzugehen, son-dern geht vielmehr tausende von Jahren in die Vergan genheit zurück." (88) Anders als die „Neuen Historiker", die eine Wahrheit enthüllen, die jedem palästinensischen Kleinkind bekannt ist, nämlich die Wahrheit der erlittenen ethnischen Säuberung, könnte Sands Werk und sein Denken die Tür zu weiterer Erforschung der Bedeutung jüdischen Nationalismus', jüdischer Identität und jüdischer Politik öffnen. Sands kritische Deutung jüdischer Geschichte schafft den Rahmen für eine weitere Diskussion des jüdischen Begriffs von Historizität und Zeitlichkeit. Das Verständnis dieser beiden entscheidenden Begriffe bietet den intellektuellen Schlüssel zur Demontage jüdischer politischer Macht und könnte sogar Juden helfen, sich selbst aus ihrem sehr gefährlichen politischen Diskurs zu erlösen.

Wenn Sand recht hat, sind die Juden keine Rasse, sondern ein Kollektiv aus vielen Menschen, die von einer auf Mythen gründenden Nationalbewegung gekidnappt wurden. Wenn Juden keine Rasse sind und nichts mit Semitismus zu tun haben, dann ist „Antisemitismus" grundsätzlich eine bedeutungslose Bezeichnung. Anders gesagt: Kritik am jüdischen Nationalismus, an jüdischer Lobbyarbeit und jüdischer Macht kann nur als legitime Kritik der Ideologie, Politik und Praxis erfolgen.

Die ideologischen Feinde sind in einen erbitterten Konflikt mit dem Staat und seinen Unterstützern verwickelt. Doch ist das Problem nicht nur Israel, seine Armee oder seine Führung. Es handelt sich eigentlich um einen Krieg gegen eine exklusive Ideologie, gegen ein Phantasma, das den Westen für sich gewonnen und ihn zumindest momentan von seinen humanistischen Neigungen und Athenschen Bestrebungen abgelenkt hat. Der Kampf gegen eine Geisteshaltung ist weit schwieriger als der gegen Personen, wenn auch nur, weil man zunächst gegen ihre Spuren im eigenen Inneren anzukämpfen hat. Wenn wir den Kampf gegen Jerusalem führen wollen, dann müssten wir uns dem Jerusalem in uns selbst stellen.

Kapitel 18

Von Purim zu AIPAC[89]

„Jüdischkeit" ist ein ziemlich weiter Begriff. Er bezieht sich auf eine Kultur mit vielen Gesichtern, vielfache voneinander abgegrenzte Gruppen, verschiedene Überzeugungen und Meinungen, einander widerstreitende politische Lager, verschiedene Klassen und eine diversifizierte Ethnizität. Dennoch ist der Zusammenhang zwischen den so zahlreichen Menschen, die sich als Juden identifizieren, faszinierend. Ich versuche das intellektuelle, spirituelle und mythologische kollektive Band nachzuzeichnen, das jüdische Ideologie zu einer dermaßen machtvollen politischen Identität macht.

Wie wir bisher sahen, ist Jüdischkeit weder eine rassische noch eine ethnische Kategorie. Auch bilden jüdische Menschen keine homogene Gruppe. Jüdischkeit könnte wiederum von einigen als Fortsetzung des Judentums aufgefasst werden, doch behaupte ich, dass auch dies nicht notwendigerweise der Fall ist. Obgleich Jüdischkeit einige der grundlegenden jüdischen Elemente borgt, ist „Jüdischkeit", da es ein ideologisches Prinzip ist, nicht das „Judentum". Sie ist vom Judentum grundsätzlich verschieden. Außerdem besitzen, wie wir nunmehr wissen, viele, die sich stolz als Juden identifizieren, sehr wenig Kenntnis vom Judentum. Viele von ihnen sind Atheisten oder nicht religiös und lehnen manchmal sogar offen das Judentum oder jede andere Religion ab. Viele solcher Juden bewahren jedoch auch dann ihre jüdische Identität und sind äußerst stolz darauf. Die Opposition gegenüber dem Judentum beinhaltet offensichtlich Zionismus (zumindest seine frühe Form), ist aber auch die Grundlage eines Großteils des jüdischen sozialistischen Antizionismus, wie wir dies zuvor an Beispielen wie Julia Bard gesehen haben.

Was also macht nun Jüdischkeit aus? Ist sie eine neue Religionsform, eine Ideologie oder nur eine Geisteshaltung?

Falls es tatsächlich eine Religion ist, müssen die nächsten Fragen gestellt werden: Welche Art von Religion ist sie? Was bringt diese Religion mit sich? Was glauben ihre Anhänger? Ist es möglich, sich von ihr so zu trennen, wie man aus dem Christentum oder dem Islam austreten kann?

Falls Jüdischkeit eine Ideologie ist, lauten die Fragen wie folgt: Wofür steht diese Ideologie? Bildet sie einen Diskurs? Ist es ein monolithischer Diskurs? Stellt sie eine neue Weltordnung dar? Ist ihr Ziel Frieden oder Gewalt? Bringt sie der Menschheit eine universale Botschaft oder ist sie die Manifestation einiger tribaler Grundsätze?

Falls Jüdischkeit eine Geisteshaltung ist, lässt sich die Frage stellen, ob sie rational oder irrational ist. Liegt sie im Bereich des Ausdrückbaren oder des Unausdrückbaren?

Es besteht die Möglichkeit, dass Jüdischkeit ein merkwürdiger Hybrid ist – sie kann alle diese Dinge zugleich sein (d.h. Religion, Ideologie und Geisteshaltung bzw. Geisteszustand). Es kann aber auch sein, dass sie keines davon ist.

Die Holocaust-Religion

> „Yeshayahu Leibowitz, Philosoph und praktizierender orthodoxer Jude, sagte mir einst: „Die jüdische Religion starb vor 200 Jahren. Jetzt gibt es nichts mehr, was die Juden in der ganzen Welt eint, außer dem Holocaust."
>
> *Was erinnern? Wie erinnern? Uri Avnery, 19.3.05*[90]

Professor Yeshayahu Leibowitz, ein in Lettland geborener und an der Hebräischen Universität wirkender Philosoph, war wahrscheinlich der Erste, der die Behauptung aufstellte, dass der Holocaust die neue jüdische Religion geworden ist. Der israelische Philosoph Adi Ophir wies ebenfalls darauf hin[91], dass „der Holocaust", bei weitem nicht nur ein historisches Narrativ ist, sondern zahlreiche wesentliche religiöse Elemente enthält. Er hat Priester (z. B. Simon Wiesenthal, Elie Wiesel, Deborah Lipstadt) und Propheten (Shimon Peres, Binyamin Netanyahu, die vor dem kommenden iranischen Judäozid warnen). Er besitzt Gebote und Dogmen (z. B. „Niemals wieder") und Rituale (Gedenktage, Pilgerreisen nach Auschwitz usw.). Er verfügt über eine esoterische symbolische Ordnung (z. B. *Kapos*, Gaskammern, Kamine, Staub, Schuhe, die Figur des *Muselmann* [ein fast Verhungerter im KZ – A.d.Ü.] usw.).

Auch einen Tempel gibt es, Yad Vashem, und Schreine – Holocaustmuseen – in den Hauptstädten der ganzen Welt. Die Holocaust-Religion wird von einem massiven globalen finanziellen Netzwerk unterhalten, das Norman Finkelstein die „Holocaust-Industrie" nennt, sowie von solchen Einrichtungen wie der *Stiftung für Holocaust-Erziehung (Holocaust Education Trust)*. Diese neue Religion ist in sich ausreichend schlüssig, um ihre „Antichristen" (Holocaust-Leugner) zu definieren, und mächtig genug, sie zu verfolgen (mit Gesetzen gegen Holocaust-Leugnung und gegen „Hass- und Hetzreden").

Ich brauchte viele Jahre, um zu verstehen, dass es sich beim Holocaust, dem Zentralinhalt des modernen jüdischen Glaubens, nicht um eine historische Erzählung handelt, denn historische Erzählungen benötigen nicht den Schutz des Gesetzes und der Politiker. Zu einem bestimmten Zeitpunkt wurde einem schrecklichen Kapitel der Menschheitsgeschichte außergewöhnlicher metahistorischer Status verliehen. Seine „Faktizität" wurde mit drakonischen Gesetzen besiegelt und seine Begründung durch soziale und politische Institutionen abgesichert.

Die Holocaust-Religion ist ganz offensichtlich judäozentrisch bis ins Mark. Sie definiert die jüdische *Raison d'être* [Daseinszweck – A. d. Ü.]. Für zionistische Juden bedeutet sie eine totale Erschöpfung der Diaspora und sie betrachten den *Goj* als potentiellen irrationalen Mörder. Diese neue jüdische Religion predigt Rache. Sie könnte gut die finsterste, dem Menschen bekannte Religion sein, denn im Namen jüdischen Leidens erteilt sie die

Lizenz zum Töten, zum Plattmachen, Atomwaffen einzusetzen, zu vernichten, zu plündern und ethnisch zu säubern. Sie hat Rache zu einem akzeptablen westlichen Wert gemacht.

Kritiker des Konzepts „Holocaust-Religion" haben vorgebracht, dass, obgleich die Verehrung des Holocaust viele für eine organisierte Religion typische Merkmale aufweist, sie keine externe Gottheit installiert hat, die anzubeten wäre. Ich könnte nicht entschiedener widersprechen: Die Holocaust-Religion verkörpert das Wesen der liberal-demokratischen Weltanschauung. Sie bietet eine neue Form der Anbetung, indem sie Selbstliebe zu einem dogmatischen Glaubenssatz machte, bei dem der praktizierende Gläubige sich selbst anbetet. In dieser neuen Religion ist es anstelle des alten Jehova der „Jude", den die Juden anbeten: ein tapferer und geistreicher Überlebender des ultimativen Genozids, der sich aus der Asche erhob und in einen Neubeginn hineinschritt.

Die Holocaust-Religion signalisiert gewissermaßen die endgültige jüdische Verabschiedung vom Monotheismus, denn jeder Jude ist potentiell ein kleiner Gott bzw. eine kleine Göttin. Abe Foxman ist der Gott des Kampfes gegen die Diffamierung, Alan Greenspan der Gott der „guten Wirtschaft", Milton Friedman ist der Gott der „freien Märkte", Lord Goldsmith der Gott des „grünen Lichts", Lord Levy der Gott des Spendensammelns und Paul Wolfowitz der Gott des amerikanischen „moralischen Interventionismus". AIPAC *(American Israel Public Affairs Committee - Amerikanisch-israelischer Ausschuss für öffentliche Angelegenheiten")* ist der amerikanische Olymp, wohin in den USA gewählte Sterbliche kommen, um dort um Gnade und Vergebung für die Sünde, Gojim zu sein, sowie um ein bisschen Bargeld zu betteln.

Die Holocaust-Religion ist das Abschluss- und Endstadium der jüdischen Dialektik; sie ist das Ende der jüdischen Geschichte, denn sie ist die tiefste und ernsthafteste Form von „Selbstliebe". Es wird kein abstrakter Gott mehr benötigt, der die Juden zum auserwählten Volk beruft; in der Holocaust-Religion übergehen die Juden einen göttlichen Mittler und erwählen einfach sich selbst. Jüdische Identitätspolitik transzendiert die Idee der Geschichte

– Gott ist nur noch Zeremonienmeister. Der neue jüdische Gott, d.h. „der Jude“, kann nicht irgendwelchen menschlichen Zufälligkeiten unterliegen. Deshalb wird die Holocaust-Religion von Gesetzen geschützt, während jeder andere historische Bericht von Historikern, Intellektuellen und gewöhnlichen Menschen offen diskutiert wird. Der Holocaust setzt sich selbst als ewige Wahrheit, die einen kritischen Diskurs übertrifft.

Es sind mehr als nur ein paar jüdische Wissenschaftler in Israel und anderenorts, die Leibowitz' Beobachtung akzeptieren. Unter ihnen Marc Ellis, ein prominenter jüdischer Theologe mit einer aufschlussreichen Einsicht in die Dialektik der neuen Religion. „Holocaust-Theologie“ sagt Ellis, „liefert drei Themen dialektischer Spannung: Leiden und Ermächtigung, Unschuld und Erlösung, Besonderheit und Normalisierung.“[92]

Obwohl die Holocaust-Religion das Judentum nicht ersetzt hat, hat sie der Jüdischkeit eine neue Bedeutung gegeben. Sie legt ein modernes jüdisches Narrativ fest und versetzt das jüdische Subjekt in ein jüdisches Projekt. Sie weist den Juden in ihrem eigenen Universum eine zentrale Rolle zu.

Der „Leidende“ und der „Unschuldige“ marschieren in Richtung „Erlösung“ und „Ermächtigung“. Gott ist aus dem Spiel. Er wurde gefeuert, da er in seiner historischen Mission versagte. Er war ja schließlich nicht da, um die Juden zu retten. In der neuen Religion erlöst „der Jude“ als der neue jüdische Gott sich selbst.

Jüdische Anhänger der Holocaust-Religion idealisieren die Bedingung ihrer Existenz. Dann errichten sie einen Rahmen für einen zukünftigen Kampf um Anerkennung. Alle drei der folgenden Holocaust- „Kirchen“ weisen den Juden eine bedeutende Rolle mit einigen globalen Implikationen zu:

Für die zionistischen Anhänger der neuen Religion scheinen die Implikationen relativ dauerhaft. Ihre Aufgabe besteht darin, die gesamte Weltjudenheit auf Kosten der einheimischen palästinensischen Bevölkerung nach Zion zu *schlepn*.

Für jüdische Marxisten ist das Projekt etwas komplizierter. Für sie bedeutet Erlösung den Aufbau einer neuen Weltordnung, nämlich einer sozialistischen Zuflucht, einer Welt, die von dogmatischer Arbeiterklassenpolitik beherrscht wird, in der Juden nur noch eine Minderheit unter vielen sind.

Für humanistische Juden müssen sich Juden in die vorderste Linie des Kampfes gegen Rassismus, Unterdrückung und das Böse allgemein stellen. (Obwohl Letzteres vielversprechend klingt, ist es in Wirklichkeit problematisch. In unserer gegenwärtigen Weltordnung zählen Israel und die USA zu den führenden Unterdrückern. Die Erwartung, dass Juden in der Frontlinie des humanistischen Kampfes stehen, bringt sie in einen kämpferischen Konflikt mit ihren Brüdern und der sie unterstützenden Supermacht.)

Wie wir sehen können, funktioniert der Holocaust als ideologische Schnittstelle. Er liefert seinen Anhängern einen *Logos*. Auf der Ebene des Bewussten empfiehlt er eine rein analytische Vision der Vergangenheit und Gegenwart; doch hier endet es noch nicht – er definiert auch den erst noch kommenden Kampf, die Vision einer jüdischen Zukunft. Nichtsdestoweniger füllt er in Konsequenz dessen das Unbewusste des jüdischen Subjekts mit der ultimativen Angst: die Zerstörung des „Ich".

Selbstverständlich ist ein Ideenkomplex, der den bewussten Geist (Ideologie) stimuliert und das Unbewusste (Seele) steuert, ein ausgezeichnetes Rezept für eine Siegerreligion. Diese strukturelle Verbindung von Ideologie und Geisteshaltung ist grundlegend für die religiös-jüdische Tradition. Die Verbindung zwischen der rechtlichen Klarheit der Halacha (religiöses Gesetz, d. h. Ideologie) und der mysteriösen Natur Jehovas sowie die Lehren der Kabbalah (d.h. Geist) machen das Judentum zu einer Totalität, einem Universum in sich selbst. Bolschewismus – die Massenbewegung, nicht die politische Theorie – baut auf derselben Struktur auf, in diesem Fall auf der Klarheit des pseudowissenschaftlichen Materialismus zusammen mit der Angst vor dem kapitalistischen Appetit. Die neokonservative Ideologie befindet sich ebenfalls im Einklang mit derselben fundamentalen Struktur, indem sie das Subjekt in den Abgrund zwischen der angeblichen forensischen Klarheit über die Massenvernichtungswaffen und dem unaussprechlichen Schrecken des „kommenden Terrors" stürzt.

Diese Verbindung zwischen dem Bewussten und dem Unbewussten erinnert an Lacans Konzept des „Realen" oder dessen, was nicht symbolisiert (d.h. in Worten ausgedrückt) werden kann. Das Reale ist das Unausdrückbare, es ist unzugänglich. In Žižek's Worten: „Das Reale ist unmöglich", „Das Reale ist das Trauma". Nichtsdestoweniger gestaltet dieses Trauma die symbolische Ordnung und formt unsere Realität.

Die Holocaust-Religion fügt sich gut in das Lacansche Modell ein. Sein spiritueller Kern ist tief im Bereich des Unausdrückbaren verwurzelt. Ihre Predigten lehren uns, in allem eine Bedrohung zu sehen. Doch das Kernnarrativ, das Trauma, ist heilig. Es wird geschützt, es ist unberührbar, ganz wie der Traum: Man kann sich zwar an seinen Traum erinnern, doch ändern kann man ihn nicht.

Interessanterweise reicht die Holocaust-Religion weit über den internen jüdischen Diskurs hinaus. Sie operiert faktisch als eine Mission und dies nicht nur, da ihre Schreine nah und fern errichtet werden. Der Holocaust wird jetzt als möglicher Vorwand für einen Nuklearangriff auf Iran angepriesen. Sowohl israelische Führer als auch jüdische Lobbyisten rund um die Welt scheinen das iranische Nuklearenergieprojekt als einen in Vorbereitung befindlichen Judäozid zu interpretieren. Die Holocaust-Religion dient ganz klar dem rechten wie dem linken jüdischen politischen Diskurs, hat aber auch auf die Gojim seine Anziehungskraft, insbesondere auf diejenigen, die sich zu Predigern und Anwälten des Tötens im Namen von „Freiheit", Demokratie und des „moralischen Interventionismus" machen.

In gewissem Maße sind wir alle dieser Religion ausgesetzt, einige von uns folgen ihr in Verehrung und Anbetung, andere sind schlicht ihrer Macht unterworfen. Diejenigen aber, die den

Versuch unternehmen, die Historie des Holocaust einer Revision zu unterziehen, werden von den Übergriffen der Hohepriester dieser Religion getroffen. Die Holocaust-Religion konstituiert das „Reale" des Westens. Uns wird weder erlaubt, es zu berühren, noch dürfen wir einen Blick hineinwerfen. Ganz so wie die alten Israeliten, die ihrem Gott gehorchen sollten, ihn aber nie in Frage stellen durften, marschieren wir ins Nichts.

Wissenschaftler, die den Holocaust als Religion studieren (als Theologie, Ideologie und Historizität) beschäftigen sich hauptsächlich mit strukturellen Formulierungen: ihre Bedeutungen, rhetorische und historische Interpretation. Einige suchen die theologische Dialektik (Marc Ellis), andere formulieren Gebote (Adi Ophir); wiederum andere untersuchen ihre geschichtliche Entwicklung, noch andere legen ihre finanzielle Infrastruktur bloß (Norman Finkelstein). Die meisten befassen sich mit einer Liste von Ereignissen, die 1933-1945 stattfanden; keiner dieser Erforscher der Holocaust-Religion verwendet jedoch irgendwelche Energien auf das Studium der Rolle des Holocaust innerhalb des langwährenden jüdischen Kontinuums. Ab diesem Punkte werde ich die Behauptung vertreten, dass die Holocaust-Religion lange vor der Endlösung (1942), noch vor der Kristallnacht (1938), vor den Nürnberger Gesetzen (1936) und sogar noch vor Hitlers Geburt (1889) etabliert war. Die Holocaust-Religion ist wahrscheinlich so alt wie die Juden selbst.

Jüdische Archetypen

Die jüdische Existenz wird von einer im voraus vermittelten Angst beherrscht, ein Phänomen, für das ich zuvor den Ausdruck „prä-traumatisches Stresssyndrom" (Prä-TSS) prägte. Anders als die posttraumatische Belastungsstörung, bei der Stress eine direkte Reaktion auf ein Ereignis ist, das vielleicht in der Vergangenheit stattgefunden hat oder auch nicht, basiert das in der Prä-TSS-Verfassung empfundene Trauma auf einer imaginären, in einer hypothetischen oder imaginären Zukunft angesiedelten Episode – mit anderen Worten, auf einem Ereignis, das nie stattgefunden hat. Beim Prä-TSS kommt die Phantasie zukünftigen Terrors den Bedingungen zuvor, die die gegenwärtige Wirklichkeit gestalten. Aus einer historischen Perspektive lässt sich das Prä-TSS als selbsterfüllende Prophezeiung auffassen. Die vergrößerte Angst reift zur traumatischen Realität heran.

Die Dialektik der Angst beherrschte die jüdische Existenz und Geisteshaltung weit länger, als wir zuzugeben bereit sind. Denn, während jüdische, ethnische Führer sie seit Beginn der Emanzipation politisch ausgebeutet haben, ist sie viel älter als die moderne jüdische Geschichte. Tatsächlich ist sie das Erbe des Tanach (der jüdischen Bibel), das in Juden einen prätraumatischen Zustand hervorruft. Das jüdische Alte Testament entwirft binäre Rahmen: Unschuld/Leiden und Verfolgung/Ermächtigung. Die Angst vor dem Judäozid ist mit jüdischem Geist und jüdischer Kultur verwoben.

Der amerikanische Anthropologe Glenn Bowman, der sich auf die Untersuchung von Exil-Identitäten spezialisiert, bietet eine entscheidende Einsicht in das Thema Angst und ihren Beitrag zur Identitätspolitik: „Antagonismus ist grundlegend für den Prozess der Fetischisierung der zugrundeliegenden Identität, weil man genau in einem Moment scheinbarer Bedrohung dazu tendiert, darüber zu sprechen, wer man ist oder was man ist. Ich fange in dem Moment an, mich als die und die Person oder den und den Vertreter einer imaginären Gemeinschaft zu bezeichnen, in dem die Abweisung des Wesens, für das der von mir ausgesprochene Name steht, droht. Identitätsbegriffe werden genau in dem Moment verwendet, in dem jemand aus irgendeinem Grunde den Gefühlseindruck gewinnt, dass sie ein Wesen oder eine Entität bezeichnen, für deren Verteidigung man kämpfen muss."[93]

Bowman betont, dass es *Angst* ist, die den Begriff von Identität herauskristallisiert. Sobald jedoch Angst zu einem Zustand kollektiven prä-traumatischem Stresses heranreift, re-formiert sich die Identität.

Es war die Bibel, die die Juden in einen Zustand des Prä-

TSS versetzte und die Angst vor einem Judäozid initiierte; die Bibel, die das jüdische Universum als eine Katastrophe ausmalt, die darauf wartet einzutreten. Zunehmend haben Bibelwissenschaftler begonnen, die Historizität der Schrift zu bezweifeln. So argumentiert z. B. Niels Lemche (in „Die Kanaaniter und ihr Land"), dass die Bibel größtenteils nach dem babylonischen Exil geschrieben wurde, und dass diese Schriften die frühere israelitische Geschichte umarbeiten (und zu einem großen Teil erfinden), um die Erfahrungen der Rückkehr aus dem babylonischen Exil widerzuspiegeln und zu wiederholen.[94]

Anders formuliert, die Bibel wurde von Heimkehrern geschrieben und integriert eine typische Exil-Ideologie in ein historisches Narrativ - ganz in der Art der frühen zionistischen Ideologen, die Assimilation als tödliche Bedrohung verstanden: „Die Gemeinden, die (zur Zeit des babylonischen Exils) unter der Führung der jahwistischen Priesterschaft zusammenkamen, sahen in Assimilation und Glaubensabfall nicht nur den sozialen Tod für sich selbst als Judäer, sondern auch als versuchten Gottesmord. Sie entschieden sich für eine absolute, exklusive Bindung an Jahwe, der, so waren sie sicher, sie in das Land zurückführen würde, aus dem sie vertrieben worden waren. Sie verordneten Blutreinheit als Mittel zur Aufrechterhaltung der Grenzen der nationalen Gemeinschaft und verboten Mischehen mit ihrer Umgebung. Zudem richteten sie eine Reihe von exklusivistischen, sie von ihren Nachbarn absetzenden Ritualen ein, die nicht nur eine Ersatzform des Tempeldienstes, sondern auch einen deutlich andersartigen Kalender umfassten, der es ihnen rituell ermöglichte, in einem anderen Zeitrahmen zu leben als die Gemeinschaften, mit denen sie den Lebensraum teilten. Alle diese Unterscheidungsmaßnahmen dienten zur Markierung und Aufrechterhaltung der Verschiedenheit, hinderte sie aber nicht daran, mit ihnen Handel zu treiben und so für ihren Unterhalt unter den Babyloniern sorgen zu können."[95]

Bowmans und Lemches spektakuläre Deutungen der Bibel und der jüdischen Erzählung als Manifestation der Identität im

Exil und am Rande, helfen die Tatsache zu erklären, dass Jüdischkeit im Exil floriert, jedoch ihren Schwung verliert, sobald sie ein häusliches Abenteuer wird. Wenn Jüdischkeit sich tatsächlich auf die Überlebensideologie eines Emigrantenkollektivs zentriert, wird sie im Exil gedeihen. Aber zurück in der erträumten Heimat, schmilzt die Ideologie dahin. Eine solche Betrachtungsweise der jüdischen Geschichte hilft uns den Erfolg und das Scheitern des modernen jüdischen Nationalismus zu verstehen. Wie das Judentum sind sowohl der Zionismus als auch die jüdischen „progressiven" Ideologien von Natur aus exilisch. Sie ergeben Sinn, wenn sie in ihrer vorrevolutionären Ära betrachtet werden, werden jedoch völlig bedeutungslos, nachdem sich die Metamorphose vollzogen hat. In gewisser Weise symbolisiert die Mauer, mit der Israel sich jetzt umgibt, eine Rückkehr in den jüdischen Exil-Zustand der alten europäischen Ghettos. Auf ähnliche Weise überlebte der Bund die sowjetische Revolution, verlor aber bald hernach seine Bedeutung und hörte auf, als organische, revolutionäre Bühne zu existieren.

Was die jüdische kollektive Identität aufrechterhält, ist Angst. Wie im Falle der Holocaust-Religion platziert Jüdischkeit die Angst vor einem Judäozid in das Zentrum der jüdischen Psyche, bietet jedoch auch spirituelle, ideologische und pragmatische Maßnahmen an, mit dieser Angst umzugehen.

Kapitel 19

Das Buch Esther

„Und Haman sprach zu dem König Ahasveros: Da ist ein Volk [die Juden], zerstreut und abgesondert unter den Völkern in allen Landschaften deines Königreiches; und ihre Gesetze sind von denen jedes anderen Volkes verschieden, und die Gesetze des Königs tun sie nicht; und es ist für den König nicht geziemend, sie gewähren zu lassen. Wenn es den König gut dünkt, so werde geschrieben, daß man sie umbringe; und ich will zehntausend Talente Silber in die Hände derer darwägen, welche die Geschäfte besorgen, daß sie es in die Schatzkammern des Königs bringen."

Das Buch Esther, Kapitel 3

D*as Buch Esther* ist eine biblische Geschichte, die die Grundlage für die Purim-Feier ist, wahrscheinlich das am ausgelassensten gefeierte jüdische Fest. Das Buch erzählt von einem versuchten Judäozid, aber auch von Juden, die es schaffen, ihr Schicksal zu ändern. Im *Buch Esther* retten die Juden sich selbst und üben sogar Rache.

Angesiedelt ist es im dritten Jahr der Herrschaft des persischen Königs Ahasveros (üblichweise als Xerxes I. identifiziert). Es ist die Geschichte eines Palastes, einer Verschwörung, des erwähnten versuchten Judenmords und einer tapferen und schönen jüdischen Königin – Esther – der in letzter Minute die Rettung ihre Volkes gelingt.

Ahasveros ist mit Vas(h)ti verheiratet, die er verstößt, nachdem sie sich weigert, sich während eines Festmahls vor den versammelten Gästen herzuzeigen. Unter vielen Kandidatinnen wird nun Esther als Ahasveros' neue Braut ausgewählt. Im weiteren Fortgang der Geschichte plant Ahasveros' Premierminister

Haman, alle Juden im persischen Reich als Rache dafür töten zu lassen, dass Esthers Cousin Mordechai sich weigerte, sich respektvoll vor ihm zu verbeugen. Esther, nunmehr Königin, plant mit Mordechai, die persischen Juden aus ihrer Lage zu retten. Auf das Risiko hin, ihre eigene Sicherheit zu gefährden, warnt Esther Ahasveros vor Hamans mörderischem anti-jüdischen Anschlag. (Da sie ihre jüdische Herkunft zuvor nicht enthüllt hatte, wusste der König nichts davon.) Haman und seine Söhne werden an den fünfzig Ellen hohen Galgen gehängt, den er ursprünglich für Mordechai errichtet hatte. Und so fügt es sich, dass Mordechai Hamans Platz als Premierminister einnimmt. Ahasveros' Erlass zum Mord an den Juden kann nicht widerrufen werden, so verfügt er einen Weiteren, der den Juden erlaubt, zu den Waffen zu greifen und ihre Feinde zu töten – was sie auch tun.

Die Moral der Geschichte ist klar. Wenn Juden überleben wollen, dann infiltrieren sie besser die Korridore der Macht. Im Lichte des *Buches Esther*, erscheinen Mordechai und Purim, AIPAC und die Idee „jüdischer Macht" als Verkörperung einer tiefen biblischen und kulturellen Ideologie.

Hier gibt es jedoch eine interessante Wendung. Obwohl die Geschichte als Aufzeichnung tatsächlicher Geschehnisse dargestellt wird, wird die historische Richtigkeit des *Buches Esther* nämlich von den meisten modernen Bibelgelehrten weitgehend bestritten. Die fehlende klare Bestätigung irgendeines der Details des Buches durch das, was aus klassischen Quellen persischer Geschichte bekannt ist, führte die Wissenschaftler zu dem Schluss, dass die Geschichte überwiegend oder sogar gänzlich fiktiv ist. Anders gesagt, ungeachtet der Moral der Erzählung ist der Genozidversuch fiktiv. Anscheinend ermutigt das *Buch Esther* seine (jüdischen) Anhänger zu kollektivem Prä-TSS, indem es eine „Vernichtungs"-Phantasie zu einer „Überlebensideologie" macht. Einige lesen die Geschichte als eine Allegorie der durch und durch assimilierten Juden, die entdecken, dass sie Ziele von Antisemitismus sind, aber auch in einer Position, sich selbst und ihre Mitjuden zu retten.

Liest man die obigen Haman-Zitate im Lichte der Ausführung von Bowman, dann gestaltet das *Buch Esther* eine Exil-Identität. Es sät existentiellen Stress und ist ein Vorspiel zur Holocaust-Religion, indem es die Voraussetzungen schafft, die den Holocaust zur Realität machen. Eine sehr ähnliche, bedrohliche Geschichte wird zu Beginn des 2. Buches Mose (Exodus) sondiert. Wiederum wird existentielle Angst geschürt, um die Atmosphäre einer „kommenden *Shoa*" und der nachfolgenden Befreiung zu schaffen:

> „Da trat ein neuer König die Herrschaft über Ägypten an, der Josef nicht kannte. Der sagte zu seinem Volk: Siehe, das Volk der Söhne Israel ist zahlreicher und stärker als wir. Auf, lasst uns klug gegen es vorgehen, damit es sich nicht noch weiter vermehrt! Sonst könnte es geschehen, wenn Krieg ausbricht, dass es sich auch noch zu unseren Feinden schlägt und gegen uns kämpft; Lasst sie uns aus dem Land jagen.' Daher setzte er Arbeitsaufseher über es, um es mit schwerer Arbeit zu erdrücken. Und es baute für den Pharao Vorratsstädte: Pitom und Ramses."
>
> *Exodus 1:8*

Sowohl in Exodus als auch im *Buch Esther* gelingt es dem Autor des Textes, die Art von Anschuldigungen vorherzusagen, die gegen Juden in den kommenden Jahrhunderten erhoben würden, nämlich Machtstreben, Tribalismus und Verrat. Schokkierenderweise lässt der Text in Exodus an eine Prophezeiung des Nazi-Holocaust denken. Er beschreibt eine Realität ethnischer Säuberung und wirtschaftlicher Unterdrückungsmaßnahmen, die schließlich zu Sklavenarbeitslagern führen *(Pitom und Ramses)*. Doch sowohl in Exodus als auch im *Buch Esther* sind es die Juden, die zum Schluss töten.

Interessanterweise ist das *Buch Esther* (in der hebräischen Version der Bibel; in der griechischen Übersetzung wurden sechs Kapitel hinzugefügt) eines der nur zwei Bücher der Bibel, die Gott nicht direkt erwähnen (das andere ist das *Buch der Lieder*). Wie in der Holocaust-Religion sind es im *Buch Esther* die Juden, die an *sich selbst*, an ihre eigene Macht, ihre Einzigartigkeit, Raffinesse, ihr Talent für Konspiration und die Übernahme von Königreichen sowie an ihre Fähigkeit glauben, sich selbst zu retten. Im ganzen *Buch Esther* geht es überhaupt nur um Ermächtigung. Es vermittelt das Wesen und die Metaphysik jüdischer Macht.

Von Purim bis Washington

In einem Artikel mit dem Titel „Eine Purim-Lektion: Lobbyarbeit gegen Genozid, einst und jetzt" führt Dr. Rafael Medoff aus, was er für die Lektion hält, die den Juden von Esther und Mordechai gelehrt wurde: die Kunst der Lobbyarbeit. „Das Purim-Fest," sagt Medoff, „feierte die erfolggekrönte Anstrengung prominenter Juden, im Kapitol [sic!] des antiken Persiens, einen Genozid am jüdischen Volk zu verhindern."[96] Diese spezifische Ausübung dessen, was Einige „jüdische Macht" nennen (obgleich Medoff diese Wendung nicht benutzt), wurde tradiert und wird von modernen emanzipierten Juden in Szene gesetzt: „Nicht so bekannt ist, dass es eine vergleichbare Lobby-Anstrengung in modernen Zeiten gab – in Washington, D.C. – auf der Höhe des Holocaust."[97]

Medoff untersucht die Ähnlichkeiten zwischen Esthers Lobbyarbeit in Persien und der ihrer modernen Pendants innerhalb des Regierungsapparats von Franklin D. Roosevelt auf der Höhe des zweiten Weltkrieges: „Die Esther im Washington der 1940er war Henry Morgenthau Jr., ein wohlhabender, assimilierter Jude deutscher Herkunft, der (wie sein Sohn es später formulierte), ängstlich bemüht war, als „einhundertprozentiger Amerikaner" zu gelten." Indem er seine Jüdischkeit herunterspielte, stieg Morgenthau allmählich von F. D. Roosevelts Freund und Berater zu dessen Finanzminister auf."[98]

Natürlich sichtete Medoff auch einen modernen Mordechai: „Ein junger zionistischer Emissär aus Jerusalem, Peter Bergson (tatsächlicher Name: Hillel Kook), der eine Reihe von Protestkampagnen führte, um die Vereinigten Staaten zur Rettung der Juden vor Hitler zu bewegen. Die Zeitungsanzeigen und öffentlichen Kundgebungen der Bergson-Gruppe weckten das öffentliche Bewusstsein für den Holocaust – besonders, als sie 1943 kurz vor Yom Kippur einen Marsch von über 400 Rabbinern zum Eingangstor des Weißen Hauses organisierte."[99]

Medoffs Interpretation des *Buches Esther* bietet eine erhellende Einsicht in die internen Codes der jüdischen kollektiven Überlebensdynamik, in welcher sich der assimilierte Jude (Esther) und der praktizierende Gläubige (Mordechai) für jüdische Interessen zusammentun. Laut Medoff sind die Parallelen zur modernen Zeit auffällig: „Der Druck seitens Mordechais überzeugte Esther schließlich, zum König zu gehen; der Druck seitens der Gehilfen Morgenthaus überzeugte letzteren schließlich, zum Präsidenten zu gehen, und zwar bewaffnet mit einem scharf formulierten 18-seitigen Bericht mit dem Titel „Bericht an den Minister über die Duldung des Mordes an den Juden durch die jetzige Regierung". Esthers Lobbyeinsatz hatte Erfolg. [Ahasveros] neutralisierte den Genoziderlass und exekutierte Haman und seine Schergen. Auch Morgenthaus Lobbybemühung hatte Erfolg. Ein von Bergson initiierter Kongressbeschluss mit der Forderung nach einer Rettungsaktion der USA wurde im außenpolitischen Ausschuss des Senats rasch verabschiedet – und ermöglichte es Morgenthau, Roosevelt gegenüber zu erklären: „Entweder Sie handeln sehr schnell oder der Kongress der Vereinigten Staaten wird es für Sie tun." Zehn Monate vor dem Wahltag war das Letzte, was Roosevelt brauchte, ein peinlicher öffentlicher Skandal über die Flüchtlingsfrage. Binnen Tagen tat Roosevelt, was die Kongressresolution verlangte – er verfügte einen Präsidentialerlass , der die US-Kriegsflüchtlingskommission schuf, eine US-Regierungsbehörde, die Flüchtlinge vor Hitler retten sollte."[100]

Zweifellos betrachtet Medoff das *Buch Esther* als generellen Leitfaden für gesundes jüdisches Verhalten: „Die Behauptung, dass nichts getan werden könne, um den Juden Europas zu helfen, wurde von Juden widerlegt, die ihre Ängste abschüttelten und die Stimme für ihr Volk erhoben – im antiken Persien und im modernen Washington." Mit anderen Worten, Juden können und sollten für sich selbst tätig werden. Dies ist in der Tat die Moral des *Buches Esther* sowie der Holocaust-Religion.

Was genau Juden für sich selbst tun sollten, ist allerdings eine offene Frage. Verschiedene Juden haben verschiedene Ansichten. Die Neokonservativen glauben daran, die USA und den Westen in einen endlosen Krieg gegen den Islam zu ziehen. Einige Juden glauben, dass Juden sich in die vorderste Linie des Kampfes gegen Unterdrückung und Ungerechtigkeit stellen sollten. In der Tat ist jüdische Ermächtigung nur eine Antwort von Vielen. Doch ist sie eine Machtvolle und Gefährliche, wenn das Amerikanisch-Jüdische Komitee *(American Jewish Committee - AJC)* und AIPAC als heutige Mordechais agieren und öffentlich extensive Lobbyarbeit für einen Krieg gegen Iran betreiben.

Sowohl AIPAC als auch der AJC sind ihrem Wesen nach im Einklang mit der Denkrichtung in der hebräischen Bibel. Sie folgen ihrem biblischen Mentor Mordechai. Während aber die Mordechais relativ leicht zu orten sind, sind die Esthers – diejenigen die hinter den Kulissen für Israel arbeiten – etwas schwieriger auszumachen.

Wenn wir lernen, israelischen Lobbyismus innerhalb der durch das Buch Esther und durch die Holocaust-Religion gesetzten Parameter zu betrachten, dann sind wir auch befugt, Mahmoud Ahmadinejad als die aktuelle Haman / Hitler-Figur zu sehen. Zusätzlich zum AJC und AIPAC sind Präsident Obamas Stabschef Rahm Emanuel und Lord Levy ebenso Mordechais, Obama ist offensichtlich Ahasveros, doch Esther kann fast jeder sein, vom letzten Neokonservativen bis zu Dick Cheney und darüber hinaus.

Brenner und Prinz

Ich habe die Frage gestellt, wofür Jüdischkeit steht. Obwohl ich die Komplexität des Konzepts „Jüdischkeit" akzeptiere, stimme ich auch Yeshayahu Leibowitz' Beitrag zum Thema zu: Der Holocaust ist wahrscheinlich die neue jüdische Religion. Ich nehme mir jedoch die Freiheit, das Konzept des „Holocaust" selbst zu erweitern. Anstatt es nur auf die Shoa, d.h. den Nazi-Judäozid zu beziehen, glaube ich, dass der Holocaust in jüdische Kultur, jüdischen Diskurs und jüdischen Geist eingemeißelt ist. Der Holocaust ist die Essenz des kollektiven jüdischen Prä-TSS, das der Shoa zeitlich vorausgeht. Jude-Sein bedeutet, in jedem Goj eine Bedrohung zu sehen, sich in einem ständigen Alarmzustand zu befinden. Die Botschaft des Buches Esther zu verinnerlichen bedeutet, die einflussreichsten Zentren der vorherrschenden Macht anzustreben, mit der Macht zu kollaborieren und sich mit Herrschern zu verbinden.

Der amerikanisch-jüdische marxistische Historiker Lenni Brenner ist von der Kollaboration zwischen Zionisten und Nazismus fasziniert. In seinem Buch *Zionismus im Zeitalter der Diktatoren* präsentiert Brenner einen Auszug aus einem Buch, das von dem Rabbiner Joachim Prinz verfasst und 1937 in den USA veröffentlicht wurde, nachdem Prinz Deutschland verlassen hatte:

„Jeder in Deutschland wusste, dass nur die Zionisten die Juden in den Verhandlungen mit der Nazi-Regierung auf verantwortliche Weise vertreten konnten. Wir fühlten die Gewissheit, dass die Regierung eines Tages eine Konferenz am runden Tisch zusammen mit Juden organisieren würde, bei der – nach Ende der Tumulte und Gräueltaten der Revolution – der neue Status der deutschen Judenheit überdacht werden könnte. Die Regierung gab feierlich bekannt, dass es auf der Welt kein Land gäbe, welches das jüdische Problem so ernsthaft zu lösen versuchte, wie Deutschland. Lösung der jüdischen Frage? Es war unser zionistischer Traum! Wir bestritten niemals die Existenz der jüdischen

Frage! Rückgängigmachen der Assimilation? Das war unser eigener Appell! ... In einer Erklärung, bemerkenswert wegen ihres Stolzes und ihrer Würde, riefen wir nach einer Konferenz."[101]

Brenner zitiert dann Auszüge aus einem Memorandum, das die ZvfD *(Die Zionistische Vereinigung für Deutschland)* am 21. Juni 1933 an die Nazi-Partei gerichtet hatte: „Der Zionismus hegt keine Illusionen bezüglich der Schwierigkeit der jüdischen Lage, die vor allem in einer abnormen Berufsverteilungsstruktur und in dem Fehler einer intellektuellen und moralischen Haltung besteht, die in der eigenen Tradition verwurzelt ist ... Bei der Gründung des neuen Staates, der das Rasseprinzip zur Grundlage genommen hat, wünschen wir, unsere Gemeinschaft so in die Gesamtstruktur einzufügen, dass auch für uns in der uns zugewiesenen Sphäre eine fruchtbare Tätigkeit für das Vaterland möglich ist ... Unsere Anerkennung jüdischer Nationalität sorgt für eine klare und ehrliche Beziehung zum deutschen Volke und seinen nationalen und rassischen Realitäten. Eben weil wir diese grundlegenden Elemente nicht verfälschen möchten, da auch wir gegen Mischehen und für die Aufrechterhaltung der Reinheit der jüdischen Gruppe sind ... Wir glauben an die Möglichkeit einer ehrlichen Loyalitätsbeziehung zwischen der gruppenbewussten Judenheit und dem deutschen Staat ..."[102]

Brenner stimmt Prinz' Standpunkt nicht zu und auch nicht der zionistischen Initiative. Voller Abscheu schreibt er: „Dieses Dokument, ein Verrat an den Juden Deutschlands, wurde in zionistischen Standardklischees abgefasst: „abnormale Berufsverteilungsstruktur", „wurzellose Intellektuelle mit dringendem Bedarf an moralischer Regeneration" usw. Darin boten die deutschen Zionisten eine kalkulierte Kollaboration zwischen Zionismus und Nazismus an, geheiligt durch das Ziel eines jüdischen Staates: Wir werden keinen Kampf gegen dich führen, nur gegen die, die dir Widerstand leisten würden." [103]

Brenner, ein Marxist und gänzlich unvertraut mit der mit diesem Thema verwobenen Kultur und Ideologie, sieht nicht das Offensichtliche. Prinz und die ZVfD waren keine Verräter, sie waren echte Juden, die einem sehr jüdischen kulturellen Kodex folgten. Sie folgten dem Buch Esther und übernahmen Mordechais Rolle. Sie versuchten einen Weg zur Zusammenarbeit mit dem zu finden, was sie richtig als bedeutende aufstrebende Macht identifizierten. 1969 gestand Prinz ein: „Seit der Ermordung Walther Rathenaus im Jahre 1922 hatten wir keinen Zweifel mehr daran, dass sich die deutsche Entwicklung auf ein antisemitisches totalitäres Regime zu bewegte. Als Hitlers Aufstieg begann und er anfing, die deutsche Nation zu rassischem Bewusstsein und rassischer Überlegenheit – wie er es ausdrückte - „zu erwecken", zweifelten wir nicht, dass dieser Mann früher oder später der Führer der deutschen Nation werden würde." [104]

Ob es Brenner oder irgendjemand Anderem gefällt oder nicht, Prinz stellt seine Authentizität als jüdischer Führer unter Beweis, der über einen hochentwickelten Überlebens-„Radar"- Mechanismus verfügt, der perfekt zur Exil-Ideologie passt. 1981 interviewte Brenner Prinz. Dies hatte er über den „Kollaborateur"-Rabbiner zu sagen: „[Prinz] machte seit den vierundvierzig Jahren nach seiner Ausweisung aus Deutschland eine dramatische Entwicklung durch. Bei abgeschaltetem Mikrofon erzählte er mir, dass er bald merkte, dass nichts, was er dort sagte, in den USA einen Sinn ergibt. Er wurde ein amerikanischer Liberaler. Schließlich wurde er als Vorsitzender des Amerikanisch-Jüdischen Kongresses (AJC) gebeten, zusammen mit Martin Luther King zu marschieren, was er auch tat."

Wieder einmal sieht Brenner das Offensichtliche nicht. Prinz „entwickelte" sich nicht – er blieb ein echter Jude – ein extrem Cleverer dazu; ein Mann, der die Essenz der jüdischen Emigranten-philosophie verinnerlicht hatte: Sei in Deutschland ein Deutscher und in den USA ein Amerikaner. Sei flexibel, passe dich an und übernimm relativistisches Denken. Prinz, ein devoter Anhänger Mordechais, erkannte: Was auch immer gut für die Juden ist, ist einfach gut.

Beim Anhören dieses unschätzbaren Interviews[105] schockierte mich die Entdeckung, dass Prinz tatsächlich seine Position beredt darstellt. Er und nicht Brenner ist es, der einen kurzen Einblick in die jüdische Ideologie und ihre Interaktion mit der umgebenden Realität gewährt. Prinz verstand das deutsche Volk und seine Bestrebungen und präsentiert seine eigenen Handlungen als stolzer Jude. Von seinem Standpunkt aus war eine Kollaboration mit Hitler genau das Richtige. Er folgte Mordechai und suchte wahrscheinlich auch nach einer Esther. Es ist nur natürlich, dass Prinz trotz seiner Kollaboration mit Hitler später Vorsitzender des AJC und ein bedeutender jüdisch-amerikanischer Führer wurde.

Zionismus kontra Exil

Sobald wir lernen, Jüdischkeit als eine Exilkultur anzusehen, als die Verkörperung des „ultimativ Anderen", können wir sie als ein kollektives Kontinuum auf der Grundlage einer Horrorphantasie verstehen. Jüdischkeit ist die Materialisierung von Angstpolitik in einer pragmatischen Agenda wie der Holocaust-Religion. Sie ist so alt wie die Juden selbst. Prinz konnte den Holocaust vorhersehen; sowohl Prinz als auch die ZVfD konnten einen Judäozid vorausahnen. Von einem jüdischen ideologischen Standpunkt aus gesehen, handelten sie mit ihrer Kollaboration auf angemessene Weise. Sie waren ihrer in einem esoterischen kulturellen Diskurs angesiedelten esoterischen Ethik verpflichtet.

Der Zionismus hatte ein großartiges Versprechen zu bieten. Er konnte Juden in Israeliten verwandeln und den *Galut,* den Exil-Aspekt des jüdischen Volkes und der jüdischer Kultur, identifizieren und bekämpfen. Aber der Zionismus war aus offensichtlichen Gründen zum Scheitern verurteilt: In einer Kultur, die metaphysisch auf Exil-Ideologie konzentriert ist, ist eine erfolgreiche Heimkehr das Letzte, was man erwarten kann. Zur Erfüllung seines Versprechens musste der Zionismus sich von jüdischer Exilideologie und der Holocaust-Religion befreien. Doch eben hier ist er gescheitert. Der Zionismus mit seinem tiefen Exil-Denken wandte sich nun der Verfeindung mit den einheimischen Palästinensern zu, um seinen Fetisch jüdischer Identität aufrechtzuerhalten.

Da er sich nicht von der jüdischen Emigrantenideologie trennen konnte, versäumte der Zionismus die Möglichkeit, irgendeine Form einheimischer Kultur zu entwickeln. Infolgedessen sind israelische Kultur und Politik ein merkwürdiges Amalgam aus Unentschiedenheiten, eine Mischung aus kolonialer Ermächtigung und Opfermentalität des *Galut*.

Der Wandernde – WER?

Gilad Atzmon

Das Puzzle zusammensetzen ...

Kapitel 20

Spenden, Denkfabriken und Medienbetriebe

Nach den britischen Parlamentswahlen 2010 veröffentlichte der *Jewish Chronicle* eine Liste von vierundzwanzig jüdischen Parlamentsabgeordneten – zwölf von den Konservativen, zehn von Labour und zwei von den Liberaldemokraten. Der britische Kommentator Stuart Littlewood äußerte sich mit der folgenden Analyse zu diesen Zahlen:

„Die jüdische Bevölkerung im Vereinigten Königreich (UK) beläuft sich auf 280.000 Personen oder 0,46 Prozent. Im Unterhaus gibt es 650 Sitze, so dass anteilsmäßig Juden auf nur drei Sitze Anspruch hätten. Mit 24 Sitzen sind Juden achtfach überrepräsentiert. Was natürlich bedeutet, dass andere Gruppen, einschließlich der Muslime, unterrepräsentiert sein müssen. Falls zum Beispiel Muslime im selben Maß wie Juden (d.h. acht Mal) überrepräsentiert wären, besäßen sie 200 Sitze. Die reine Hölle bräche dann los."[106]

Warum sind Juden im Parlament, in britischen und amerikanischen politischen Interessengruppen (*pressure groups*), bei politischen Spendeaktionen und in den Medien so überwältigend überrepräsentiert? Haim Saban, der viele Milliarden schwere isrealisch-amerikanische Medienmogul, bietet in einem Interview in *The New Yorker* eine Antwort: Auf einer Konferenz in Israel beschrieb Saban seine Formel. Seine „drei Wege zum Einfluss in der amerikanischen Politik", so sagte er, wären: Spenden an politische Parteien, die Gründung von Denkfabriken (*Think Tanks*) und die Kontrolle von Medienbetrieben.[107]

Wie ich bereits früher erwähnte, gibt es so etwas wie eine „jüdische Verschwörung" nicht. Alles geschieht ganz offen. Vor

Fernsehkameras aus der ganzen Welt gab der als Autor israelischer Propaganda gelistete ehemalige britische Außenminister David Miliband Israel grünes Licht für die Operation Gegossenes Blei *(Operation Cast Lead)*, indem er in Sderot erklärte, „Israel sollte in erster Linie den Schutz seiner Bürger anstreben."[108] Damit machte Miliband praktisch alle britischen Bürger zu Komplizen eines kolossalen israelischen Kriegsverbrechens. Miliband drängte auch auf eine Änderung der dem Weltrechtsprinzip (Universalprinzip) folgenden britischen Strafgesetzgebung – und dies nur, um die Gefahr auszuräumen, dass israelische Politiker und Generäle nach Ankunft im Vereinigten Königreich (UK) festgenommen würden[109]. Der offen zionistische Lord Levy brachte Spendenmittel für die Labour-Partei zu einem Zeitpunkt auf, als sie unter Premierminister Tony Blair einen kriminellen Krieg in Irak begann, der teilweise darauf abzielte, eines der letzten Zentren arabischen Widerstands gegen den Zionismus auszulöschen. Ich kann nicht entscheiden, ob Lord Levy an irgendwelchen politischen Entscheidungen beteiligt war; er äußerte sich allerdings auch nicht gerade schüchtern zu seinem Status als Tony Blairs „Geldbeschaffer Nr. 1". In den Medien sprachen sich die *Jewish Chronicle* Mitarbeiter David Aaronovitch und Nick Cohen enthusiastisch für denselben kriminellen Krieg im Namen des „moralischen Interventionismus" aus. Zur Unterstützung neokonservativer Ideologien in Großbritannien gründete Cohen zudem die „Denkfabrik" Euston Manifesto.

Miliband, Levy, Aaronovitch und Cohen befinden sich alle im Einklang mit Sabans Denkweise: Einfluss, Spenden, Think Tanks, Medien. Die Saban-Formel ist tief in der jüdisch-religiösen Tradition sowie in jüdischer Kultur und Ideologie verankert und tief von Mordechai durchdrungen – Saban verinnerlichte die wahre Bedeutung des *Buches Esther*. Es geht jedoch noch weiter: Während der Rat einiger jüdischer religiöser Texte an die Juden lautet, eine Verbindung zu Herrschern herzustellen, hat uns doch die Demokratie in ihrem jetzigen Zustand einige sehr unsolide Charaktere in führenden politischen Positionen beschert.

Zionismus und Demokratie

Milton Friedman gab in den 1970ern zu, dass „freie Märkte" gut für die Juden sind. Zionisten und jüdische ethnische Aktivisten gehen noch weiter – sie scheinen Demokratie zu lieben. Der jüdische Staat behauptet, „die einzige Demokratie im Nahen Osten" zu sein. Israels weltweite Unterstützer befürworten auch Konflikte im Namen der „Demokratie". Tragischerweise nennen die Neo-konservativen das Töten im Namen der Demokratie „moralische Intervention". Tatsächlich ist Demokratie die ideale politische Plattform für die zionistischen Einfluss-Händler. Demokratie ist heute besonders in der englischsprachigen Welt ein politisches System, das darauf spezialisiert ist, inadäquate, unqualifizierte und dubiose Typen in Führungspositionen zu hieven. Zwei solcher demokratisch gewählter Führer entfesselten einen illegalen Krieg in Irak und trieben den Westen in eine Finanzkatastrophe.

Einen Staat zu führen ist keine leichte Aufgabe und erfordert sicherlich Talent und Ausbildung. In der Vergangenheit waren unsere gewählten politischen Führer erfahrene Politiker, die in ihrem Leben etwas erreicht hatten, gleich ob im akademischen Bereich, der Finanzwelt, Industrie oder im Militär. Kandidaten für das Premierministeramt mussten ihre Lebensläufe vorlegen. Offensichtlich ist dies nicht mehr der Fall. Wieder und wieder haben wir die „demokratische Wahl", unsere Stimme dem einen oder anderen lächerlichen jungen Versager zu geben: aufsteigende politische „Stars", die in ihrem Leben wenig oder gar nichts geleistet haben und für die Staatsführung unqualifiziert sind. Wir sind von einem katastrophalen politischen System gefangen genommen, das vorgibt, unsere „freie Wahl" widerzuspiegeln.

Welche Qualifikationen besaßen Blair und Bush, bevor sie das Steuer übernahmen? Auf welche Erfahrung kann sich David Cameron berufen, um Großbritannien vor der totalen Katastrophe an jeder Front zu retten (die Finanzkrise, der Nahe Osten, Afghanistan, Bildungswesen, der staatliche Gesundheitsdienst (NHS) und so weiter)? Die Antwort ist: keine. Unsere Leben, unsere Zukunft und die Zukunft unserer Kinder liegen in den Händen lächerlicher, ahnungsloser Charaktere. Die Wahlen 2010 in Großbritannien lieferten schließlich eine Pattsituation im Parlament, da kein einziger Führer die Öffentlichkeit davon überzeugen konnte, das Talent, die Integrität oder auch nur die Aura einer wahren Führungsperson zu besitzen.

Nun aber die Neuigkeiten: So sehr sich unsere gewählten Führer durch gänzliche Ahnungslosigkeit auszeichnen, so sind die Sabans und die Lord Levys weit davon entfernt. Sie wissen genau, was sie tun und haben es seit dreitausend Jahren getan. Sie sind Anhänger von Mordechai und Esther und wissen, die Moral von Purim in britische und amerikanische Praxis umzusetzen.

Mit Purim im Hinterkopf können wir eine Antwort auf Littlewoods obige Frage vorschlagen, warum die Juden überrepräsentiert sind. Wir haben es hier mit einer Art Exil-Kultur zu tun, die Lobbyismus, Einfluss und Kontrolle predigt. Politisches Denken zu formen, ist die wahre Bedeutung des Buches Esther. Saban ist mit seinen Bemerkungen entweder aufrichtig oder dumm genug, seine Formel in der Öffentlichkeit preiszugeben.

Dass es im Herzen des Islam oder Hinduismus kein *Buch Esther* gibt, mag erklären, warum andere marginale Gruppen in Großbritannien in der britischen Politik und in britischen Medien „nur“ adäquat oder proportional vertreten sind. Zudem ist es unwahrscheinlich, dass sich diese Situation irgendwann in nächster Zeit ändern wird. Im Gegensatz zu den meisten Minderheiten und marginalen Identitäten im Westen ist das Judentum eine exilische Religion und jüdische Identität ein Produkt von Exil-Indoktrination.

Kapitel 21

Wahrheit, Geschichte und Integrität

2007 gab die berüchtigte jüdisch-amerikanische rechte Organisation ADL (*Jewish Anti-Defamation League* – Jüdische Anti-Diffamierungsliga) bekannt, dass sie die Ereignisse, bei denen schätzungsweise 1,5 Millionen Armenier niedergemetzelt wurden, als „Genozid" anerkenne. Der Gedanke, dass eine zionistische Organisation angesichts des Leidens eines anderen Volkes ehrlich betroffen oder sogar leicht ergriffen reagiert, könnte einen gewaltigen Umbruch in der modernen politischen jüdischen Geschichte bedeuten. Anfang 2010 beschäftigte sich die ADL erneut mit der armenischen Frage. Jetzt, 2010, war sie jedoch nicht mehr überzeugt, dass die Armenier so sehr gelitten hatten. Schließlich bearbeitete sie den amerikanischen Kongress durch ihre Lobbys dahingehend, die Ermordungen von Armeniern nicht als „Genozid" anzuerkennen.

Die ADL wird zweifellos ihre Haltung aufgrund der sich verschärfenden Differenzen zwischen Israel und der Türkei wegen des türkischen Engagements für die Interessen der Palästinenser erneut ändern müssen. Und doch ist hier eine Frage zu stellen. Wie kommt es, dass ein Ereignis, das vor einem Jahrhundert stattfand, eine solches Aufsehen auslöst? An einem Tag wird es als „Genozid" eingestuft, schon am nächsten Tag wird es auf einen „Normalfall" zurückgestuft, in dem ein Mensch eben einen anderen tötet. Tauchte plötzlich ein „historisches Dokument" auf Abe Foxmans Schreibtisch auf? Gibt es neue Fakten, die zu solch einer dramatischen Revision führten?

Das Verhalten der ADL gewährt einen faszinierenden Einblick in das Konzept jüdischer Geschichte und das jüdische Verständnis von Vergangenheit. Aus jüdischer politischer Perspektive entzieht sich Geschichte jeder wissenschaftlichen oder akademischen Methode. Sie geht über Methode, Faktizität oder Wahrhaftigkeit hinaus. Sie weist auch Integrität und Ethik zurück. Mit Shlomo Sand können wir argumentieren, dass jüdi-sche Geschichte eine illusionäre, jedoch pragmatische Erzählung ist, die den Interessen nur eines einzigen Volkes dienen soll. Sie befasst sich mit der Grundfrage, ob ein vorhandener Bericht „gut für die Juden" ist oder nicht. In der Praxis unterliegt die Entschei-dung darüber, ob es einen armenischen Genozid gab oder nicht, jüdischen Interessen: Ist es gut für die Juden, ist es gut für Israel?

Nach Sands klugem Hinweis ist Geschichte nicht gerade „Sache der Juden". Wie bereits erwähnt, waren Juden für fast zweitausend Jahre weder an ihrer eigenen Geschichte noch an der von jemand anderem interessiert, zumindest nicht hinreichend genug, um sie aufzuzeichnen.

Shlomo Sands Darstellung der „jüdischen Nation" als einer fiktionalen Erfindung ist akademisch immer noch unwidersprochen. Der einzige auffindbare Widerspruch ist politischer Natur. Die Ablehnung der Wirklichkeit bzw. die fehlende Verpflichtung zur Wahrhaftigkeit sind überhaupt symptomatisch für die gegenwärtige jüdische kollektive Ideologie und Identitätspolitik. Die Behandlung des armenischen Themas durch die ADL ist nur ein Beispiel. Dass die Zionisten eine palästinensische Vergangenheit und palästinensisches Erbe einfach ignorieren, gehört dazu. Lenni Brenners grundsätzliches Versagen, Rabbi Prinz' Neigung zur Zusammenarbeit mit den Nazis in seiner historischen Dimension zu erfassen, ist symptomatisch. Die jüdische kollektive und politische Vision der Vergangenheit ist wesenhaft judäozentrisch und blind für jegliche akademische oder wissenschaftliche Vorgehensweise.

Als ich jung und naiv war, hielt ich Geschichte für eine ernsthafte, akademische Angelegenheit. Nach meinem Verständnis hatte Geschichte etwas mit Wahrheitssuche, Dokumenten, Chronologie und Fakten zu tun. Ich war davon überzeugt, dass der

Zweck der Geschichte darin bestand, einen sinnvollen Bericht der Vergangenheit auf der Grundlage methodischer Forschung zu vermitteln. Auch glaubte ich, dass ein Verständnis der Vergangenheit etwas Licht auf unsere Gegenwart werfen und uns sogar helfen könnte, eine bessere Zukunft zu gestalten.

Ich wuchs im jüdischen Staat auf und brauchte eine Weile, zu verstehen, dass das jüdische historische Narrativ davon sehr verschieden ist. In der insularen jüdischen intellektuellen Welt entscheidet man zuerst, was die historische Moral ist, sodann erfindet man eine dazu passende „Vergangenheit".

In meiner Jugend kam ich nicht auf den Gedanken, dass Geschichte eine Angelegenheit politischer Entscheidungen oder Vereinbarungen zwischen einer zionistischen Lobby und einer anderen war. Ich hielt Historiker für Gelehrte, die sich mit Forschung befassen und dabei strikten Vorgehensweisen folgen. Damals zog ich sogar in Betracht, selbst Historiker zu werden.

In meinen Entwicklungsjahren akzeptierte ich blindlings alles, was sie uns über unsere „kollektive" jüdische Vergangenheit erzählten: Das Königreich Davids, Massada und dann der Holocaust: die Seife, der Lampenschirm, der Todesmarsch und die sechs Millionen.

Ich benötigte viele Jahre, um zu verstehen, dass der Holocaust, der Zentralinhalt des modernen jüdischen Glaubens, überhaupt kein historischer Narrativ ist, der von Historikern, Intellektuellen und normalen Menschen frei diskutiert wird. Wie zuvor erwähnt, bedürfen historische Narrative nicht des Schutzes des Gesetzes und politischer Lobbys. Ich brauchte Jahre, um zu verstehen, dass meine Urgroßmutter nicht zu „Seife" oder zu einem „Lampenschirm" verarbeitet worden war, wie man mich in Israel lehrte. Sie ist vermutlich an Erschöpfung, Typhus oder vielleicht sogar bei einer Massenerschießung gestorben. Das war in der Tat schlimm und tragisch, aber nicht so verschieden von dem Schicksal vieler Millionen Ukrainer, als sie die wahre Bedeutung von Kommunismus kennen lernten.

Das Schicksal meiner Urgroßmutter war nicht so verschieden von demjenigen hunderttausender deutscher Zivilisten, die bei vorsätzlichen, wahllosen Bombardierungen starben, nur weil sie Deutsche waren. In gleicher Weise starben Menschen in Hiroshima, nur weil sie Japaner waren. Drei Millionen Vietnamesen starben, nur weil sie Vietnamesen waren, und 1,3 Millionen Iraker starben, weil sie Iraker waren.

Ich denke, dass wir 65 Jahre nach der Befreiung von Auschwitz das Recht haben, anzufangen, Fragen zu stellen. Wir sollten historische Beweise und Argumente verlangen, anstatt einem religiösen Narrativ zu folgen, der durch politischen Druck und Gesetze aufrechterhalten wird. Wir sollten den Holocaust seines judäozentrischen Ausnahmestatus entkleiden und ihn als historisches Kapitel behandeln, das in eine bestimmte Zeit und an einen bestimmten Ort gehört. Der Holocaust muss, wie jeder andere historische Narrativ auch, korrekt analysiert werden.

65 Jahre nach der Befreiung von Auschwitz sollten wir die Frage stellen können: Warum? Warum wurden die Juden gehasst?

Warum haben sich Europäer gegen ihre Nachbarn erhoben? Warum werden die Juden im Nahen Osten gehasst, wo sie doch sicherlich die Chance hatten, eine neue Seite ihrer bewegten Geschichte aufzuschlagen? Wenn sie dies aufrichtig planten, wie die frühen Zionisten behaupteten, warum scheiterten sie dann? Warum verschärfte Amerika seine Einwanderungsgesetze inmitten drohender Gefahr für europäische Juden? Wir sollten auch fragen, welchem Zweck die Gesetze gegen Holocaustleugnung dienen. Was hat die Holocaust-Religion zu verbergen? Solange wir scheitern, Fragen zu stellen, sind wir zionistischen Lobbys und ihren Machenschaften unterworfen. Wir werden weiterhin im Namen jüdischen Leids töten. Wir werden weiterhin Komplizen bei westlichen imperialistischen Verbrechen sein.

Kapitel 22

In der Zeit sein

Es mag irritierend sein, zu erfahren, dass nur drei Jahre nach der Befreiung von Auschwitz (1945) der soeben gegründete jüdische Staat die große Mehrheit der einheimischen Bevölkerung Palästinas ethnisch säuberte (1948). Nur fünf Jahre nach dem Ende des zweiten Weltkrieges erließ der jüdische Staat rassendiskriminierende Rückkehrgesetze, um zu verhindern, dass die palästinensischen Flüchtlinge von 1948 in ihre Städte, Dörfer, Felder und Obstplantagen zurückkehrten. Diese noch heute in Kraft befindlichen Gesetze unterschieden sich nicht grundsätzlich von den berüchtigten Nürnberger Gesetzen der Nazis.

Dieser einmalige institutionelle Mangel an Mitgefühl verdient einige Aufmerksamkeit. Man könnte eigentlich erwarten, dass die Opfer von Unterdrückung und Diskriminierung sich an die vorderste Front im Kampf gegen das Böse stellen. Man könnte eigentlich erwarten, dass die Opfer von Unterdrückung und Diskriminierung nicht anderen dasselbe Schicksal zufügen. Im Falle des jüdischen Staates erfüllte sich diese Erwartung nie. Mit Millionen belagerter Palästinenser hat Israel sich selbst den Ruf eines Pariah-Staates geschaffen.

Wie kommt es, dass der jüdische politische und ideologische Diskurs so kläglich versagt, die offensichtliche und notwendige Lektion aus der Geschichte und der jüdischen Geschichte insbesondere zu ziehen? Wie erklärt es sich, dass, obwohl die „jüdische Geschichte" als endlose Erzählung jüdischen Leidens erscheint, Israel und seine Lobbys so blind für jegliche Form ethischen oder universalen Denkens sind? Wie kann es sein, dass trotz des Holocaust Israel und jüdische Lobbys so viel Energie investieren, Hass gegen die Feinde Israels und der Juden weltweit zu beschwören?

Wie zuvor erörtert, spielt Geschichte im Kontext jüdischer Identitätspolitik und Ideologie keine führende Rolle.

Wie Sand bemerkte, tritt an die Stelle der Geschichte die Torah, die dem rabbinischen Judentum einen spirituell motivierten Handlungsablauf lieferte. Sie vermittelt ein Bild von Absicht und Schicksal. Die Dinge änderten sich jedoch im 19. Jahrhundert. Infolge der raschen Emanzipation der europäischen Juden zusammen mit dem Aufstieg des Nationalismus und des Geistes der Aufklärung fühlten sich assimilierte europäische Juden verpflichtet, ihren Ursprung in säkularen, nationalen und rationalen Begriffen neu zu definieren. Zu dieser Zeit „erfanden" die Juden sich selbst als „Volk" und „Klasse". Wie andere europäische Nationen fühlten Juden den Drang, eine kohärente Geschichte zu besitzen.

Die Erfindung von Geschichte ist nicht direkt ein Verbrechen – Menschen, Organisationen und Nationen tun dies oftmals. Doch trotz des schnellen Prozesses der Assimilation erfassten jüdische säkulare Ideologie und Politik nicht die wirkliche Bedeutung historischen Denkens. Zwar ließen die assimilierten säkularen Juden Gott erfolgreich fallen und schafften es auch, sich ihrer symbolischen Identifikatoren wie der Kippa und des *Kaftans* zu entledigen. Und doch gelang es ihnen nicht, Göttlichkeit durch eine alternative, anthropozentrische, ethische und metaphysische Einsicht zu ersetzen.

Die neugeborene jüdische politische Identität ging tatsächlich schnell daran, Geschichte zu erfinden. Dabei wurde jedoch nicht ein einziger jüdischer Versuch verzeichnet, Gott durch ein jüdisches säkulares anthropozentrisches Moralsystem zu ersetzen[110]. Kurz: Wenn jüdische säkulare Humanisten uns im Namen „jüdischer Werte" Predigten halten, sollten wir sie besser herausfordern und überprüfen, worauf sich ihre Werte beziehen.

Zeitlichkeit

Erst kürzlich habe ich verstanden, dass das jüdische säkulare Projekt nicht nur der Geschichte und ethischem Denken fremd gegenübersteht, sondern auch losgelöst ist von der Idee der Zeitlichkeit.

Zeitlichkeit ist dem menschlichen Sein inhärent. „Sein" ist „in der Zeit sein". Wir stehen zwischen der Vergangenheit, die ins Nichts entschwindet, und dem Unbekannten, das aus der Zukunft auf uns zukommt. Durch die Gegenwart, dem sogenannten „Hier und Jetzt", meditieren wir darüber, was vergangen ist und hoffen auf Vergebung.

Ethik, wie sie sich in Kants kategorischem Imperativ widerspiegelt, ist ebenfalls an Zeitlichkeit geknüpft: „Handle nur nach derjenigen Maxime, durch die du zugleich wollen kannst, dass sie ein allgemeines Gesetz werde". Kant untersucht die moralische Handlung im Bezug auf ihre zeitliche Perspektive. Das universale Gesetz wird aus der Perspektive der Zukunft und der Vergangenheit betrachtet. Ethik und Zeitlichkeit lassen sich als endloser Dialog zwischen dem „Gestern" und dem „Morgen" sehen.

Die Gegenwart sollte als kreativer dynamischer Modus verstanden werden, in dem die Vergangenheit ihre Zukunft vorausdenkt. Noch entscheidender ist aber, dass die imaginäre Zukunft auch ihre Vergangenheit umschreiben kann. Ich werde versuchen, diese Idee durch ein einfaches und hypothetisches, jedoch erschreckendes Kriegsszenario zu erhellen. Wir können uns zum Beispiel eine furchtbare Situation vorstellen, in der ein israelischer sogenannter „präventiver" Nuklearangriff auf den Iran zu einem katastrophalen Atomkrieg eskaliert, in dem Dutzende Millionen von Menschen umkommen. Ich vermute, dass unter den Überlebenden eines solchen Albtraumszenarios einige eventuell so kühn sein werden, zu sagen, dass „Hitler letztlich doch recht gehabt haben könnte."

Dieses Szenario ist offensichtlich fiktiv und auf keinen Fall ein erwünschtes, doch eine solche Vision einer „möglichen" furchtbaren Entwicklung sollte die israelische bzw. zionistische Aggression gegen Iran zügeln. Wie wir wissen, drohen israelische Offizielle nur zu oft, Iran dem Erdboden gleich zu machen. In der Praxis machen die Prä-TSS-Israelis dieses verheerende Szenario zu einer möglichen Realität.

Es scheint, dass israelische und zionistische Politiker nicht in der Lage sind, ihre eigenen Handlungen im Lichte der Geschichte zu sehen. Es misslingt ihnen, ihre Handlungen in ihren Auswirkungen zu sehen. Aus einer ethischen Perspektive soll obiges „imaginäre" Szenario Israel an einem Angriff auf Iran hindern. Doch wie wir alle wissen, sind Israel und seine Lobbyisten verzweifelt bemüht, die sogenannte „iranische Bedrohung" auszuschalten. Meine Erklärung ist einfach. Dem jüdischem Staat und seinem Diskurs im Allgemeinen ist das Konzept der Zeitlichkeit völlig fremd. Israel ist blind für die Konsequenzen seiner Handlungen. Es sieht seine Aktionen nur in Begriffen eines kurzfristigen „Pragmatismus". Anstatt in Begriffen von Zeitlichkeit denkt Israel in denen einer ausgedehnten Gegenwart.

Das Konzept der Zeitlichkeit zu verstehen ist die Fähigkeit, zu akzeptieren, dass die Vergangenheit im Lichte einer Suche nach Sinn gestaltet und überprüft wird. Geschichte und historisches Denken sind die Fähigkeit, Vergangenheit und Zukunft zu überdenken.

Historischer Revisionismus ist gewissermaßen die wahre Essenz historischen Denkens, denn er gestaltet die Vergangenheit durch eine imaginäre zukünftige Perspektive und umgekehrt. Revisionismus ist erfüllt von dem tiefstmöglichen Verständnis von Zeitlichkeit und deshalb der Menschheit und dem Humanismus inhärent. Demnach handeln diejenigen, die sich gegen historischen Revisionismus stellen, praktisch gegen die Grundlagen des Humanismus.

Dieser philosophische Ausblick ist für den jüdischen Diskurs und jüdische Identitätspolitik nicht sehr schmeichelhaft. Jüdische Ideologie und ihr politischer Diskurs widersetzen sich offen der Revision und dem Revisionismus. Ähnlich wie der jüdisch-religiöse Grundsatz ist jüdische Politik dazu da, eine Geschichte und eine Terminologie zu fixieren und zu zementieren und sich jeglicher historischen Revision oder Reformismus zu widersetzen. Die zionistische Ideologie präsentiert sich selbst als historisches Narrativ und ich benötigte viele Jahre, um zu verstehen, dass Zionismus, jüdische Identitätspolitik und Ideologie tatsächlich grobe, unverblümte Anschläge auf die Geschichte, auf den Begriff von Geschichte und Zeitlichkeit waren. Jüdische nationale Politik ist ein Versuch, die Menschen Israels außerhalb historischer Zeitlichkeit zu stellen. Ist die jüdische Vergangenheit erst einmal zementiert und versiegelt, dann lassen sich das Schicksal und die operativen Maßnahmen ableiten: aus zionistischer Perspektive sollten die Diaspora-Juden dem Heimkehr-Projekt folgen und es unterstützen, die Palästinenser sollten den Platz räumen, westliche Supermächte sollten all dies finanzieren usw. Eine solche Vision entfremdet ihre Anhänger von Zeitlichkeit und Ethik. Diejenigen, die darauf bestehen, die Gültigkeit des zionistischen Arguments zu kritisieren, werden zum Schweigen gebracht. Diejenigen, die der zionistischen und jüdischen politischen Philosophie folgen, sind dazu verdammt, von Humanismus und Humanität wegzudriften.

Eine solche Erklärung beginnt, Licht auf das israelische Verhalten und die jüdische Unterstützung für israelische Kriegsverbrechen zu werfen.

Die Erfindung einer Vergangenheit ist nicht das besorgniserregendste Problem, wenn es um Israel und den Zionismus geht. Wie zuvor erwähnt, tendieren Menschen und Nationen dazu, ihre Vergangenheit zu erfinden. Jedoch seine illusionäre Vergangenheit auf Kosten des Anderen zu zelebrieren, ist offensichtlich ein ethisches Problem und im Falle Israels geht das Problem noch tiefer. Es ist der Versuch, das Gestern zu versiegeln, das zum kollektiven ethischen Kollaps Israels und seiner Unterstützer führte.

Anstatt das Leben durch eine Transformation von Bedeutungen zu feiern, versprach der Zionismus die Erlösung durch blinde Akzeptanz eines einzigen Narrativs. Er versprach, dem „Wandern" ein Ende zu setzen. Er versprach, einen „neuen Juden", ein zivilisiertes Wesen, einen ethischen Charakter zu schaffen. Mit der Errichtung einer fiktiven, unveränderlichen Vergangenheit bezweckte der Zionismus, den Juden eine ewige Erlösung durch ein exklusivistisches und rassisch orientiertes Heimkehrprojekt zu bieten. Jüdische Politik im Allgemeinen und Zionismus insbesondere sollten als Versuche aufgefasst werden, die Menschen Israels außerhalb der Zeitlichkeit anzusiedeln. Der marxistische osteuropäische Bund erfand die „jiddische Nation", die die Juden mit Hilfe der kommunistischen Revolution retten sollte; der Zionismus erfand das jüdische Exil, um den Vorwand für eine „Heimkehr" zu schaffen. Ist die jüdische Vergangenheit erst einmal zementiert und Revision verboten, wird das jüdische Schicksal eine Sache logischer Deduktion. Zugleich verflüchtigen sich dann Mitleid und Ethik.

Die Verwerfung der Zeitlichkeit, die fehlende Fähigkeit, sich selbst aus einer zukünftigen Perspektive zu reflektieren, erklärt die kollektive israelische Komplizenschaft bei einigen seiner horrenden Kriegsverbrechen. Dies sollte als Erklärung genügen, warum die Israelis das Heilige Land mit Mauern und Stacheldraht zerschneiden. Es erklärt, warum Israelis weißen Phosphor auf ihre nächsten Nachbarn werfen, wenn diese Zuflucht in einem UN-Schutzraum suchen. Es erklärt auch, warum Angehörige einer israelischen Marinespezialeinheit schließlich auf hoher See auf der Mavi Marmara Friedensaktivisten exekutieren. Es erklärt auch, warum das neugeborene Israel schnell daran ging, gerade einmal drei Jahre nach der Befreiung von Auschwitz die große Mehrheit der einheimischen palästinensischen Bevölkerung zu vertreiben. Diese Ereignisse haben nichts mit der kolonialistischen Natur des jüdischen Staates zu tun, wie dies einige marxistische Ideologen beharrlich behaupten. Sie mögen etwas mit der rassistischen, suprematistischen, chauvinistischen

Ideologie zu tun haben, die den Zionismus antreibt, und sind in philosophischen und metaphysischen Begriffen zu verstehen. Wir sprechen hier nicht von Soziologie, Psychologie oder materiellem Determinismus, wir suchen vielmehr nach einem grundsätzlichen Verständnis.

Menschen, die sich über die wahre Bedeutung von Geschichte hinwegsetzen, sind der Zeitlichkeit entfremdet. Menschen, die ihre Vergangenheit nicht einer Überprüfung unterziehen können, sind dazu verurteilt, das Konzept von Konsequenz, Kausalität und Ethik nicht zu verstehen. Menschen, die der Geschichte trotzen, schauen nie in den Spiegel. Sie sind zu der Auffassung verdammt, dass Antisemitismus ein „irrationales" soziales Phänomen ist, das „aus dem Nichts" hervorbricht. Dementsprechend müssen sie auch glauben, dass die *Gojim* potentiell verrückt sind. Dabei muss man bedenken, dass die *Gojim* immerhin die große Mehrheit der menschlichen Bevölkerung darstellen.

Was „jüdische Geschichte" genannt wird, ist eigentlich ein beharrlicher Versuch, die Vergangenheit von dem Zeitpunkt aus zu erzählen, an dem jüdischer Schmerz entdeckt wird. Ich würde argumentieren, dass der angemessene zeitliche Ansatz die Frage wäre, was es denn ist, was so viel Hass über die Menschen Israels brachte. Ich würde sogar weiter gehen und fragen: Gibt es irgendetwas, was wir heute über jüdische Kultur wissen, das uns für das Verständnis der jüdischen Vergangenheit und des jüdischen Leidens helfen könnte? Kann israelisches Verhalten Licht auf die Ereignisse werfen, die zum Holocaust oder anderen Fällen der Judenverfolgungen führten?

Das unerbittliche Festhalten an einem illusionären, erfundenen Gestern soll den falschen und sehr irreführenden Eindruck vermitteln, dass auch das Morgen determiniert werden kann. Allem Anschein nach hat sich Israel, durch selbst-auferlegte Blindheit, in ein unvermeidliches Desaster manövriert. Es ist klar, dass der Zionismus scheiterte, die „jüdische Frage" zu beantworten. Doch es könnte sein, dass die Bedingungen, die durch Aufklärung, Liberalismus und Emanzipation geschaffen wurden, nicht leicht behandelt werden können durch irgendeine Form jüdischen politischen Kollektivismus – ausgenommen die Orthodoxie, die ohnehin für Aufklärung, Liberalismus, Individualismus und Emanzipation insgesamt ziemlich unzugänglich ist. Sollte dies tatsächlich der Fall sein, dann ist jüdischer säkularer Kollektivismus katastrophal. Wo wir uns nun dem Ende dieses Textes nähern, scheint es, als ob der politische, ideologische und Identitätsdiskurs der „dritten Kategorie" nicht aufrechterhalten werden kann.

Israel ist jedoch nicht alleine. So tragisch es auch anmutet, Amerika und Großbritannien ist es gelungen, freiwillig die Zeitlichkeit aufzugeben. Es ist das Fehlen eines wahren historischen Diskurses, was Großbritannien und Amerika an dem Verständnis ihrer Zukunft, Gegenwart und Vergangenheit hindert. Wie in dem Fall der jüdischen Geschichte, bestehen amerikanische und britische Politiker auf einer banalen und simplifizierenden historischen Erzählung des 2. Weltkrieges, des kalten Krieges, Islam, 9/11 usw. Tragischerweise ist der kriminelle angloamerikanische Genozid in Irak und Afghanistan, bekannt auch als „Krieg gegen den Terror", eine Fortsetzung unserer selbstauferlegten Blindheit. Da Großbritannien und Amerika nicht die wichtige und unerlässliche Lehre aus den Massakern in Hamburg und Dresden, Nagasaki und Hiroshima gezogen haben, gab es nichts, das den englischsprachigen Imperialismus daran hindern konnte, ähnliche Verbrechen in Korea, Vietnam, Afghanistan und Irak zu begehen. Ebenso wurden sowohl Großbritannien als auch Amerika von der regionalen Intifada im Nahen Osten und in Nordafrika völlig unvorbereitet überrascht. Westliche Entfremdung hat ihren Preis. Die westliche politische Führung ist völlig losgelöst von humanistischem Denken oder ethisch fundierten Urteilen.

Alles, was Großbritannien und der Westen insgesamt für die eigene Rettung tun müssen, ist, zu den westlichen Werten der Ethik und Offenheit zurückzukehren. Sie müssen sich von Jerusalem abwenden und den Geist Athens wieder einsetzen.

Schlussbemerkung

Meine Hoffnung ist, dass dieses Buch etwas Licht auf Fragen der Jüdischkeit und jüdischen Ideologie, Identität und Politik werfen wird. Nachdem ich mehr als ein Jahrzehnt über dieses Thema nachgedacht und geschrieben habe, erkenne ich jetzt in der Rückschau auf meine Arbeit, dass es eigentlich die jüdischen „Antizionisten" waren, die mich über Zionismus, jüdischen Nationalismus und Tribalismus mehr lehrten als irgendein fanatischer Zionist oder israelischer Nationalist.

Während sowohl Zionismus als auch jüdischer Sozialismus voller Ungereimtheiten sind, lässt sich der Zionismus als Versuch auffassen, die Abnormalität der jüdischen Situation aufzulösen. Der sogenannte jüdische progressive Diskurs andererseits ist ein Versuch, ideologische Inkonsistenzen und Diskrepanzen (hauptsächlich Tribalismus kontra Universalismus) unter den Teppich zu kehren.

Obgleich dieses Buch verschiedene Aspekte der jüdischen politischen Neurose untersucht und helfen mag, die Verbindung zwischen Israel und den Juden auf der Welt zu entwirren, beantwortet es jedoch eine Frage nicht: Was wollen moderne emanzipierte Juden? In Anbetracht der Energie und der Ressourcen, die jüdische Lobbys in politische Parteien auf der ganzen Welt investieren, sowie angesichts der Bemühungen, die zur Beeinflussung von Medien und Führungen aufgewendet werden, ist bei weitem nicht klar, was die Lord Levys und die Haim Sabans zu erreichen versuchen. Sie geben viel Geld aus, aber was versuchen sie zu kaufen? Was versucht Israel selbst zu erreichen? Je mehr Einfluss jüdische und israelische Lobbys gewinnen, desto größeres Ressentiment ernten die Juden. Ist es – wie sie sagen – „Sicherheit", die sie suchen? Das glaube ich wirklich nicht.

Eine Antwort könnte sein, dass Juden sich untereinander nicht einig sind, was für die Juden richtig ist. Damals im Jahre 2003 glaubten die Zionisten zum Beispiel, dass es „gut für die Juden" wäre, die USA und Großbritannien loszuschicken, um Irak zu zerstören. Jüdische Antizionisten waren davon überzeugt, dass, sich dem gleichen Krieg „als Juden“ zu widersetzen, das beste sei, das Juden für sich selbst tun könnten. Die jüdischen Eskapisten waren und sind immer noch davon überzeugt, das es für Juden das Beste ist, einfach wegzuschauen.

Ob Juden wissen oder sich darauf einigen können, was „gut für die Juden ist“, ist eine offene Frage, doch ist die politische Selbstidentifizierung als Jude mit der gleichzeitigen Frage danach, was „gut für die Juden“ ist, das wahre Wesen jüdischen *tribalen Denkens* und der Identität der „dritten Kategorie“. Genau an diesem Punkt begann ich dieses Buch und offenbar ist es auch da angelangt, wo ich es beende.

Epilog

Ich würde dieses Buch gerne positiv ausklingen lassen und eine praktische Lösung empfehlen. Das ist nicht leicht. Die jüdische kulturelle und ideologische Einzigartigkeit hat dem jüdischen politischen Diskurs weder Hoffnung noch Zukunft gelassen.

Als junger Israeli glaubte ich an das zionistische Ethos; ich betrachtete mich als natürlichen Teil des jüdischen modernen Wiederbelebungsprojekts. Ich sah mich als Teil der jüdischen Geschichte und jüdische Geschichte als eine Verlängerung meiner selbst. Als ein junger Israeli, der in der Zeit nach 1967 aufwuchs, sah ich mich und die Menschen um mich herum als ein sich entwickelndes kollektives Bewusstsein in einem revolutionären Kampf für historische Gerechtigkeit.

Es dauerte eine Weile, bis ich erkannte, dass mein historisches Wiederbelebungsprojekt tatsächlich eine Kette blinder Flecken war. Ich brauchte viele Jahre, um zu verstehen, dass ich selbst ein schwarzer Fleck war. Ich erinnere mich noch an den Besuch meiner Oberschulklasse in *Yad Vashem*, dem israelischen Holocaust-Museum in Jerusalem in der Nähe von *Deir Yassin*, einem palästinensischen Dorf, das 1948 von seinen Einwohnern „gesäubert" worden war. Ich war damals vierzehn Jahre alt. Ich fragte die emotionale Fremdenführerin, ob sie die Tatsache erklären könnte, warum so viele Europäer an so vielen Orten gleichzeitig die Juden so sehr verabscheuten. Ich wurde für eine Woche aus der Schule geworfen. Anscheinend hatte ich die notwendige Lektion nicht gelernt, denn, als wir die mittelalterlichen Ritualmordvorwürfe studierten, stellte ich laut die verwunderte Frage, wie der Lehrer denn wissen könnte, dass diese Anschuldigungen, wonach Juden *Matze* aus dem Blut junger *Gojim* herstellten, tatsächlich gegenstandslos oder grundlos waren. Wieder einmal wurde ich für eine Woche nach Hause geschickt. Als Teenager verbrachte ich die meisten Vormittagsstunden zu Hause anstatt in der Klasse.

Obgleich ich als Jugendlicher skeptisch war, entsetzte mich der Holocaust. In den 1970ern waren seine Überlebende Bestandteil unserer sozialen Landschaft. Sie waren Nachbarn, wir begegneten ihnen bei unseren Familientreffen, in den Klassen, in der Politik, im Laden an der Ecke.

Sie waren Teil unseres Lebens. Die dunklen, eintätowierten Nummern auf ihren weißen Armen verblassten nie. Es ließ einen immer frösteln. Doch muss ich erwähnen, dass ich mich kaum an einen einzigen Holocaust-Überlebenden erinnern kann, der je versucht hätte, mich emotional zu manipulieren. Kürzlich sprach ich mit einem schottischen Freund, der in den 70er Jahren als Freiwilliger in ein Kibbutz gegangen war. Jenes Kibbutz war bekannt für seinen hohen Prozentsatz von Holocaust-Überlebenden. Mein schottischer Freund betonte mir gegenüber, dass er seine dortige Zeit, die er mit Arbeit und Gesprächen mit jenen Überlebenden verbrachte, wirklich genossen hatte. Sie waren zumeist sehr ruhig und höflich, sie benutzten nie ihre Vergangenheit als Ruhmestitel. Es waren die jungen Israelis, die er nicht ausstehen konnte. Meine Erfahrung war sehr ähnlich: Es sind stets die Söhne, Töchter und Enkel der Überlebenden, die den Holocaust als politisches Argument oder als Anspruch auf irgendeine Art von Einzigartigkeit ausbeuten.

Der amerikanische Historiker Norman Finkelstein hat recht, wenn er argumentiert, dass Israel nach 1967 den Holocaust in ein politisches Instrument verwandelte, als es eine „ethische" Entschuldigung als nicht ethischer Besatzer benötigte. Ich muss gestehen, dass mir selbst als nationalistischem Jugendlichem beim Thema Holocaust nie wohl war. Damals dachte ich, dass Juden nicht so sehr damit prahlen sollten, dass sie auf Abneigung stoßen.

Es war die Verinnerlichung der Bedeutung des Holocaust, die mich in einen großen Gegner Israels und der Jüdischkeit verwandelte. Es ist der Holocaust, der mich schließlich zu einem treuen Unterstützer palästinensischer Rechte, palästinensischen Widerstands und des palästinensischen Rechts auf Rückkehr machte. 1984, in meiner Zeit als Soldat, erkannte ich bei einem kurzen Besuch des Anzar-Konzentrationslagers, dass ich auf der falschen Seite stand.

Ich wurde darauf hingewiesen, dass meine kritische Einstellung zum Zionismus auch als eine große zionistische Leistung gesehen werden kann, denn der Zionismus gelobte die Schaffung eines „freien", rationalen, liberalen und offenen jüdischen Diskurses. In der Tat, wie ein Israeli halte ich mich nicht zurück und nehme auch kein Blatt vor den Mund. Als ob dies nicht genug wäre, ist es kein Geheimnis, dass ich wie ein Israeli aussehe und klinge. Es kann gut sein, dass dies notwendige Eigenschaften sind, um den israelischen Geist, israelische Politik, Identität und Kultur zu verstehen. Unter den produktivsten Kritikern Israels und der Jüdischkeit findet man Israelis und Ex-Israelis wie Israel Shahak, Israel Shamir, Gideon Levi, Shimon Tzabar, Shlomo Sand, Avrum Burg, Amira Hass, Uri Avneri, Tali Fachima, Mordechai Vanunu, Nurit Peled und ein paar weitere. Ich vermute, dass es etwas Positives im zionistischen Erbe geben muss, wenn er so viele kritische Stimmen hervorgebracht hat. Israelische Medien versuchend dauernd, mich in eine Debatte zu verwickeln. Anscheinend gibt es innerhalb des zionistischen Diskurses ein Element von Offenheit.

Als junger säkularer israelischer Jude glaubte ich voller Enthusiasmus an die Möglichkeit einer Transformation des jüdischen Charakters in ein „zivilisiertes, authentisches humanistisches Kollektiv". Ich hielt mich selbst für einen Teil desselben. In einem langen und schmerzlichen Prozess erfasste ich, dass Israel keinen humanistischen Juden hervorbringen würde. Es war in eine kolossale Sünde verstrickt und viel zu arrogant, um sich aus seinen dem Untergang geweihten Verhältnissen zu retten. Ich erkannte, dass, wenn mich der Lebensstil der Gojim wirklich begeisterte, ich dann besser Israel hinter mir lassen, unter den Gojim leben und sogar versuchen sollte, selbst einer zu werden. Genau das tat ich. Bis heute habe ich nie sehnsuchtsvoll zurückgeschaut. Ich bekenne mich sogar stolz zu den wenigen Widersprüchen, die ich mir bewahren konnte.

Ich vermute, es wäre eine versäumte Gelegenheit, dieses Buch ohne Suche nach Frieden und Versöhnung zu beenden. Überflüssig zu sagen, dass ich von irgendwelchen „Friedensgesprächen" keine Lösung erwarte.

Man stelle sich vor, ein israelischer Ministerpräsident wacht eines sonnigen Tages mit der ungewöhnlichen Entschlossenheit auf, wahren Frieden zu schaffen. In den frühen Morgenstunden überkommt ihn oder sie plötzlich Weisheit. Er oder sie erkennt, dass Israel in Wirklichkeit Palästina ist: Es erstreckt sich über das historische Palästina auf Kosten des palästinensischen Volkes, seiner Existenzgrundlage und seiner Geschichte. Er oder sie begreift, dass die Palästinenser das einheimische Volk des Landes sind und die Raketen, die sie von Zeit zu Zeit abschießen, nichts anderes als Liebesbriefe an ihre gestohlenen Dörfer, Gärten, Weinberge und Felder sind. Unserem imaginären israelischen Ministerpräsidenten geht auf, dass der sogenannte israelisch-palästinensische Konflikt binnen 25 Minuten gelöst werden kann, sobald sich beide Völker entscheiden, zusammen zu leben. Getreu israelischer Tradition einseitiger Schritte wird noch am selben Tag um 14:00 Uhr eine Pressekonferenz einberufen, die live übertragen wird. Von wahrer Aufrichtigkeit übermannt, verkündet der Ministerpräsident der Welt und seinem Volk: „Israel versteht seine einzigartige Situation und erkennt seine Verantwortung für den Weltfrieden. Israel ruft die Palästinenser auf, in ihre Heimat und Häuser zurückzukehren. Der jüdische Staat soll ein Staat seiner Bürger werden, in dem alle Menschen die vollen, gleichen Rechte genießen."

Obwohl von dem plötzlichen israelischen Schritt geschockt, würden die Analytiker weltweit rasch verstehen, dass, da Israel der Vertreter der Juden in aller Welt ist, eine solche einfache friedliche Initiative nicht nur den Konflikt im Nahen Osten lösen würde, sondern auch eine zweitausend Jahre währende gegenseitige Verdächtigung und erbitterte Ablehnung zwischen Christen und Juden beenden würde. Einige rechte israelische Gelehrte, Ideologen und Politiker schließen sich der revolutionären Initiative an und erklären, dass ein solcher heroischer einseitiger israelischer Akt die alleinige vollständige und umfassende Erfüllung des zionistischen Traums sein könnte, denn Juden sind nicht nur in ihre angebliche historische Heimat zurückgekehrt, sondern haben es endlich fertig gebracht, ihre Nachbarn zu lieben und wiedergeliebt zu werden.

So begeisternd eine solche Idee auch ist, wir sollten nicht erwarten, dass sie irgendwann in nächster Zeit Wirklichkeit werden kann, denn Israel ist der jüdische Staat und Jüdischkeit ist eine ethnozentrische Ideologie, die von Exklusivität, Einzigartigkeit, rassischem Überlegenheitsgefühl und einem tief innewohnenden Hang zur Abspaltung getrieben wird.

Damit Israel und die Israelis ein Volk wie jedes andere Volk werden, müssen zunächst alle Spuren ideologischen Überlegenheitsdenkens getilgt werden. Damit der jüdische Staat eine Friedensinitiative anführen kann, muss Israel ent-zionisiert werden – er sollte zuerst aufhören, ein jüdischer Staat zu sein. Ebenso muss ein imaginärer israelischer Ministerpräsident zunächst ent-zionisiert werden, damit er Frieden schaffen kann.

Wie die Dinge liegen, ist der jüdische Staat grundsätzlich unfähig, die Region zu einer Aussöhnung zu führen. Es fehlt ihm an den notwendigen „Zutaten", die für ein Denken in Begriffen der Harmonie und Versöhnung vonnöten sind.

Die einzigen Menschen, die Frieden bringen können, sind die Palästinenser, weil Palästina gegen alle Widerstände und trotz endloser Leiden, Erniedrigung und Unterdrückung immer noch eine ethisch motivierte ökumenische Gesellschaft ist.

Was Juden betrifft, so bleiben noch ein paar Fragen offen. Kann der jüdische Identitätsdiskurs von seiner selbstauferlegten ideologischen und geistigen Tyrannei befreit werden? Kann jüdische Politik von ihrem Suprematismus abrücken? Können Juden sich selbst retten? Meine Antwort ist einfach: Damit jüdische Ideologie sich universalisieren kann und Juden sich vorwärts bewegen und selbst emanzipieren können, muss ein energischer und ehrlicher Prozess der Selbstbesinnung stattfinden. Ob Juden ein solch kritisches Unterfangen durchzuführen vermögen, ist eine offene Frage. Ich weiß die Antwort nicht. Vermutlich können es einige, andere nicht. Ich hoffe, dieses Buch ermöglicht dafür einen guten Start.

Danksagungen

Mein ganz besonderer Dank gilt meiner Mutter Ariella, die nicht nur intellektuell inspiriert, sondern auch eine meiner engsten Freunde ist. Meiner Frau Tali und meinen Kindern Mai und Yann, die in all diesen Jahren meine Gedanken diskutierten und in Frage stellten und dennoch die ganze Zeit mich und meinen seltsamen Lebensstil unterstützten. Gerne erwähne ich auch Mary Rizzo, die mir viele Jahre eine engagierte Lektorin war und viele großartige Titel zu meinen Texten, einschließlich des Titels des vorliegenden Buches, beitrug.

Ich möchte allen danken, die all die Jahre mich, meine schriftstellerische Tätigkeit und mein Vorhaben unterstützten. Wenn Tsunamis bösartiger Verleumdung mich zu überrollen schienen, lernte ich Mengen von ethisch motivierten Personen kennen, die an meiner Seite standen und den Weg für eine Reise bereiteten, die schließlich zur Veröffentlichung dieses Buches führte.

Ich möchte all den Zeitschriften, Magazinen, Herausgebern, Wissenschaftlern, Förderern, Freunden und Aktivisten danken, die sämtlichen Widrigkeiten und Widerständen entschlossen trotzten, weiterhin meine Texte veröffentlichten und mich für musikalische Auftritte sowie zu einer Diskussion meiner Ansichten einluden. Meine Dankbarkeit möchte ich auch denen aussprechen, die mein Vorhaben begrüßten und mir viele inspirierende Einsichten und warme Unterstützung zuteil werden ließen: Gregory Mario Whitfield, Alan Hart, Paul de Rooij, Ramzy Baroud, Gill Kaffash, Ken O'keefe, Manuel Talens, Nahida Yassin, Roy Ratcliffe, Fausto Guidice, Kristoffer Larsson, Laura Susijn, Jeff Blankfort, Amelia Tucker, Sameh Habeed, Nadya Shah, Tim King, Louis Charalambous, Alexander Cockburn, Amos Zukerman, Anthony Lawson, Gordon Duff, Francis Clark Lowes, Chris Cook, David Alpin, Gabi Weber, Massoud Nayeri, Mamoon Alabbasi, James Petras, Glenn Bowman, Eddie Hick, Paul Eisen, Lauren Booth,

William W. Cook, Paul Larudee, Mohamed El Dufani, Richard Falk, Janet Kobren, Mitch Albert, Ben Bastin, Jason Bosh, Jeff Salamt, June Terpstra, John Mearsheimer, Richard Sharma und vielen anderen. Ein besonderer Dank geht an meine Freundin und Mitarbeiterin Sarah Gillespie, die über tausende von Meilen hinweg auf dem Weg zu Konzerten und Aufnahmestudios jüdische Identitätspolitik mit mir diskutierte.

Ich möchte die Gelegenheit nicht versäumen, von ganzem Herzen meinem halben Dutzend jüdischer marxistischer Verleumder zu danken, die seit Jahren Tag und Nacht mir und meiner musikalischen Karriere auflauern und ohne die ich nie die wirkliche Tiefe tribaler, wilder Verbissenheit verstanden hätte. Es sind diese sogenannten „antizionistischen" jüdischen ethnischen Aktivisten, die mich mehr als irgendein fanatischer Zionist über die wahre, verheerende praktische Bedeutung jüdischer Identitätspolitik lehrten.

Anmerkungen

1. Vladimir Ze'ev Jabotinsky war Begründer des zionistischen Revisionismus, Autor, Redner und Soldat. Ze'ev Jabotinsky's Erbe wird heute von Israels Herut-Party (schloss sich mit anderen Parteien des rechten Flügels zur Bildung des Likud im Jahre 1973 zusammen) und der zionistischen Judenbewegung Betar weitergeführt.

2. Für einige mag „Das Primat des Ohres" wie ein Echo des religiös-jüdischen Gebetes Sh'ma Yisrael klingen: 'Höre, O Israel: Der Herr ist unser Gott, der Herr ist Einer", (5. Buch Mose 6:4). Obwohl das Judentum dem Akt des „Hörens" große Bedeutung beimisst, ist es entscheidend, klar zu trennen zwischen meinem eigenen Aufruf zu persönlichem und kritischem Urteil und dessen Gegenteil, der religiös-jüdischen Aufforderung zu totalem Gehorsam.

3. Trotz einiger verstörender religiös-jüdischer Gedanken, die in der Torah und besonders im Talmud verfolgt werden, ist es eine anerkannte Tatsache, dass die ultraorthodoxen Torah-Juden kollektiv gegen den Zionismus stehen und die Palästinenser unterstützen.

4. „By Way of Deception", Victor Ostrovsky, St. Martin's, 1990, S. 86-87

5. Paul Dundes Wolfowitz (geboren am 22. Dezember 1943), führender Neokonservativer und ehemaliger stellvertretender Verteidigungsminister der USA. Als stellvertretender Verteidigungsminister war er einer der Hauptarchitekten von Präsident Bush's Irak-Politik.

6. Rahm Israel Emanuel (geboren am 29. November 1959), ehemals Präsident Barack Obamas Stabschef im Weißen Haus; diente Präsident Bill Clinton von 1993 bis 1998 als Chefberater.

7. Michael Abraham Levy (geboren am 11. Juli 1944) war der Chef-Spendenbeschaffer der UK Labour Party. Als langjähriger Freund des ehemaligen Premierministers Tony Blair fungierte Lord Levy ab 1998 neun Jahre lang als Tony Blair's Sondergesandter für den Nahen Osten.

8. David Aaronovitch (geboren am 8. Juli 1954), britischer Autor, Fernseh- und Rundfunkmoderator und Journalist. Er ist regelmäßiger Kolumnist für die *The Times* und den *Jewish Chronicle*. Aaronovitch war in der britischen Presse einer der wenigen Befürworter des 2. Irak-Krieges.

9. Ebd. S. 87

10. Jonathan Jay Pollard (geboren am 7. August 1954), ehemaliger Angestellter des amerikanischen CIA und der US-Marine, der wegen Spionage für Israel verurteilt wurde. 1987 wurde er zu lebenslanger Haft verurteilt.

11. http://www.washington-report.org/backissues/0195/9501017.htm

12. ADL – The Anti-Defamation League – ist eine in den USA ansässige, zionistische Organisation. Sie beschreibt sich selbst als „die landesweite Nr. 1 der Aktivistenorganisationen für Bürgerrechte und zwischenmenschliche Beziehungen".

13. Bernard Lawrence Madoff (geboren am 29. April 1938) ist ein ehemaliger Börsenmakler und früherer nicht-geschäftsführender Vorsitzender der NASDAQ-Börse. Für seine Beteiligung an den Vorgängen, die als das größte Schneeballssystem/Pyramidensystem (Ponzi-Spiel) der Weltgeschichte charakterisiert wurden, erhielt er eine lebenslange Freiheitsstrafe.

14. Ein 'Organismmus' lässt sich beschreiben als die Gesamtheit eines hierarchischen Verbundes von aus Organgruppen bestehenden Systemen. Während der Organismus als Ganzes funktioniert, erfüllt das einzelne, besondere Organ eine jeweilige elementare Funktion, ohne ein Bewusstsein von seiner spezifischen Rolle im Gesamtsystem zu besitzen.

15. Erschien in dem geänderten Text (16/41992), der auf die peinliche Veröffentlichung der zuvor durchgesickerten Informationen („Leck") in der New York Times folgte.

16. Homepage des Project for the New American Century: http://www.newamericancentury.org/

17. Ebd.

18. Am 3. Juni 1997 veröffentlichte das PNAC seine „Grundsatzerklärung", eine Liste von Ideen, die die USA als Weltpolizei, den Hüter der „Moralität", den Verbreiter von „Demokratie" und Verteidiger des jüdischen Staates und seiner Interessen einsetzte:

    * Wir müssen die Verteidigungsausgaben erheblich erhöhen, wenn wir täglich unsere globalen Verantwortlichkeiten wahrnehmen und unsere Streitkräfte für die Zukunft modernisieren sollen;

    * Wir müssen unsere Verbindungen mit demokratischen Alliierten stärken und die unseren Interessen und Werten feindlich gesinnten Regime herausfordern.

    * Wir müssen die Sache politischer und wirtschaftlicher Freiheit im Ausland fördern [und]

    * Wir müssen die Verantwortung für Amerikas einzigartige Rolle bei der Erhaltung und dem Ausbau einer internationalen Ordnung akzeptieren, die unserer Sicherheit, unserem Wohlstand und unseren Prinzipien günstig ist.

19. http://hubpages.com/hub/Nathan_Rotschild_and_the_Battle_Of_Waterloo

20. Jacob Schiff (Leiter von Loeb & Company) wird zugeschrieben, zwanzig Millionen Dollar an die bolschewistische Revolution gegeben zu haben. Ein Jahr

nach seinem Tod deponierte die Bolschewiken über sechshundert Millionen Rubel in Schiff's Bank Kuhn, Loeb. (New York Journal American 1949. 3. Februar). Man mag irrtümlicherweise vermuten, dass die Verlagerung der Lobbyarbeit der Weltjudenheit von Deutschland nach Amerika eine Folge von Hitlers Aufstieg ist. Der israelische Autor Amos Elon („The Pity of it Al"l) gibt einen interessanten historischen Einblick in das Thema. Am Vorabend des ersten Weltkrieges waren sehr mächtige jüdisch-deutsche Lobbys in Amerika aktiv. Prominente deutsch-amerikanische Juden protestierten dagegen, dass sich Amerika England und Frankreich anschloss. In einer Erklärung gegenüber der New York Times am 22. November 1914 warf Jacob H Schiff, Leiter von Kuhn, Loeb (derzeit die zweitgrößte Privatbank in den USA) den Briten und Franzosen vor, Deutschland aus Handelsgründen zu zerstören versuchen (Elon, S. 253). Osteuropäische Juden, die aus dem antisemitischen zaristischen Russland in die USA emigrierten, sahen die deutsche Armee als Befreier. Amerikanische Juden waren hauptsächlich prodeutsch eingestellt. Die britische Regierung nahm diese Entwicklungen ernst. Der britische Botschafter in den Vereinigten Staaten argwöhnte eine jüdische Verschwörung in Amerika. Die Balfour-Erklärung von 1917 war größtenteils ein Versuch, die anti-englischen Gefühle in der Weltjudenheit abzulenken. Diese Strategie war zumindest kurzfristig erfolgreich. Im Gefolge der Erklärung stellte sich die Weltjudenheit, sowohl Zionisten als auch Nicht-Zionisten, weitgehend auf die Seite der Alliierten.

21. Ausführungen des Vorsitzenden Alan Greenspan, Verbraucherfinanzierung, auf der Federal Reserve System's Fourth Annual Research Conference [Vierte Jahreskonferenz der US-Bundesbank für Forschung zu Gemeinschaftsangelegenheiten], Washington, D.C., 8. April 2005 http://www.federalreserve.gov/boarddocs/speeches/2005/20050408/default.htm

22. Ununterscheidbarer Teil einer Gruppe oder Gemeinschaft werden

23. In einer größeren Gruppe oder Gemeinschaft akzeptiert werden

24. http://www.msu.edu/~womyn/alternative.html

25. Die Öffentlichmachung von Juden in einflussreichen Positionen erfolgt auf unterschiedlichen Wegen. Jüdische Medien legen oft die jüdischen Wurzeln führender Schlüsselakteure in Politik, der Geschäftswelt und den Medien offen. So nennt zum Beispiel der Jewish Chronicle im Vereinigten Königreich (UK) Juden in Politik und der Geschäftswelt mit Namen. Die The Jewish Virtual Library führt stolz die Namen der Juden in verschiedenen amerikanischen Regierungsapparaten auf (http://www.jewishvirtuallibrary.org/jsource/US-Israel/bushjews.html). Für den, der die jüdische Identität einer Berühmtheit überprüfen möchte, gibt es die Website http://www.jewornotjew.com.

26. Max Simon Nordau (29. Juli 1849 – 23. January 1923) war ein zionistischer Führer, Arzt, Autor und Sozialkritiker. Nordau war zusammen mit Theodor Herzl Mitbegründer der Zionistischen Weltorganisation.
27. Max Nordau, Rede auf dem Ersten Zionistenkongress, Basel, 1897
28. „Blatant Lesbianism", 1978, Sydney Magazine. S.10-13
29. Guardian, 13, May 2000
30. 'Women, Wimmin, Womyn, Womin, Whippets – On Lesbian Separatism', Julie McCrossin, http://www.takver.com/history/womyn.htm
31. In seinem Buch „Ben Gurion's Scandals: How the Haganah & the Mossad Eliminated Jews" bespricht Naeim Giladi die Verbrechen, die von den Zionisten in den frühen 1950ern in ihrem Wahn begangen wurden, neue jüdische Arbeitskräfte aus Irak zu importieren. Giladi erzählt die Geschichte eines zionistischen Versuchs, die irakischen Juden empfindlich zu treffen, um die zionistische Botschaft zu verbreiten: „Bei Versuchen, die Iraker als anti-amerikanisch darzustellen und die Juden zu terrorisieren, legten die Zionisten Bomben in der Bibliothek des U.S.-Informationsdienstes sowie in Synagogen. Bald begannen Flugblätter aufzutauchen, die die Juden zur Flucht nach Israel drängten." (http://www.bintjbeil.com/E/occupation/ameu_iraqjews.html)
32. Israelis sind fasziniert von Bildern aus dem Jahre 1967 von IDF-'Fallschirmjägern, den ulitmativen Sabras, die nahe der Klagemauer schluchzen, nachdem sie die Invasion der Jerusalemer Altstadt abgeschlossen hatten. Die Bilder bringen auf symbolische Weise die heroische Militäraktion mit dem tief emotionalen, menschlichen Wesensmerkmal des Sabra zusammen.
33. Zizit – speziell geknotete rituelle Fäden, die von gläubigen, praktizierenden Juden männlichen Geschlechts getragen werden. Zizit werden an den vier Ecken des Tallit (Gebetsschal) befestigt.
34. Die Negation der Diaspora ist eine zentrale Voraussetzung in früheren zionistischen Trends. Sie soll die Möglichkeit einer Emanzipation, Integration und Assimilation in der Diaspora zurückweisen.
35. „Trials of The Diaspora", Anthony Julius, S. XI, Oxford University Press.
36. http://www.marxists.de/middleast/brenner/ch02.htm#n10
37. http://www.marxists.de/middleast/brenner/ch02.htm#n10
38. http://www.angelfire.com/il2/borochov/eco.html
39. http://www.geocities.com/Vienna/6640/zion/nordau.html
40. http://www.geocities.com/Vienna/6640/zion/jewishproblem.html

41. Franz Rosenzweig – (25. Dezember 1886 – 10. Dezember 1929) war ein deutsch-jüdischer Theologe und Philosoph

42. Hermann Cohen – (4. Juli 1842 – 4. April 1918) war ein deutsch-jüdischer Philosoph. Cohen gilt als der prominenteste jüdische Philosoph des 19. Jahrhunderts.

43. Gershom Scholem (5. Dezember 1897 – 21. Februar 1982) war ein deutschgebürtiger jüdischer Philosoph und Historiker. Scholem gilt weithin als der Begründer der modernen, wissenschaftlichen Erforschung der Kabbalah und der jüdischen Mystik.

44. Gefilte fish – ein jüdisch-aschkenasisches Fischgericht. Typischerweise am Sabbat und an religiösen Feiertagen gegessen.

45. Women Against Fundamentalism and the Jewish community [Frauen gegen Fundamentalismus und die jüdische Gemeinschaft], Journal Nr. 4, 1992/1993, S. 3-5

46. Anders als das Christentum und der Islam ist das Judentum keine reformistische Religion. Im Judentum gibt es selbst für kleine Änderungen keinen Raum. Das Judentum ist eine versiegelte Liste von 613 Geboten (Mitzvas), die strikt befolgt werden müssen. Vom judaischen (d.h. religiös-jüdischen) Standpunkt bedeutet der Austritt aus dem Judentum praktisch die Gründung einer neuen Kirche. Wenn Julia etwas mehr über das Judentum wüsste, könnte sie ihren Standpunkt wissenschaftlich formulieren und sagen: „Während das Judentum unverändert bleibt, kann man dennoch noch jüdisch sein, ohne ein religiöser Jude zu sein." Judentum und Jüdischkeit. sind verschiedene Kategorien. Während das Judentum ein unveränderter religiöser Kernbestand ist, ist Jüdischkeit eine in fortwährendem Fluss befindliche dynamische Kategorie. Genau so verhält es sich im Falle des Zionismus. Zionismus ist eine dynamische Fortsetzung der Jüdischkeit: Er ist rassistisch, exklusiv, suprematistisch und selbstzentriert, doch ist er nicht religiös-jüdisch judaisch). Er hat wenig mit dem Judentum zu tun. Er mag zwar messianisch in territorialem Sinne sein, doch fehlt ihm die judaische (religiös-jüdische) Göttlichkeit. In diesem Sinne ist der Zionismus dem Judentum eigentlich entgegengesetzt.

47. Alan Dershowitz (geboren am 1. September 1938) ist ein amerikanischer Anwalt, Jurist und politischer Kommentator. Dershowitz ist ein erklärter Unterstützer Israels. 2003 veröffentlichte er „The Case for Israel", ein Plädoyer für die zionistische Sache und israelische Politiken. Im März 2006 bezeichneten Mearsheimer und Walt, die Autoren von „The Israel Lobby and U.S. Foreign Policy" [Die Israel-Lobby und U.S. Außenpolitik] (The London Review of Books) Dershowitz gezielt als „Apologeten" für die Israel-Lobby.

48. Max Nordau, Rede auf dem ersten Zionistenkongress, Basel, Schweiz, 29. August 1897. Siehe http://www.jewishvirtuallibrary.org/jsource/Zionism/nordau1.html [Zugriff am 15.06.2010].

49. Avnery, Uri, „I'm a Leftist, but …", [Ich bin ein Linker, aber ...] Counterpunch, 8. September 2006; siehe www.counterpunch.org/avnery09082006.html

50. Ebd.

51. Eine Umfrage der Universität Tel Aviv zur Zeit der israelischen Militärkampagne in Gaza (2008 – 2009) förderte zu Tage, dass die Operation der IDF gegen Hamas die überwältigende Unterstützung der israelischen Juden genoss, obwohl Zivilisten dabei ihr Leben verloren. Massive 94% der israelischen jüdischen Bevölkerung unterstützte die Operation oder unterstützte sie sogar nachdrücklich, während 92% sie für Israels Sicherheit nützlich hielten. Laut Umfrage hielten 92% der israelischen Juden die Angriffe der Luftwaffe auf Gaza für gerechtfertigt – trotz des Leidens der Zivilbevölkerung im Gazastreifen und des dadurch der Infrastruktur zugefügten Schadens. http://www.jpost.com/Home/Article.aspx?id=129307

52. http://www.israelnationalnews.com/News/News.aspx/124345

53. Weininger, Otto, „Sex and Character", New York: Howard Fertig, 2003, S. 29.

54. Ebd., S. 57

55. Ebd., S. 110

56. Ebd., Vorwort, S. I

57. Ebd., S. 109

58. Ebd., S. 304

59. Ebd., S. 305

60. Marx, Karl, 'On the Jewish Question' ('Zur Judenfrage'), Erstveröffentlichung im Februar 1844 in Deutsch-Französische Jahrbücher; siehe englische Übersetzung unter http://www.marxists.org/archive/marx/works/1844/jewish-question/

61. Weininger, Otto, Sex and Character, New York: Howard Fertig, 2003

62. Shavit, Ari, „Leaving the Zionist Ghetto" [Das zionistische Ghetto verlassen], Interview mit Avraham Burg, Ha'aretz, 25, Juli 2007; Zugriff am 15.06.2010 unter http://peacepalestine.blogspot.com/2007/06/completeabraham-burg-interview-leaving.html

63. Aliyah ist das hebräische Wort für die Einwanderung von Juden nach Eretz Israel. Sie ist ein Fundamentalsatz der zionistischen Ideologie. Aliyah bedeutet „Aufstieg". Das Gegenteil, d.h. die Emigration von Juden aus Israel, wird als Yerida (Abstieg) bezeichnet.

64. Rede zur Stellung des Bundes in der R.S.D.L.P [Russische Sozialdemokratische Arbeiterpartei], V. I. Lenin, 17. (30.) Juli - 10. (23.) August 1903

65. Siehe http://www.matzpen.org/index.asp?p=principles

66. http://www.thefreemanonline.org/columns/capitalism-andthe-jews/

67. http://www.law.uchicago.edu/audio/friedman101578

68. http://classiques.uqac.ca/classiques/sombart_werner/Jews_and_modern_capitalism/sombart_jews_capitalism.pdf

69. „Welches ist der weltliche Grund des Judentums? Das praktische Bedürfnis, der Eigennutz. Welches ist der weltliche Kultus des Juden? Der Schacher. Welches ist sein weltlicher Gott? Das Geld. Nun wohl! Die Emanzipation vom Schacher und vom Geld, also vom praktischen, realen Judentum wäre die Selbstemanzipation unsrer Zeit." Karl Marx „Zur Judenfrage", 1844

70. Zuvor als zweite Kategorie definiert

71. Fällt in die dritte Kategorie

72. Damit soll gesagt sein, dass die Befreiung von Despoten und unterdrückerischen Systemen stets in erster Linie auf einer ethischen Grundlage fußen muss.

73. Der rechte israelische Journalist Yair Sheleg in Ha'aretz, 2006; siehe http://www.haaretz.com/hasen/spages/757767.html

74. Rappaport, Meron, 'IDF-Kommandant: „Wir feuerten mehr als eine Million Clusterbomben in Libanon", Ha'aretz, 12. September 2006; siehe http://www.haaretz.com/hasen/spages/761781.html

75. Am 32. Mai 2010 stürmten eine Spezialeinheit der israelischen Marine in internationalen Gewässern eine humanitäre Hilfsflotte von sechs Schiffen. Die Flottilla beförderte humanitäres Hilfsmaterial und Baumaterialien. Ihr Ziel war die Durchbrechung der israelischen Belagerung Gazas. Bei Tagesanbruch enterten hunderte von Marinesoldaten der israelischen Spezialeinheit Shayetet 13 unter Anwendung exzessiver Gewalt die Schiffe von Schnellbooten und Helikoptern aus. Auf der türkischen MS Mavi Marmara stießen die Israelis auf gewissen Widerstand. Die Israel setzten schnell scharfe Munition ein. Infolgedessen wurden neun türkische Friedensaktivisten von den israelischen Soldaten getötet, einige von ihnen wurden von israelischen Soldaten exekutiert. Der israelische Überfall hatte eine weite internationale Verurteilung zur Folge.

76. „Die Erfindung des jüdischen Volkes", Shlomo Sand, Verso 2009, S. 1

77. Ilani, Ofri, „Shattering a "National Mythology"" [Die Zertrümmerung einer „Nationalen Mythologie"], Interview mit Shlomo Sand, Ha'aretz, 21. März 2008; siehe http://www.haaretz.com/general/shattering-a-national-mythology-1.242015

78. „Die Erfindung des jüdischen Volkes", Shlomo Sand, Verso 2009, S. 21

79. „Die Erfindung des jüdischen Volkes", Shlomo Sand, Verso 2009, S. 66
80. Ilani, Ofri, „Shattering a "National Mythology"" [Die Zertrümmerung einer „Nationalen Mythologie"], Interview mit Shlomo Sand, Ha'aretz, 21. März 2008; siehe http://www.haaretz.com/general/shattering-a-national-mythology-1.242015
81. Ilani, Ofri, „Shattering a "National Mythology"" [Die Zertrümmerung einer „Nationalen Mythologie"], Interview mit Shlomo Sand, Ha'aretz, 21. März 2008; siehe http://www.haaretz.com/general/shattering-a-national-mythology-1.242015
82. Ebd.
83. Ebd.
84. Ilani, Ofri, „Shattering a "National Mythology"" [Die Zertrümmerung einer „Nationalen Mythologie"]
85. Berber sind die einheimischen Völker Nordafrikas, westlich des Niltals
86. Ebd.
87. Ebd.
88. Ebd.
89. AIPAC – The American Israel Public Affairs Committee [Amerikanisch-Israelischer Ausschuss für Öffentliche Angelegenheiten], ist die führende israelische Lobby-Gruppe in den USA. Sie tritt in der amerikanischen Politik und anderen einflussreichen Institutionen für pro-israelische Politiken ein.

Die New York Times beschrieb AIPAC als „die Organisation mit dem bedeutendsten Einfluss auf Amerikas Beziehung zu Israel." Sie ist zweifellos die mächtigste Lobby-Gruppe in Washington, DC, und ihre Kritiker brachten vor, dass sie als Agent der israelischen Regierung tätig ist und den Kongress der Vereinigten Staaten im Würgegriff hält.

1984 ermittelte das FBI, nachdem der israelische Wirtschaftsminister gestohlene, als geheim klassifizierte Dokumente der US-Regierung an AIPAC weitergab, die einen Abriss von Handelsgeheimnissen bedeutender US-Industrielobbys enthielten, welche gegen die US-Israel-Freihandelszone Lobby-Arbeit betrieben.

90. 90. http://www.gush-shalom.org/archives/article348.html
91. 91. http://www.tikkun.org/article.php/20090617074540771
92. Ellis, Marc H., Beyond Innocence and Redemption: Confronting The Holocaust and Israeli Power: Creating a Moral Future for the Jewish People, San Francisco, Harper & Row, 1990
93. Bowman, Glenn, 'Migrant Labour: Constructing Homeland in the Exilic Imagination', Anthropological Theory II:4, December 2002, S. 447–68.

94. Lemche, Niels Peter, The Canaanites and Their Land, Sheffield: Sheffield Academic Press, 1991.

95. Ebd.

96. Medoff, Rafael, 'A Purim Lesson: Lobbying Against Genocide, Then and Now'; siehe http://www.wymaninstitute.org/articles/2004-03-purim.php

97. Ebd.

98. Ebd.

99. Ebd.

100. Ebd.

101. Prinz, Joachim, Zionism under the Nazi Government, Young Zionist (London, November 1937), S.18; zitiert in Brenner, Lenni, Zionism in the Age of the Dictators, Westport, CT: Lawrence Hill & Co., 1983; siehe http://www.marxists.de/middleast/brenner/ch05.htm

102. Zitiert in Brenner, ebd.

103. Brenner, ebd.

104. Strauss, Herbert (Hgb.), Gegenwart im Rückblick (Heidelberg, 1970), p.231; zitiert bei http://www.marxists.de/middleast/brenner/ch03.htm#n1

105. Brenner, Lenni, Interview mit Joachim Prinz, 8. Februar 1981; siehe http://cosmos.ucc.ie/cs1064/jabowen/IPSC/php/clip.php?cid=512

106. Littlewood, Stuart, 'Jews are eight times over-represented in UK parliament', 21. Mai 2010; siehe http://www.redress.cc/global/slittlewood20100521

107. Bruck, Connie, 'The Influencer', The New Yorker, 10. Mai 2010

108. http://www.ynetnews.com/articles/0,7340,L-3624394,00.html

109. http://www.thejc.com/news/uk-news/26593/war-crimes-willgovernment-ever-act

110. Der Zionismus war in der Tat die einzige jüdische säkulare Ideologie, die etwas nahe kam, was zumindest Ähnlichkeit mit einem autonomen und authentischen jüdisch-säkularen, moralischen Gedankengut hatte. Wie zuvor erörtert, verhieß der Zionismus die Schaffung eines zivilisierten und ethischen Juden.